조선을
떠나며

조선을 떠나며 ─ 1945년 패전을 맞은 일본인들의 최후

13쇄 발행 2025년 11월 20일
1쇄 발행 2012년 12월 5일

지은이 이연식
펴낸이 정순구
책임편집 조수정
기획편집 조원식, 정윤경
마케팅 황주영

출력 블루엔
용지 한서지업사
인쇄 한영문화사
제본 한영제책사

펴낸곳 (주) 역사비평사
등록 제300-2007-139호 (2007. 9. 20)
주소 10497 경기도 고양시 덕양구 화중로100(비젼타워21) 506호
전화 02-741-6123~5
팩스 02-741-6126
홈페이지 www.yukbi.com
전자우편 yukbi88@naver.com

ⓒ 이연식, 2012

ISBN 978-89-7696-283-6 03910

책값은 표지 뒷면에 표시되어 있습니다.
잘못 만들어진 책은 구입하신 서점에서 바꾸어 드립니다.

조선을 떠나며

역사 논픽션

1945년 패전을 맞은 일본인들의 최후

이연식 지음

책머리에

'억류와 탈출', '송환과 밀항'의 변주곡

　근대 이래 한일 양국의 '만남'을 다룬 책들은 무수히 많다. 대개 이러한 책들은 일본의 조선 침략과 수탈을 이야기한다. 그런데 정작 이러한 불편한 만남을 계기로 일본제국이라는 울타리 안에서 이루어진 양 민족의 지배와 피지배, 수탈과 저항, 타협과 갈등으로 얼룩진 관계가 해방 국면에서 어떻게 마무리되었고, 그 후 어떤 식으로 새롭게 재편되어갔는지를 다룬 책은 좀처럼 접하기 어려웠다. 그 결과 1945년 조선의 해방을 계기로 일본인들이 한반도를 떠나며 이 땅에 끼친 해악과 민폐는 그동안 거의 알려지지 않았다. 또한 일본의 식민 지배가 남북 분단으로 이어지고, 북한에 진주한 소련군이 일본인의 이동을 금지함으로써 1945~1946년 겨울에 적잖은 일본인들이 굶거나 얼어 죽는 한편, 1946년 봄부터 엑소더스를 방불케 하는 대규모 집단 탈출이 이루어진 사실 역시 음지에 가려져 있었다. 이 책은 해방 후 다양한 방식으로 나타난 한일 양 민족의 '헤어짐'의 방식과 인간 군상의 모습을 일본인들의 회고를 통해 입체적으로 재구성하고자 했다.

한국에서는 해방 후 본토로 돌아간 일본인들을 흔히 '식민자' 또는 '지배자'로 기억하고 있다. 그러나 정작 당사자들은 자신의 의사와는 무관하게 식민지에서 강제로 추방된 '패전의 피해자'라는 인식을 강하게 지니고 있었다. 이들은 일본으로 돌아간 뒤 자국 동포로부터 식민지 사람들을 착취하여 호사를 누린 대륙 침략의 첨병이라는 비판을 받기도 했다. 그뿐만 아니라 잇따른 공습과 패전으로 거의 만신창이가 된 일본 사회는 이들을 본토인의 일자리를 위협하고 식량이나 축내는 마뜩잖은 민폐 집단으로 무시했다. 그런 점에서 이 귀환자들은 자신이 떠나온 조선에서는 말할 것도 없고 모국에서조차 천덕꾸러기 신세를 면할 수 없는 일본제국의 '사생아' 집단이었다고 볼 수 있다. 그 때문이었을까? 이들은 패전과 귀환이라는 생경하기만 했던 개인의 역사적 체험을 주로 '피해·피해자'라는 맥락으로 자리매김했다. 하지만 이들은 전후戰後 일본의 '해외 귀환자'이기 이전에 식민지에서 일본제국의 탄생과 성장을 뒷받침하던 '식민자'였음을 부인할 수 없다. 그래서 필자는 이 책을 통해 1945년 일본의 패전과 본토 귀환 국면에서 조선의 식민자들이 가질 수밖에 없는 두 얼굴의 실체를 해부하고자 했다.

특히 다양한 에피소드를 통해 조선에서 패전을 맞이한 일본인들이 과연 무슨 생각을 했고 어떻게 행동했는지를 폭넓게 담아내고자 했다. 이 에피소드 속에는 고급 정보를 독점하며 권력을 이용해 제일 먼저 도망간 식민기구의 상층 관료, 조선의 문화재와 귀금속은 물론 살림살이까지 고스란히 일본으로 밀반출한 일본인 갑부, 일본인들이 두고 간 집과 재산을 차지하기 위해 각종 로비 행각을 일삼고 암투를 벌인 조선인 브로커들, 자신이 왜 '고향'을 떠나 낯선 '일본'으로 돌아가야 하는지 이해할 수 없었던 조선 태생의 일본인, 먹을거리가 없어 급기야 자신이 가르치던 조선인 학생 집에 가정부로 들어간 여교사, 엄동설한에 러시아 병사의 살해 위협을 무릅쓰고 맨발로 38선을 넘어 탈출한 부녀자, 조선인 독립운동가를 고문한 죄로 인민재판에 회부된 일본인 경찰 등의 다양한 서사가 담겨 있다. 모쪼록 이를 통해 한일 양 민족이 헤어지는 과정에서 창출된 복잡다단한 사회상을 독자들이 더욱 생생하게 접할 수 있기를 바란다.

이 책은 총 7장으로 구성했다.

1장에서는 1945년 8월 15일 조선에서 패전을 맞이한 일본인 사회 내부에서 불거진 다양한 갈등 양상을 다루었다. 패전이라는 비상사태를 맞이해 돈 많고 힘 있는 지도층 인사들은 온갖 수단을 동원해 앞다퉈 도망했다. 이에 남겨진 일본인들은 국가가 자신을 버린 이상 어떻게든 혼자 힘으로 살아남아야 한다는 강박관념에 사로잡혔고, 구성원 사이의 불신도 더욱더 깊어갔다. 일본인 공동체의 붕괴는 한동안 존재조차 잊고 살았던 조선인에 대한 공포감을 가중시켰고, 집단 공황 상태에 빠진 일본인들은 저마다 제 살 길을 궁리하느라 여념이 없었다. 그것은 통장과 도장을 들고 예금 인출을 위해 은행으로 줄달음질하던 일본인들, 귀환 직전 여비를 마련하려고 일본인들이 가재를 처분하는 바람에 온갖 물자가 넘쳐나던 암시장의 모습으로 나타났다.

2장에서는 위기에 처한 조선총독부 관료들의 모습을 다루었다. 당시 일본 중앙정부는 해외 식민지에 거주하던 일본인들이 일시에 본토로 몰려들어 사회 혼란이 가중되는 것을 원치 않았다. 그래서 조선총독부로 하여금 특별한 사정이 없는 한 조선의 일본인들이 현지에 머물도록 유도하라고 지시했다. 하지만 그것은 조선총독부 입장에서 볼 때 매우 부담스런 요구였다. 식민기구의 치안 유지 능력은 패전과 더불어 한계를 드러낸 반면, 일본인에 대한 조선인의 추방 압력은 날로 거세지는 상황이었기 때문이다. 그 결과 사면초가에 처한 조선총독부 최고위 관료들은 일본인들의 안전을 도모하고자 미군을 상대로 각종 로비 활동을 벌이는가 하면, 통화 위기로 인한 모라토리움을 방지하고자 일본 본토에서 조선은행권을 공수해왔으며, 조선인을 상대로 협박과 타협이라는 양면책을 구사했다. 그리고 조선총독부가 점령군에 의해 해체될 것에 대비하여 '일본인세화회'라는 외곽 단체를 만들어 남한 내 일본인의 귀환을 원호하고 북한 내 일본인의 탈출 공작을 막후에서 지도했다.

3장에서는 조선 잔류와 본토 귀환이라는 양자택일의 상황에서 끊임없이 동요하는 일본인들의 모습을 그렸다. 한반도의 일본인 가운데 상당수는 패전을 맞이했음에도 불구하고 그대로 조선에서 살기를 바라고 있었다. 특히 3~4대에 걸쳐 조선에서 생활 기반을 일군 일본인들은 외국인 신분으로 살아도 좋으니 조선에 뼈를 묻겠다고까지 공언했다. 이들은 이미 오랜 조선 생활로 인해 일본에는 의지할 연고도 친척도 없는 경우가 많았고, 무엇보다 그동안 조선에서 일궈온 재산과 인적 네트워크를 어떻게든 지켜내고 싶은 마음이 간절했다. 3장에서 다루는 주요 내용은 조선인의 일본인에 대한 점증하는 추방 압력과 더불어 미군의 송환정책이 가시화되자 잔류와 귀환의 갈림길에 서서 끊임없이 동요하며 자신의 재산을 지키기 위해 좌고우면하던 일본인들의 다양한 모습이다.

4장과 5장에서는 남한과 달리 집단 억류 상태에 놓였던 북한 내 일본인들을 다루었다. 미군은 대부분의 일본인을 1946년 2월까지 집단 송환했다. 그러나 소련군은 한반도에 진주하자마자 일본인의 이동을 전면 통제한 가운데 남성들을 만주와 소련으로 데려가 강제 노역에 종사시켰다. 부녀자와 노약자만 남은 북한 내 일본인들은 미국과 일본 중앙정부에 도움을 요청했고, 이에 미국은 소련과 교섭을 추진하고자 했지만 소련군은 일체의 외교적 교섭을 거부했다. 결국 38선 이북에 갇혀 있던 일본인들은 소련군의 만주 철수가 시작된 1946년 봄부터 1947년 초까지 자발적으로 피난단을 꾸려 집단 탈출을 감행했다. 요컨대 4장과 5장의 내용은 장기간 집단 억류 상태에 놓여 있던 북한 내 일본인들의 생활상과 탈출 과정이다.

6장에서는 조선에서 돌아간 일본인들이 본토의 동포들로부터 어떠한 대우를 받았는지를 살펴보았다. 특히 해외에서 돌아온 자들을 본토인들이 왜 무시하고 경계했는지, 그에 따라 조선에서 돌아간 사람들이 어떤 생각을 품었으며 본토인들의 처우에 어떻게 대응했는지를 살폈다. 이에 관한 에피소드로는 그 당시 연일 신문 사회면을 장식했던 귀환자들의 자살 소식, 누구에게도 터놓지 못했던 조선에 대한 그리움, 그리고 식민지에 두고 온 재산을 되찾기 위한 보상요구운동 등을 다루었다. 독자들은 6장을 통해 식민지의 가해자가 전후 일본 사회에서 전쟁 피해자로 둔갑하게 되는 과정을 시간의 흐름에 따라 생생하게 엿볼 수 있을 것이다.

마지막으로 7장에서는 일본인들의 본토 귀환이 해방 조선에 미친 영향을 다루었다. 관계를 이야기할 때 만남의 기억만큼이나 강렬한 것이 헤어짐이다. 여기서는 귀환 과정에서 보인 일본인들의 구체적인 행동 양태와 그것이 미친 영향, 그리고 그 결과 형성된 떠나가는 일본인에 대한 조선 사회 일반의 이미지를 살폈다. 특히 신문에 매일같이 등장하는 귀환을 앞둔 일본인들의 범죄 사건, 일본인의 재산 밀반출 행태, 남겨진 일본인 재산을 차지하기 위한 조선인 사이의 아귀다툼, 해방 후에도 이어진 귀환 일본인과 친일 조선인 사이의 밀수 네트워크 등을 다루었다.

　이 책을 출간하기까지 많은 분의 도움을 받았다. 특히 서울시립대학교와 도쿄가쿠게이대학교東京学芸大学校의 선생님들을 비롯해 한일 양국의 교사와 대학원생들이 무려 10년 동안 뚝심 하나로 꾸려온 한일역사공동교재 심포지움은 고대에서 현대에 이르기까지 한일관계를 되돌아보는 귀중한 기회였다. 한일 양국에서 필자를 지도해주신 정재정 선생님과 기미지마 가즈히코君島和彦 선생님, 모교의 이존희·박희현·이우태·염인호·이익주·배우성·김종섭 선생님, 기무라 시게미쓰木村茂光, 사카이 도시키坂井俊樹, 마부치 사다토시馬淵貞利 선생님께 감사의 말씀을 올린다. 그 밖에 지면 관계상 일일이 고마운 분들의 존함을 모두 적을 수는 없지만, 선학으로서 많은 가르침을 주신 최영호·김광열·정혜경 선생님을 비롯한 한일민족문제학회 선생님들, 식민지 시기 조선인 징용·징병 문제를 접하게 해주신 '일제강점하 강제동원 피해 진상조사위원회'의 박환무·신영숙·허광무·방일권·오일환 선생님, 그리고 경성 일본인에 관심을 갖도록 도와주신 서울특별시사편찬위원회의 신형식 위원장님과 나각순·정희선·이상배·박은숙·박명호·박희정·박현숙 선생님께도 감사의 말씀을 올린다. 아울러 긴 시간 말없이 지켜봐준 아내 유지현과, 많이 놀아주지 못한 아빠를 다행히도 잘 따라주는 딸 이연우, 또한 묵묵히 아들을 위해 기도해주신 부모님께 죄송하고 고마운 마음을 전해드린다. 부끄러운 글이지만 이 분들의 도움이 없었다면 이마저도 세상의 빛을 보기 어려웠을 것이다. 마지막으로 필자의 글을 오랫동안 기다려주신 조원식 기획실장님과 조수정 씨를 비롯하여 역사비평사의 여러분께 송구하고도 감사하다는 말씀을 꼭 전하고 싶다.

2012년 9월
도쿄 헌책방 거리의 한 카페에서

차례

조선을 떠나며

책머리에: '억류와 탈출', '송환과 밀항'의 변주곡 5

1 뜻하지 않은 재앙, 패전

되돌아온 조선총독 부인의 배 16
생경한 공포의 실체 24
은행 창구로 몰려가다 33
거리마다 넘쳐 나는 물자 39
패전 국민의 자화상 45

2 사면초가에 처한 조선총독부

야속한 일본 정부 54
무능한 조선총독부 58
지도부의 갈등 62
회심의 묘책 65
김계조 사건과 일본인 접대부 68
조선총독부의 변신, 일본인세화회 72
원죄가 부른 보복 75

3 잔류와 귀환의 갈림길에 선 일본인들

때 아닌 조선어 강습 열기 80
잔류파와 귀환파의 기싸움 84
항구에서 붙잡힌 수산업계의 대부 88
도둑배와 송환선, 무엇을 탈 것인가 91
왜노 소탕을 외치는 조선인 97
믿을 수 없는 점령군 101

4 억류 · 압송 · 탈출의 극한체험

문신투성이 로스케 108
사람 잡는 '현지 조달' 114

사고뭉치 소련군과 그 앞잡이 **117**
끌려간 자와 남겨진 자 **121**
일본인도 꺼리던 만주 피난민 **130**

5. 뒤집어진 세상을 원망하며

뒤바뀐 운명 **138**
생경한 집단생활 **142**
뼈에 사무치는 삶의 낙차 **148**
아지노모토를 내다 파는 사람들 **154**
'로스케 마담'의 등장 **160**
캄차카 고기잡이와 노동귀족 **168**
'마담 다바이' 놀이와 대탈출 **175**

6. 모국 일본의 배신

동포에게 당한 설움 **188**
사회적 낙인, 히키아게샤 **193**
총리실로 날아든 20만 통의 편지 **200**
'전쟁 피해자'라는 기묘한 논리 **206**
체험과 기억의 틈바구니 **212**

7. 만남과 헤어짐, 그리고 다른 기억들

'왜노' 출몰 소동의 전말 **222**
친일파의 계보를 잇는 모리배 **229**
또 다른 보복의 악순환 **240**
일본인의 마지막 모습 **247**
회한과 그리움의 장소, 조선 **256**

마치며 : 가해와 피해의 기억을 넘어서 268

미주 **274**

1. 뜻하지 않은 재앙, 패전

되돌아온 조선총독 부인의 배

1945년 8월 15일 부산지방교통국장 다나베 다몬田辺多聞은 상부로부터 정오 무렵에 중대 발표가 있을 예정이라는 전갈을 받았다. 교통국 간부들과 한데 모여 방송을 들어보니, 그것은 예상대로 항복에 관한 내용이었다. 가까스로 마음을 추스른 다나베 국장은 전 직원을 소집한 뒤, 곧 상부의 지시가 있을 터이니 모두들 동요하지 말고 맡은 바 직분을 다하라고 당부했다. 이튿날 드디어 경성교통본국에서 연락이 왔다. 비상시국인만큼 그는 내심 당연히 교통기관 운영과 관련하여 어떤 중대한 지침을 내려줄 것으로 기대했다. 그러나 전혀 예상치 않게 그에게 하달된 첫 번째 비상 업무는 당장 일본 본토로 출항 가능한 기범선을 마련하라는 것이었다. 나중에 알고 보니 조선총독 부인 일행이 승선할 배가 시급히 필요했던 것이다.

8월 17일 비밀리에 부인 일행이 부산에 도착했다. 이들은 곧바로 도청 측에서 마련한 배에 몸을 싣고 일본으로 향했다. 그런데 이 배는 얼마 가지도 못하고 목도牧島 앞바다에서 그만 멈춰버렸다. 운행 도중에 배가 한쪽으로 점점 기울기 시작한 것이다. 처음에는 배가 워낙 낡기도 했거니와 갑작스런 악천후와 거센 파도 때문이라고 생각했다. 하지만 이유는 정작 다른 데 있었다. 바로 과적 때문이었다. 부인 일행이 조선에서 수집한 귀중품들을 어떻게든 일본으로 가져가려고 무리하게 실은 나머지 배가 미처 무게를 감당할 수 없었던 것이다. 이들은 애써 실은 짐을 절반 이상이나 바다에 버리고 나서야 겨우 다시 부산항으로 되돌아올 수 있었다. 우여곡절 끝에 목숨을 건진 부인 일행은 부산에 도착했을 때와 마찬가지

천황의 항복 방송을 듣고 슬픔에 잠긴 일본인들
조선에 살던 일본인에게 항복 방송은 곧 재앙의 시작을 알리는 신호탄이었다. 이들은 패전과 동시에 지배자로서 누리던 모든 특권을 박탈당했고, 이들 앞에는 본토 귀환과 정착이라는 길고 험난한 여정이 기다리고 있었다.

로 사람들의 눈을 피해 경성으로 돌아갔다.[1]

공교롭게도 이날은 일본이 4년 전 미국을 상대로 전쟁을 도발하고부터 시작된 부산 지역의 등화관제가 해제된 날이었다. 그래서 조선인들에게는 야경을 만끽하며 비로소 해방을 실감할 수 있는 뜻깊은 날이었으나, 조선총독 부인 일행으로서는 시가지의 환한 불빛이 경성으로 되돌아가야 했던 자신들의 초라한 모습을 비출 수도 있기에 결코 달갑지만은 않았을 것이다.

부와 권력, 그리고 최고급 정보를 독점한 계층은 패전 소식을 듣자마자 앞다투어 온갖 수단을 동원하여 살림살이까지 몰래 일본으로 반출해 가고자 했다. 그런데 그 주변에는 그저 마음만 있을 뿐 그렇게 할 수 없는 대다수의 일본인이 있었다. 이들은 지도층 인사의 행태를 지켜보며 심한 배신감을 느꼈다. 1944년 경상도 하동소학교로 발령을 받은 새내기 교사 후지와라 지즈코藤原千鶴子(1924년 생)는 "돈 있는 사람들은 삼삼오오 짝을 지어 몰래 밀선密船으로 돌아갔다. 하지만 우리 부모처럼 돈 없는 교사들은 마지막까지 남아 있다가 부산까지 가서 공식 송환선에 몸을 실어야 했다."라고 푸념했다.[2] 그녀는 부부 교사였고, 더욱이 자신이 재직하고 있는 소학교의 교장도 친정 아버지였다. 조선에서 비교적 안정된 생활을 누린 지즈코조차 이렇듯 소외감을 피력한 것을 보면, 귀환의 시기와 방식을 둘러싸고 일본인 사회 내부의 계층 간 갈등이 얼마나 심화되었는지를 엿볼 수 있다.

이런 갈등은 심지어 함께 밀항하던 동일 집단 안에서도 자주 벌어졌다. 한 예로, 전라북도에 거주하고 있는 일본인들은 군산항을 통해 본토로 돌아갈 계획이었다. 이들은 재빨리 배 2척을 마련하고 선적할 짐을 모두 군산으로 부쳤다. 얼마 후 각지에서 모여든 사람들을 태우고 막 출항하려 할 즈음 갑자기 밀항을 단속하는 조선인 청년들이 배 안으로 들이닥쳤다. 단속반원들은 배에 빼곡히 쌓인 짐들을 하나씩 풀어 내용물을 조사하기 시작했다. 그런데 선적된 값비싼 물건 가운데 상당수가 구 도청 간부들의 것으로 드러나자, 함께 밀항하려던 일본인들의 분노를 샀다.[3]

패전 직후 귀환을 둘러싸고 남한 지역에 거주하는 일본인 사회 내부에서 불거진 잡음과 갈등은 북한 지역에서도 고스란히 재연되었다. 아니, 오히려 그것은 더욱더 긴박하고 극단적인 양상으로 나타났다. 북한 지역에 거주하던 일본인들은 종전 후부터 줄곧 소련군에 의해 사실상 집단 억류 상태에 놓여 있었다. 자신이 당장 어떻게 될지 한치 앞도 내다볼 수 없는 북한 지역의 일본인 입장에서 본다면, 남한 지역에 살던 지즈코의 넋두리는 그저 복에 겨운 소리요, 호사스런 감정일 따름이었다. 소련군은 북한에 진주하자마자 38선을 봉쇄했기 때문에 그곳에 살던 대부분의 일본인은 최소 반년에서 1년여 동안 본토로 돌아갈 수 없었다. 하지만 그 혼란과 억류 상황의 와중에도 극소수나마 군경을 비롯한 지방의 고위 관료군과 대기업 간부들, 그리고 그 가족들은 점령체제가 정비되기 전에 재빨리 38선을 넘어 본토로 돌아갔다.

식민지 시기 일본광업주식회사는 평안남도 진남포에 사는 일본인 약 15,000명 중 7~8%가량이 재직했던 손꼽히는 대기업이었다. 그러나 1945년 8월 말 조선인들이 이 회사를 접수하면서 일본인 직원들은 일자리에서 쫓겨나 도로 정비나 항만 하역 등 잡역에 동원되었다. 소련군이 일본인의 이동을 전면 금지한 상황이었으므로 그 상황에서 벗어나려면 밀항 외에는 별다른 방법이 없었다. 이 때문에 약 1,000명에 이르는 직원들은 저마다 탈출 계획을 세우고 호시탐탐 기회만 엿

보고 있었다. 그런데 9월 말 이 회사의 공장장과 과장급 이상의 간부들만 따로 밀선을 수배해 경성으로 탈출한 사건이 벌어졌다. 그 바람에 남겨진 평직원들은 더욱 강화된 감시체제 속에 놓이게 되었다.[4] 이것은 개별 직장 안에서도 귀환을 둘러싸고 직위에 따른 계층 간의 갈등이 상존했음을 보여준다.

한편 강원도는 소련군이 먼저 진주했다가 나중에 미군이 다시 관할하게 된 지역이 유독 많았다. 소련군 진주와 동시에 철원·금화·회양·통천·고성·강릉 등지에서는 군수와 경찰서장이 제일 먼저 감금되었다. 그러자 인근 지역의 다급해진 경찰관들은 민간인, 즉 자신이 보살펴야 할 관할 지역의 일본인들을 버려둔 채 자기 가족만 거두어 남쪽으로 도망갔다. 이들은 대개 교통의 요지인 춘천으로 몰려갔다. 치안 담당자들의 이 같은 행태가 뒤이어 피난 온 사람들에 의해 알려지면서 춘천에 도착한 이들은 그 지역 일본인들의 차가운 시선과 냉대를 감수할 수밖에 없었다. 그나마 이들을 거둔 것은 춘천의 경찰 관계자뿐이었다.

당시 군 수뇌부가 보인 일련의 태도 역시 여론의 도마 위에 올랐다. 8월 28일 소련군이 예상치 않게 38선 이남 지역인 춘천 도청에 진주하자 일본인들은 당황했다. 소련군이 과연 어떠한 요구를 해올 것인가가 일본군 수뇌부의 초미의 관심사였다. 그러나 이 상황에서도 도청의 일본인 지도부는 서로 꽁무니를 빼며 소련군과 대면하기를 꺼려 했다. 결국 몇몇 간부가 울며 겨자 먹기로 조선인 인민위원회 측이 주최한 소련군 환영회에 참석했다. 진주군의 최우선 목표는 일본군의 무장해제였으므로 당연히 일본군 수뇌부가 참석해야 했지만, 정작 군 책임자는 모습을 보이지 않았다. 여론의 뭇매를 맞은 이는 특히 그 지역 헌병대장이었다. 그는 소련군이 춘천에 진주할 것이라는 정보를 제일 먼저 입수한 당사자였음에도 몸이 아프다며 도청 간부와 군 관계자의 연석회의에 자신의 부하를 대신 보냈을 뿐, 소련군 진주 당일부터 어떠한 연락에도 응하지 않은 채 자취를 감추었다. 그렇게 며칠이 지난 후 소련군의 유화적인 태도가 확인되자, 그는 비로소 회의석상에 나타났다. 주변의 곱지 않은 시선은 아랑곳하지 않은 채 그는 "독일도 연합국이 공습하는 상황이었지만 절대로 투구를 벗지 않았다. 우리 일본 역시 대공습을 당했다고는 하지만 아직 완전히 패배한 것은 아니다. 우리는 반드시 본토 결전을 통해 적을 무찌르고 최후의 승리를 거둘 것이다."라며 뒷북을 쳤다. 그의 말에 회의실에는 일순 싸늘한 기운이 감돌았다. 혼자 도망가려 한 사실이 탄로 나면서 그는 결국 헌병대 안에서도 비웃음을 샀다.⁵

패전에 즈음하여 구 식민지에 있던 일본인 지도부의 리더십과 관련해 전후戰後 일본 사회에서 두고두고 인구에 회자되는 이야기가 소련의 만주 참전 때 관동군 총사령부가 보인 일련의 행태이다. 당시 관동군 수뇌부는 소련의 공격이 시작되자 곧바로 열차를 동원하여 만주국의 고위 관료와 군 관계자 가족을 남쪽으로 피신시켰다. 그러나 만주의 여타 개척단원을 포함해 약 100만 명에 달하는 일반 민간인들에게는 대피 명령조차 내리지 않았다. 그로 인해 상당수의 일본인들이 구 소련 지역으로 끌려가 강제 노동에 동원되었으며, 혼란 속에서 희생된 자 또한 적잖았다. 그뿐만 아니라 이때의 피난 과정에서 버려지거나 부모의 사망으로 혼자 남게 된 잔류 고아가 대거 발생했다. 논자에 따라서는 관동군책임론을 반박하면서, 중소중립조약을 파기하고 참전해 일본인을 강제로 데려간 소련을 비난하거나 총사령부가 미처 거류민들을 보호할 여유가 없었던 부득이한 정황을 강조하기도 한다.

관동군 총사령부에 대한 '책임론'과 '옹호론'이 공존하는 가운데 아직 정확한 사실 관계는 선명히 밝혀지지 않은 상태이다. 하지만 여기서 간과할 수 없는 점은, 소소한 내용상의 차이는 있지만 당시 관동군 출신자나 해당 지역 귀환자들이 본토로 돌아온 뒤에 다양한 방식으로 관동군 수뇌부의 행태를 거론하며 이들의 책임 문제를 줄기차게 제기해왔다는 것이다.[6]

일본군 수뇌부의 문제는 1945년 8월 9일 소련군이 전투를 치르며 진주한 북한에서도 비슷한 형태로 나타났다. 소련군이 함포사격에 이어 시가지 상륙을 개시하자 나남을 중심으로 한 조선군 제19사단은 제일 먼저 교통의 요지에 헌병대를 배치하고 열차를 수배했다. 그리고 함경북도 곳곳에서 전란을 피해 모여든 일반 피난민들을 북쪽으로 쫓아버리고 나남 군관구의 군인 가족들만 태운 경성행 열차를 남으로 발차시켰다. 그뿐만 아니라 패퇴를 거듭하던 한반도 북단의 군부대는 소집영장을 남발해 일반인들을 희생양으로 삼았다. 당시 일본질소비료주식회사 아오지인조석유공장장 시바타 겐조柴田健三는 "영문도 모른 채 수많은 사람이 소집영장을 받아 들고 회령에 있는 병사兵舍로 모여들었다. 그 사람들은 우리에게 무기 대신 삽 한 자루씩을 쥐어주고선 소련군의 총알받이로 삼았다."라고 성토했다.[7] 아시아·태평양전쟁이 발발하면서 식민기구인 총독부보다 더 막강한 영향력을 행사하던 군사령부는 패전과 귀환 국면에서 이와 같이 노골적인 기민棄民을 광범위하게 자행하고 있었다.

패전은 반세기 동안 아시아를 호령한 일본제국에 총체적 균열을 가져왔다. 그것은 단순히 제국이 지배하던 영역의 공간적 분리나 지배 네트워크의 붕괴로 끝나지 않았다. 좀 더 중요한 문제로 부각된 것은 그동안 애써 감춰왔거나 제국의 논리로 강제 봉합되었던 일본인 사회 내부의 잠재된 불신과 갈등이 패전을 계기로 뚜렷하게 드러났다는 점이다. 특히 비상시국을 맞아 사리사욕과 개인의 보신만을 추구하는 사회 지도층의 낯 뜨거운 행태는 결국 민심의 이반을 가져왔다. 또한 그것은 오랜 기간 해외의 일본인 사회를 하나로 묶어낸 제국의 이념과 가치관을 급속도로 무너뜨렸다. 지도력과 상호 신뢰의 붕괴는 사회 구성원들로 하여금 위기감과 피해 의식을 고조시켰고, 급기야 극단적인 이기주의로 치닫게 만들어 곳곳에서 일본인 공동체의 해체를 촉진했다. 이제 '나만 살겠다'는 원초적 본능만 남은 조선의 일본인들에게 천황의 백성으로서 나라를 위해 헌신하는 정제되고 균질화된 제국의 일본인상을 기대하기는 어려워졌다. 상황이 이러하니 일본인을 상대로 식민 지배에 대한 반성을 촉구하는 조선인 사회의 목소리는 제대로 들릴 리 없었다. 식민기구의 고위 관료로 상징되는 국가는 물론이고 오랜 기간 믿고 의지하며 정을 나눈 이웃조차도 나를 버렸다는 배신감과 피해 의식, 그에 따라 오직 스스로 내 생명과 재산을 지켜야 한다는 강박관념과 위기의식만이 일본인의 뇌리를 온통 지배하고 있었다.

  식민 지배에 대한 반성은 근대 이래의 한일관계와 조선에서 보낸 자신의 삶 전체를 상대화할 수 있을 때 획득할 수 있는 관념이다. 따라서 이러한 집단 정서가 지배하는 한 일본인 사회 내에서 자성을 촉구하는 조선인의 요구는 좀처럼 의제화될 수 없는 터무니없는 이야기로 간주되었다. 이들은 그저 어떻게 하면 나와 내 가족이 일본으로 안전하게 돌아갈 수 있을지, 또 조선에서 일군 재산을 어떤 방법으로 한 푼도 빠짐없이 가져갈 수 있을지에 대해 골몰한 나머지 단 하루도 머릿속이 맑을 날이 없었다.

생경한 공포의 실체

경성전기주식회사 사장 호즈미 신로쿠로穗積眞六郞(1889~1970)[8]는 천황의 항복 방송을 듣자마자 지금의 을지로 입구에 있는 사옥으로 다급히 걸음을 재촉했다. 그는 비상시국을 맞이해 "만약 단 1분이라도 정전 사태가 발생한다면 무서운 결과를 초래할 것"이라며 전 직원에게 회사에 대한 막중한 책임을 환기시켰다. 그는 이 엄정한 시국에 한순간의 암흑이 혹여 조선인에 대한 두려움과 뒤섞인다면 일본인들이 체감하게 될 공포는 극에 달할 것이라는 사실을 매우 잘 알고 있었다. 이처럼 패전은 일본인으로 하여금 그들 주변에 있던 조선인의 존재를 의식하게 만들었다.

1945년 8월 16일 사무실 밖으로 내다보이는 남대문로에는 어느새 붉은기를 든 조선인들이 만세를 외치며 경성역 쪽으로 달려가고 있었다. 듣자 하니 오후 3시쯤에는 소련군이 도착할 것이라는 소문이 돌았다고 한다. 그 무렵 총독부에서 한 통의 전화가 걸려 왔다. 사원들의 만류와 걱정을 뒤로 하고 혼자 길을 나선 그는 처음에는 이 소동을 대수롭지 않게 생각했다. 오래 전 만주사변이 발발했을 때도 겁 없이 만주 벌판을 활보하던 그였다. 그러나 천하의 호즈미도 이미 경성 부청 앞 광장을 가득 메운 인파를 보고는 놀라지 않을 수 없었다. 부청 건물을 돌아 광화문 방향으로 발걸음을 옮기려 하는데, 갑자기 그 많던 군중이 사방으로 흩어지기 시작했다. 치안 당국의 시위대 해산 작전이 시작된 것이다. 그 순간 그의 뇌리에는 오랫동안 잊고 있던 1919년의 '만세사건'이 스쳐 지나갔다. 돌이켜 보니 그렇게 많은 조선인을 구경한 것도 그 사건 이후로 처음이었다. 그는 조선

통치 36년 가운데 마지막 10년은 잇따른 전쟁으로 삶이 팍팍해진 조선인들이 이러저러한 불평을 품을 수 있을 법하다고 생각했다. 하지만 그것은 결코 총독부의 '친절한' 문화통치에 대한 적대적 불만은 아닐 것이라고 믿었다.[9]

그러나 그의 생각이 지나치게 안일했다는 점은 천황의 항복 선언 직후 조선인들에게 나타난 집단행동을 통해 여실히 드러났다. 연락이 두절된 함경도를 제외하고 1945년 8월 16일부터 23일까지 약 1주일 동안 조선 전역에서 중앙에 보고된 '불상사건不祥事件'은 총 913건이었다. 사건 내역을 살펴보면 조선인이 집단으로 습격한 곳은 주로 경찰관서, 지방행정기관, 신사였다. 또한 개인을 상대로 한 살상과 폭행 사건은 약 267건이 보고되었는데, 주된 표적은 경찰관, 학교 교원, 행정기관의 공무원, 그리고 그 가족들이었다.[10] 당시 북한 지역은 말할 것도 없고 남한 지역에서도 보고 체계가 제대로 가동되지 않아 오지에서 일어난 소소한 사건은 집계에서 누락되기 일쑤였다.[11] 따라서 이 보고 수치를 액면 그대로 믿을 수는 없지만, 사건의 양상에 주목해 보면 몇 가지 중요한 특징을 발견할 수 있다.

첫째, 통치 기간 내내 조선인의 일상을 직접적으로 통제했던 경찰서·주재소·행정관서에 대한 습격이 많았다. 둘째, 각 지역 신사에 대한 공격이 두드러졌다. 이것은 조선인들이 그만큼 신사를 '왜족 우상의 복마전伏魔殿'[12]으로 인식하고 있었다는 것을 의미한다. 셋째, 특이하게도 일본인보다 오히려 조선인 피해자가 훨씬 더 많았다.

과연 이 기괴한 현상을 어떻게 설명할 수 있을까? 직접적인 원인은, 비상사태가 발생하자 치안 및 행정기관에서 고급 정보를 다루면서 명령 계통상 상위직에 있는 일본인들이 조선인 부하 직원에게 책임을 떠넘기고 먼저 피신했기 때문이다. 그런데 좀 더 근본적 원인은 행정조직 말단의 조선인을 이용해 대민 지배를 꾀해온 총독부의 통치 방식에서 찾아야 할 것이다. 집단행동은 때로는 치밀한 계획 아래 조직적으로 발생하기도 한다. 하지만 해방 후 약 1주일 사이에 나타난 폭행·습격 등의 사태는 그동안 봉인되었던 조선인의 해묵은 감정이 정제되지 않은 형태로 한꺼번에 표출된 사건이었다. 이 시기에 벌어진 사건은 갑작스레 맛본 해방감에서 나온 비이성적 행동이기도 하지만 조선인의 가장 솔직한 속내가 드러난, 즉 양면적인 성격을 띠고 있었다. 그 결과 식민 지배 말기 전시체제 속에서 먹을거리와 물자를 공출하고 해외의 군수공장·탄광·전쟁터 등으로 사람들을 징발할 때 앞장서며 악역을 맡았던 조선인들이 지난날의 죗값을 톡톡히 치러야 했다. 말하자면 군중의 시선은 그런 일을 지시하고 관리한 일본인이 아니라, 이들 일본인의 수족 노릇을 한 사람들에게 향했던 것이다.

패전 후 벌어진 이 같은 사태에 당황한 총독부는 8월 18일 각 기관에 걸어둔 천황 사진을 불태울 것을 지시하는 한편, 각 지역 신사에 신속히 연락해 신령이 불경한 일을 당하지 않도록 위패를 불태우는 승신식昇神式을 거행하라고 했다. 일본 식민 지배의 상징인 천황 사진은 말할 것도 없고, 거류민에게 온갖 재앙을 막아주는 액막이로서 정서적 안정감을 안겨준 일상의 공간이자 일본 문화의 구현체였던 신사가 '불경'하기 그지없는 조선인들에 의해 파괴되는 것을 차마 두 손 놓고 지켜볼 수 없었던 것이다.[13] 일본인들은 사건의 경중과 다과를 떠나 이러한 초유의 사태를 경험하며 집단적 공포에 시달렸다.

그런데 이들이 느낀 생경한 공포는, 다소 역설적으로 들릴지 모르지만 조선·조선인에 대한 총체적 무지와 무관심에서 비롯되었다. 직업적으로 조선인 사회 동향에 민감할 수밖에 없는 첩보·정보계 관료나 한반도에 대자본을 투자한 기업의 간부 등 극소수 인사를 제외한 대부분의 일본인은 사실상 조선인의 존재를 거의 의식하지 않고 살았다. 이런 경향은 식민 지배 초기에 수많은 조선인의 저항을 경험한 1세대와 달리 '문화통치' 시기에 이주해 왔거나 조선에서 태어난 식민자 2세의 경우에 더욱 강하게 나타났다. 이들은 조선을 타지로 인식하기보다는 본래부터 일본 본토의 일부라고 생각했다. 바로 이 정서야말로 조선인의 불만과 저항을 철저히 봉쇄한 '친절한' 문화통치의 산물이었다. 3·1운동 이후로 그렇게 많은 조선인이 한곳에 모인 것을 한 번도 본 적이 없다는 호즈미의 회상에서 보듯이, 대부분의 일본인은 패전에 이르기까지 적어도 한반도 안에서만큼은 집단적 저항을 피부로 감지할 수 없었다. 조선의 일본인들은 이러한 상황을 일상의 평화로 받아들였고, 조선인들을 자신의 일상에 어떠한 영향도 미치지 못하는 관심 밖의 존재로 치부했다.

  패전 후 본토로 돌아간 일본인 중 적잖은 사람들이 자신이 태어났거나 오랜 기간 생활하며 정들었던 조선에 대해 막연한 그리움을 피력하곤 했다. 그런데 이들이 회고록을 통해 쏟아내는 조선에 관한 이야기를 꼼꼼히 들여다보면 조선인에 대한 기억이나 조선인과 무언가를 함께했던 기억은 좀처럼 찾아보기 어렵다. 이것은 이들의 조선·조선관을 이해하는 데 매우 중요한 실마리를 제공한다. 즉 이들에게 조선인은 과거를 회상할 때 어렴풋이 떠오르는 한반도의 수목산천과 다를 바 없는 그저 풍경의 일부일 뿐 대등한 사교의 대상이 아니었다. 지속적인 일상 관계 속에서 어떤 의미를 획득한 존재가 아니었기 때문에 조선인은 일본인 귀환자들의 사적인 기억에서 어느 한 자리도 차지할 수 없었다. 그나마 일본인들의 머릿속에 남은 조선인은 대개가 양반가, 부유층, 유학파 등 재력 있고 일본화·근대화된 생활 방식을 몸에 익힌 사람들이었다. 다시 말해 '일본'과 '근대'라는 잣대로 걸러진, '만남의 자격'을 갖춘 조선인이 아니라면 굳이 떠올릴 가치조차 없었던 것이다. 그 결과 이들의 회고록 속에는 자신과 상하 관계로 인연을 맺은 사람들에 대한 극히 단편적인 기억만 남아 있을 뿐이다. 예를 들어 '오모니(어머니)', '기지배' 등으로 불리던 가정부라든가, 사업장에서 자신이 부리던 조선인이 회고 속에 등장하기는 하지만, 이들에 대한 이야기는 대부분 단편적인 에피소드나 부차적인 기억으로 처리된다.

일본인에게 기억의 대상조차 될 수 없었던 조선인은 대개가 'OO짱' 등 아무렇게나 붙인 일본식 애칭이나 '김·이·박' 등의 이름 없는 존재로 등장한다. 바로 이 같은 일그러진 만남의 방식이 조선인에 대한 총체적 무지로 이어졌으며, 1945년 8월 이후에 조선인과 이별하는 대목에서 공포감을 극대화하는 주된 요인으로 작용했다.[14] 즉 그저 있는 듯 없는 듯 유순하기만 했던 조선인들이 하루아침에 왜 이렇게 포악한 행동을 일삼게 되었는가 하는, 원인 모를 당혹감에 휩싸인 것이다.

대부분의 일본인이 패전 직후에 나타난 조선인의 집단행동을 도저히 이해할 수 없었던 데는 그만한 이유가 있었다. 거류 초기 일본인들은 집단의 안전을 위해 한데 모여 살기 시작했다. 조선인을 피해서 만들기 시작한 일본인들만의 공간은 이미 그곳에 살고 있던 조선인들을 변두리로 몰아내면서 형성되었고, 그렇게 만들어진 일본인촌은 점차 한반도 전역으로 확대되어갔다. 이들은 자신들만의 공간에 철도역과 정거장, 학교, 병원, 관공서, 백화점 등 편의 시설을 조성했고, 경찰·군대 등 치안기관을 유치해 그 공간을 더욱 안전하고 편리한 곳으로 만들었다. 이것은 그만큼 조선인과 단절의 벽을 높이 쌓아가는 과정이었다. 당연하고도 자연스럽게 일본인의 공간은 조선인의 그것과 분리되어 마치 섬처럼 존재했다. 게다가 사회적 지위와 직업군에 따라 일상의 동선마저 민족별로 분리되기 시작했다. 그 결과 설령 같은 곳에 살더라도 양 민족은 일상적으로 서로 마주칠 일이 없었다.

원산중학교에 다니던 가사이 히사요시笠井久義의 회고록에는 대홍교大虹橋를 경계로 남쪽의 '원산부'와 북쪽의 '원산리'를 묘사한 그림이 들어 있다. 이 그림을 보면 가사이가 생활하던 원산부에는 공장, 부민관, 은행, 상점, 신문사, 공설 시장 등이 빼곡히 들어서 있음을 확인할 수 있다. 반면 북쪽의 원산리에는 원산역과 철도 관사를 제외하면 산자락을 끼고 들어선 초가지붕들만 성글게 보일 뿐이다.[15] 그의 머릿속에 저장된 조선인들이 모여 사는 원산리는 가스등과 전깃불이 들어오는 원산부와 달리 밤만 되면 어둠 속으로 사라지는 음침한 곳이었다. 또한 그곳은 변변한 상설 시장도 없이 10일에 한 번 꼴로 겨우 장이 서는 곳이고, 목욕탕은 물론 위생 관념도 없는, 세균이 득실거리는 기분 나쁜 곳이었으며, 수백 년 전의 전근대 세계가 마치 멈춰버린 시곗바늘처럼 그대로 존재하는 듯한 별세계였다. 그러나 그는 원산리가 왜 그런 곳이 되었는지, 또 그곳 사람들이 왜 그렇게 사는지에 대해서는 관심이 없었다. 굳이 그러한 것에 관심을 갖지 않아도 자신은 원산부 안에서 일상생활을 하는 데 아무런 불편이 없었기 때문이다. 공간의 분리는 이렇듯 만남의 단절과 심리적 괴리로 이어졌다.

패전 당시 원산부립국민학교 2학년이던 마쓰나가 이쿠오松永育男는 한 번도 조

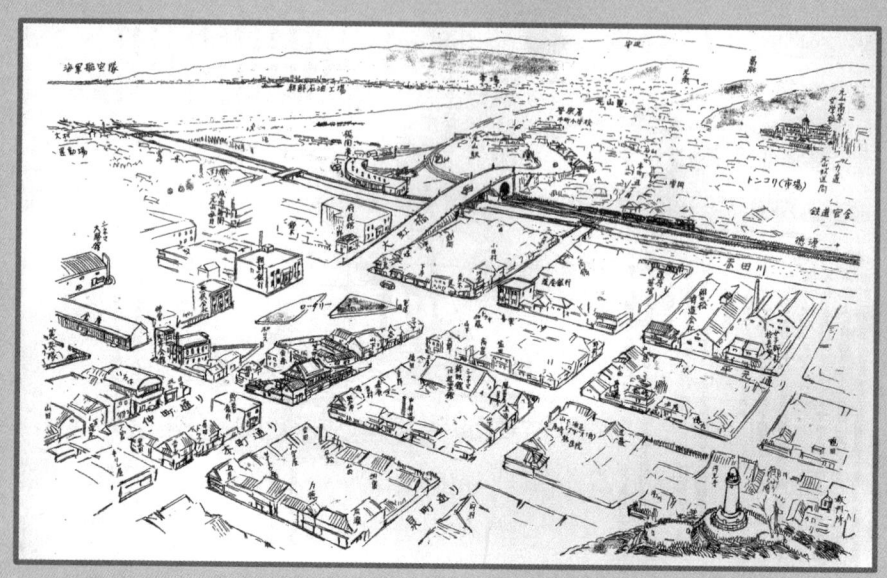

일본인의 원산부와 조선인의 원산리

일본인은 각종 편의 시설이 집중된 도회지인 부府와 지정면指定面에서 한데 모여 살았다. 이들이 만든 이른바 일본인촌은 조선인을 외곽으로 몰아내며 차지한 공간이었다. 그리고 그곳은 밤에도 불야성을 이루는 근대의 공간으로 탈바꿈했다. 반면에 이러한 번화가의 외곽에 자리 잡은 조선인촌은 여전히 봉건시대의 시계가 돌아가는 차별과 소외의 공간이었다. 조선인과 일본인은 같은 물리적 시공간 안에서도 서로 다른 공간에서 다른 시대를 살았다.

선인 친구와 놀아본 기억이 없다. 그가 기억하는 조선인은 가끔씩 머리에 광주리를 이고 다니며 물건을 팔던 아주머니가 전부였다. 원산에도 많은 조선인이 살고 있었다는 사실을 깨닫게 된 것은 패전 후였다. 생활비가 바닥나 책과 옷가지를 팔기 위해 원산리의 조선인 재래시장에 갔을 때 그는 북적거리는 조선인들의 모습을 처음 보았다. 이들을 접하기 전까지 그의 머릿속 원산은 일본인의 공간이었던 원산부가 전부였다. 그가 패전을 실감한 계기는 어른들의 대화 내용과 표정이었다. 언제부터인가 어른들은 조선인에 대해 말하기 시작했다. 그리고 이야기 끝에는 이웃 일본인 집에 불이 났다거나, 동네 부잣집과 순사 가족이 차례로 화를 입었다는 심각한 대화가 늘 따라붙었다. 어린 나이에도 불구하고 그는 어른들이 부쩍 조선인을 의식하고 있다는 것을 직감할 수 있었다. 이는 조선의 일본인들이 패전 후에야 비로소 조선인의 존재를 강하게 인식하기 시작했고, 이내 그것이 생경한 공포로 다가왔음을 말해준다.[16] 좀처럼 떨칠 수 없었던 두려움은 조선과 조선인을 잘 몰랐기 때문에 더욱 크게 느껴졌을 것이다.

　나카무라 기미中村貴美(패전 당시 23세)는 충남 강경경찰서 병사계에서 근무하고 있었다. 천황의 항복 방송이 있고 나서 그 다음 날 출근해 보니 경찰서 유리창이 모두 깨져 있었다. 폭도는 다름 아닌 경제법위반죄로 투옥되었거나 혹은 군대에 끌려간 아들과 남편을 둔 조선인 부녀자들이었다. 서장실로 들어갔더니 조선인 순사가 "이제는 우리가 서장이다"라면서 떡 하니 회전의자에 앉아 있는 것이 아닌가. 패전을 실감하는 순간이었다. 그 이후로 계속해서 이해할 수 없는 일들이 벌어졌다. 온순했던 마을 사람들이 "(일본인들은) 알몸으로 왔으니 알몸으로 돌아가라"고 협박하는가 하면, 신성한 신사에 돌과 방망이를 든 사람들이 모여들더니

곧장 어느 일본인 집으로 몰려가 집기를 부수기 시작했다. 이 사태를 보고 동네의 경방단 어른들이 놀라서 이제는 본토로 돌아가야겠다는 말을 꺼냈다. 나카무라가 "패전했기로서니 꼭 내지로 돌아가야만 합니까?" 하고 물었더니, 어른들은 아무런 설명도 없이 그저 돌아가야 한다고만 대답했다. 그녀도 결국 '아버지의 고향'으로 돌아갔지만, 집을 떠나는 그 순간까지도 왜 '자신의 고향'인 강경 땅을 떠나야 하는지 이해하지 못했다. 그녀는 그저 선동자들의 중상에 부화뇌동하는 조선인의 무지와 무모함에 치를 떨었다. 그리고 사리사욕에 혈안이 된 조선의 '아귀축생'들이 바글거리는 지옥으로 변한 고향을 영문도 모른 채 떠날 뿐이었다.[17] 귀환에 즈음해서는 조선인에 대한 공포가 어느새 증오로 바뀌어가고 있었다.

조선인의 마음을 이해하지 못한 것은 조선에서 오랫동안 생활한 중견 관료도 마찬가지였다. 강원도 내무부장 오카노부 교스케岡信侠助(1901년 생)는 동경제국대학 법학부 재학 중 고등문관시험에 합격해 1928년부터 조선총독부에서 근무해온 노련한 관료였다. 그는 일본 유학을 다녀온 인근의 조선인들과 평소 허물없이 대화를 나누었고, 나름대로 조선의 처지를 이해한다고 자부했다. 패전 이튿날 하루종일 만세 소리가 그치지 않자, 그는 친하게 지내던 조선인들과 함께한 자리에서 당신들은 왜 그런 바보 같은 '만세 소동'을 벌이냐며 솔직한 속내를 드러냈다. 그러나 그의 물음에, 새내기 직원으로서 장래가 촉망된다며 그가 평소에 마음에 두고 있던 유군이라는 조선인조차 끝내 답변을 회피했다. 뜻하지 않은 상황에 당황한 그는 "조선인은 결국 우리와 결이 다르다는 것"을 절감했다며 아쉬움을 토로했다.[18] 20년 가까이 조선을 경험한 그였지만, 일본 통치에 협력했던 조선인들이 패전 후 지니게 된 복잡한 심경까지는 끝내 헤아릴 수 없었던 것이다.

조선에서 돌아간 일본인들의 회고 속에서 패전은 곧 불안과 공포로 시작된다. 물론 식민 지배 말기에도 전쟁에 대한 공포는 늘 존재하고 있었다. 하지만 공포의 중심축은 조선인이 아니었다. 오히려 일본인들은 긴 세월 조선에서 풍요와 안락한 생활을 누리고 살면서 조선인의 존재를 거의 잊고 있었다. 그래서 패전 직후 조선인들이 왜 거리로 쏟아져 나와 만세를 외치는지 이해하지 못했다. 심지어 패전 후 자신이 왜 조선을 떠나야 하는지조차 이해하지 못한 일본인도 상당히 많았다. 이들이 패전 후 느낀 공포는 그곳이 엄연히 조선인의 땅이라는 사실을 간과했기 때문에 증폭된 것이다. 패전 후 맞이한 재앙이 일본의 조선 지배에서 비롯되었음에도 불구하고 대다수의 일본인 귀환자가 패전이라는 직접적인 계기에만 매몰되었던 이유 또한 이것이다.

식민 지배 초기에는 크고 작은 저항을 겪었으나, 3·1운동을 기점으로 강고한 통치가 계속되면서 일본인에게 조선인은 더 이상 두려운 대상이 되지 못했다. 1세대는 점점 지배 초기의 긴장감을 잊었고, 2세대는 그러한 사실조차 모른 채 조선에서 태어났다. 패전 후 일본인들이 경험한 이 생경한 불안과 공포는 곧 조선인에 대해 굳이 관심을 두지 않아도 일상을 영위할 수 있었던 특권의 대가였다. 지난 역사에 대한 망각과 무지가 곧 불안과 공포의 원인이었던 것이다.

은행 창구로 몰려가다

충무로 경성우편국에 다니던 이노우에 스미코井上寿美子(1923년 경성 출생)의 아버지는 패전 직후 한동안 밤이 이슥해서야 집으로 돌아올 수 있었다. 우편예금을 인출하려는 사람들이 몰려든 바람에 출금 업무가 갑자기 늘었기 때문이다. 그녀의 회고에 따르면 예전과 달리 일본인을 바라보는 조선인의 시선이 곱지는 않았지만, 패전 초기의 혼란이 비교적 이른 시기에 수습되어 사람들이 우려하던 만큼 직접적인 위협은 없었다고 한다. 오히려 혼란이라고 한다면 돈을 찾기 위해 은행 등 금융기관으로 몰려든 인파 때문에 생긴 사태였다.[19]

총독부 재무국장 미즈타 나오마사水田直昌의 구술에 따르면 경성에서는 1945년 8월 16일에만 약 2억 원이 인출되었다. 패전 당시 경성 소재 은행들이 보유한 지급준비금의 20%가 단 하루 만에 빠져나간 것이다. 그는 이와 같은 액수로 매일같이 돈이 빠져나간다면 아무리 다른 곳에서 현찰을 끌어모아도 8월 22~23일쯤에는 잔고 부족으로 모든 은행이 문을 닫아야 할 것으로 내다보았다.[20] 만일 각 기업의 본점이 한데 몰려 있는 경성의 은행이 파산한다면 곧 걷잡을 수 없는 대폭동이 일어날 것이라는 사실을 총독부는 잘 알고 있었다. 예금한 돈이 하루아침에 사라진다면 일본인들도 결코 가만히 있지 않을 것이 분명했다.

패전 직후 『경성일보』 보도 속에는 총독부 관료들의 위기의식이 생생하게 담겨 있다. 패전 소식을 접한 총독부의 행정 관료들은 한숨만 쉬고 있었다. 그러한 가운데 8월 19일 조선군관구사령부가 먼저 나서서 혼란을 수습하고 치안 유지에 만전을 기하겠다고 밝혔다. 곧이어 경기도 경찰부장과 총독부 정보과장도 소련군 진주설 등 각종 유언비어에 현혹되지 말 것과 패전에 따른 일련의 정치·군사적 조치는 향후 일본 정부와 연합국 사이에 맺어질 조약에 따라 이루어지므로 절대로 당황하지 말 것을 당부했다.[21]

그러나 조선인이든 일본인이든 더 이상 관의 선전을 믿는 사람은 없었고, 금융기관의 예금 인출 사태도 전혀 잦아들지 않았다. 상황이 이렇게 되자 호시노 기요지星野喜代治 조선은행 부총재가 직접 나서, 비상시국에 현금을 소지하는 것은 오히려 더 위험할 수 있다며 예금주들을 설득하기 시작했다. 아울러 8월 23일을 기점으로 각 은행은 인출 초과에서 예금 초과로 돌아섰다고 선전했다. 한편 총독부의 미즈타 나오마사 재무국장은 다급한 마음에 일본 중앙정부나 연합국총사령부(GHQ/SCAP)와 전혀 협의도 안 된 사항을 8월 17일부터 라디오방송을 통해 일방적으로 발표했다. 우편저금은 물론이고 각 은행이 발행한 예금통장, 그 밖에 각종 예금증서와 자기앞수표를 본토에 가지고 가면 언제든지 현금으로 인출할 수 있다며, 굳이 조선에서 큰돈을 인출했다가 공연히 도난 사건에 휘말리지 말라는 내용이었다.[22]

은행 파산 우려로 인한 현금의 대량 인출 사태는 전국적으로 벌어진 현상이었다. 그러나 이 같은 상황은 예금할 여유조차 없던 조선인보다는 상대적으로 일본인, 특히 치안이 확보된 도시 지역보다 외딴 지역에 살고 있는 일본인들 사이에서 더욱 격한 양상을 띠었다. 즉 패전 후 불안과 공포를 상대적으로 강하게 느낀 사람들, 현지 잔류보다는 본토 귀환을 원하던 사람들이 더욱 민감하게 반응한 것이다. 생명의 위협이 어느 정도 사라지자 사람들의 머릿속에는 돈이 제일 먼저 떠올랐다.

인류의 역사를 되돌아보면 대혼란과 위기 속에서 더없는 기회를 포착하는 집단이 으레 등장하기 마련이다. 금융기관에서 너나없이 인출해간 돈이 시중에 풀리기 시작하자 곳곳에서 이른바 패전 특수를 노린 환전상이 나타났다. 돈 냄새를

기가 막히게 맡은 자들은 미군정이 법령 제57호를 통해 1946년 3월부로 일본은행권과 대만은행권 등 외환의 보유와 유통을 금지할 때까지 본토로 돌아가는 일본인들을 상대로 막대한 이익을 챙겼다. 환전상은 대개 일본 현지의 브로커나 그곳에서 돌아오는 조선인들로부터 일화日貨를 조달했으며, 이렇게 마련한 일화로 귀환하려는 일본인들이 인출한 조선은행권을 바꿔주었다. 이들 환전상은 조선은행권이 대량 인출된 시점에서는 일화를 비싼 값에 일본인들에게 팔았다. 또 일본인들이 본토로 거의 돌아가 일화 수요가 급감하는 시점에 이르러서는 해외에서 돌아온 조선인들에게 조선은행권을 비싸게 파는 환치기 수법으로 재차 이익을 챙겼다. 이뿐만 아니라 그런 식으로 모은 돈을 가지고 일본인 재산을 헐값에 매수하거나 한일 양 지역 사이의 밀수에 관여함으로써 이중 삼중으로 이익을 극대화했다.[23] 이들이야말로 일본제국 붕괴 후 한일 양 지역으로 되돌아가는 사람들을 상대로 단기간에 부를 축적한, 하늘이 내린 수혜 집단이었다.

  이들이 큰돈을 벌 수 있었던 비결은 해외에서 돌아오는 조선인이든 본토로 돌아가는 일본인이든 자신의 재산을 어떻게든 가지고 가서 정착 과정의 어려움을 최대한 줄여보려는 사람들의 심리를 최대한 이용한 것이었다. 물론 이것은 양 지역 간의 물자 및 외환 거래를 금지한 미군정 법령 제3호를 위반하는 행위였다. 하지만 허술한 단속망을 비웃기라도 하듯 외환의 밀반출은 다양한 형태로 버젓이 이루어졌고, 설령 단속에 걸려도 웃돈을 떼어주는 방식으로 이내 법망을 무력화시켰다. 미군정 정보부가 검열 과정에서 입수한 편지들 속에는 환전 및 외화 반출 방법이 매우 자세히 적혀 있다. 예컨대 일본에서 조선으로 보낸 한 편지에는 다음과 같은 내용이 담겨 있었다. 여성의 신체검사는 엄격하지 않지만 최근에는 조선인 여성이 단속반으로 긴급 투입되었으므로 조심하되, 일단 도시락이나 스타킹 속에 감추어 검사대를 통과한 뒤 재빨리 다른 곳에 숨기라는 것이다.[24] 이들은 조선 현지의 금융기관 직원을 이용하기도 했다. 한 예로 경상북도의 도미가와 우메코는 도치기현栃木県에 있는 도미가와 다카하루에게 친척이 조선은행에 있다며, 밀항 때 일본은행권을 최대한 많이 가져오라고 했다. 또 의령의 서재봉이란 자는 실시간 암거래 환율까지 제시하며 똑같은 일화일지라도 특히 50전짜리가 비싸게 거래되고 있다는 생생한 정보를 일본의 지인에게 알려주었다.[25] 이처럼 암거래 시장에서는 총액이 아닌 액면가에 따라 각기 다른 환율이 적용되고 있었다.

일확천금을 노린 모리배들이 난무하는 가운데 다른 한편에서는 패전 직후 일본인들이 은행에서 반출한 돈을 향후 어떻게 처리할 것인지에 대해 신경을 곤두세우는 조선인들이 있었다. 1945년 8월 16일 백남운을 위원장으로 하여 발족한 조선학술원은 남한의 총 화폐 보유량 61억 8,000만 원 중 70~80%에 달하는 46억 원 정도가 일본인 손에 있는 것으로 추정했다. 그리고 당면한 경제문제로는 일본인들이 보유하고 있는 화폐량을 정확히 조사해, 이것의 불법 방출을 억제하는 일이 무엇보다 급선무임을 지적했다. 이를 위해서 "첫째, 일본인과 일본인 회사가 보유하고 있는 조선은행권을 일괄 등록시킬 것. 둘째, 일본인 소유 재산을 동결시킬 것. 셋째, 등록 후 재류 일본인이 화폐를 요구할 경우 군정 당국이나 정부의 허가를 얻을 것. 넷째, (조선인) 귀환자가 소유한 외국 화폐는 일정량에 한해 지정된 교환소에서 조선은행권 혹은 국폐로 교환해줄 것"을 제안했다. 또한 등록된 일본인 보유 화폐 처리에 대해서는 "첫째, 기일을 정할 것. 둘째, 신국폐와 조선은행권의 교환을 암시할 것. 셋째, 등록자에 한해 퇴거 전까지 생활을 보장할 것. 넷째, 부정 등록자는 가택수색을 통해 처벌할 것. 다섯째, 출항지에서 신체검사를 행할 것"을 권고했다.[26]

해방 직후 조선의 경제 전문가들은 일본인 귀환 과정에서 발생한 급속한 통화량 팽창이 향후 국가재정에 직접적인 타격을 가할 것으로 내다보았다. 따라서 이를 방지하기 위해서는 일본인 소유 재산을 당장 동결시키고, 일본인이 보유한 화폐를 등록·예탁시켜 국가 즉, 미군정 당국이 철저히 관리할 것을 요구했다.

패전으로 인한 공포는 조선의 일본인으로 하여금 무작정 은행으로 달려가도록 만들었다. 이들에게는 식민지를 잃었다는 안타까움이나 국가의 장래를 걱정하는 비장함보다는 혹여 자신의 전 재산을 잃게 될지도 모른다는 현실적 불안감이 더욱 컸다. 패전을 전후해 누차 확인된 지도층의 거짓 선전과 부도덕한 행동이 관에 대한 불신을 키운 결과, 일반 일본인들이 믿을 수 있는 것이라고는 오로지 자신의 재산밖에 없었다. 이들은 조선에 계속 거류할 수 있을지의 여부도 불투명하고, 언제 자신의 재산이 조선인이나 점령군에 의해 동결될지도 모르는 상황에서 만일 본토로 돌아가야 한다면, 결국 자신을 지킬 수 있는 것은 돈밖에 없다고 생각했다. 특히 누대에 걸쳐 조선에서 뿌리를 내린 일본인들은 자신이 일군 인적 네트워크와 생활 기반을 잃게 될 경우 본토에는 딱히 의지할 곳도 없었기 때문에 더욱더 재산에 집착했다.

이렇듯 패전 후 자신의 미래가 재산 여부에 따라 천당과 지옥을 오갈 것이라고 믿고 있는 이상 일본인들의 재산 반출은 좀처럼 막을 수 없었다. 조선의 지도층 인사들은 처음부터 일본인의 예금 인출과 그로 인한 통화량 팽창이 가져올 사회적 악영향에 대해 여론을 환기시키며 군정 당국에 엄정한 관리를 요구했다. 그러나 당국의 단속도 허술했거니와 그러한 상황을 개인의 치부를 위해 이용한 일부 조선인들 때문에 해방 조선은 오랫동안 후유증을 앓아야 했다.

거리마다 넘쳐 나는 물자

패전 후 조선 전역에서 나타난 특이한 현상 중 하나는 비록 짧은 기간이었지만 시중에 전례 없이 물자가 풍족해진 점이다.[27] 천황의 항복 방송이 있고 다음 날 남대문시장에는 거짓말처럼 쌀, 설탕, 밀가루를 비롯해 옷감, 가죽제품, 구두 등이 산더미처럼 쌓여 있었다.[28] 전쟁 수행을 위한 통제경제 속에서는 좀처럼 구경할 수 없었던 각종 물자가 한꺼번에 시중에 풀린 것이다. 이러한 상황은 북한 지역도 마찬가지였다. 진남포에서는 패전 후 10여 일이 지나자 거리 곳곳에 암시장이 들어섰다. 돈만 있으면 어떤 물건이든 구할 수 있을 정도로 물자가 넘쳐났고 사람들의 발길이 끊이지 않아 마치 '마쓰리祭り(축제)'가 열린 것처럼 활기를 띠었다.[29]

한편 일본인들이 모여 사는 동네 어귀에는 어김없이 팔기 위해 집 밖에 내놓은 세간들이 넘쳐났다. 당장 이웃에 살던 사람들이 앞다투어 살림을 처분하고 뒤도 돌아보지 않고 항구로 달려가는 마당에 관의 선전대로 차분히 상황을 지켜보기란 결코 쉬운 일이 아니었다. 결국 불안한 마음에 여비를 마련하고자 너도나도 가재도구를 내다 팔게 된 것이다. 총독부는 일본인 사회의 불안과 동요를 조장하는 가재 투매 행위를 자제하도록 당부하는 한편, 1945년 8월 27일부터 일본인 귀환 원호 단체인 각 지역 세화회世話会를 통해 가재도구 매입과 위탁 보관을 실시했다. 경성의 경우는 세화회가 경기도 상공경제회와 함께 작은 살림살이에 대해서 미쓰코시三越, 미나카이三中井, 조지야丁子屋 등의 백화점에서 직접 매입하도록 했다. 또 가구 등 큰 살림살이는 각 정회별로 한곳에 모아두도록 하고 직원을 파견해 매입하도록 했다.[30] 당시 세화회의 구매 총액은 실제로 얼마 되지 않았으나, 이렇게라도 하지 않으면 일본인들은 모든 세간을 헐값에 팔아치우고 당장 배를 타기 위해 항구로 달려갈 기세였다.

일본인들의 가재 투매가 극에 달하자 조선인 고물상들은 더 좋은 물건을 값싸게 구매하고자 일본인 마을을 하루에도 몇 차례씩 돌기 시작했다.[31] 또 본토로 돌아가기 위해 일본인들이 모여드는 교통의 요지나 귀환항 일대에는 순식간에 도깨비시장이 들어섰다. 이를테면 충남 지역의 일본인들에게는 조선군사령부가 이전해 있는 안전한 대전으로 모이도록 했는데, 미처 자신의 거류지에서 처분하지 못한 가재도구를 싣고 온 사람들이 그것을 거리에 내다 파는 진풍경이 펼쳐졌다. 그 바람에 대전 일대에는 쓸 만한 물건을 사려는 조선인들이 구름처럼 몰려들어 전에 없던 시장이 하루아침에 생겨나기도 했다.[32] 즉 일본인이 이동하는 경로를 따라서 임시로 투매 시장이 들어서고 곧 사라지는 기현상이 벌어진 것이다.

일본인들의 투매 행위를 억제하고자 한 것은 총독부만이 아니었다. 조선인들 역시 이러한 현상을 비판적으로 바라보았다. 그러나 이를 바라보는 우려의 눈길은 이유가 달랐다. 총독부가 가재 투매를 억제한 주된 이유는, 그것이 일본인들의 집단적인 불안 심리를 자극해 무분별한 귀환 쇄도로 이어질 경우 통제가 원천적으로 불가능해지기 때문이었다. 반면에 조선인 지도층은 아무리 사소한 물건이라도 일본인이 소유한 것은 '조선에서 조선인을 부려서 일군 것'이라고 보았기 때문에 일본인 재산은 그 형태를 막론하고 결국 조선의 것, 즉 조선인 전체가 공유해야 할 것이라고 인식했다. 따라서 일본인들 재산을 매입하는 행위는 해방 조선의 부를 유출하는 이적 행위요, 공공의 재산을 개인의 것으로 독점하는 반사회적 악덕 행위로 간주했다.[33]

일본인들의 투매 행위에 대해 조선인 사회의 비난 여론이 거세지고 미군정 또한 송환행정체제를 갖추어감에 따라 일본인의 재산 반출에 여러 제약이 따르기 시작했다. 가지고 갈 짐에는 중량을 제한했으며, 현금은 1,000엔 이상의 반출을 금지했다. 이러한 제한 조치 때문에 아직 조선에 남아 있던 대다수의 일본인은 가져갈 짐을 취사선택해야 하는 난감한 상황에 직면했다. 또한 가재를 팔아 마련한 돈을 어디에 숨겨 가야 할지도 큰 고민거리였다. 각 가정에서는 매일같이 짐을 풀었다가 다시 꾸리는 등 어떻게든 비싼 물건을 많이 가져가기 위한 다양한 묘책을 강구했다.

경성과 군산 등지에서 2대에 걸쳐 살아온 모리타 히데오森田秀男 역시 사태의 추이를 지켜보다가 어렵사리 귀환을 결정하고 나니 짐 정리가 문제였다. 당국에서 하물 반입을 제한하는 조치를 내림에 따라 그는 가급적 많은 짐을 휴대하기 위해 색다른 방법을 생각해내고 미리 연습했다. 그것은 매일같이 귀환선의 트랩과 계단을 상정해놓고 실제로 배낭을 짊어진 채 걷는 이미지 트레이닝이었다. 그 덕분에 귀환 무렵에는 훈련 전보다 두 배가량의 짐을 더 짊어질 수 있었다. 그런데 가져갈 짐을 취사선택하는 것도 쉬운 일이 아니었다. 같은 무게라면 좀 더 비

1945년 12월 전주에서 돌아간 일본인의 귀환 복장
미군은 공식 송환자의 소지금을 1인당 1,000엔으로, 화물은 두 손에 들 수 있는 짐으로 제한했다. 이 때문에 일본인들은 어떻게든 많은 짐을 가져가고자 하루에도 몇 번씩 짐을 꾸렸다 풀기를 매일같이 반복했다. 개중에는 기모노 허리띠에 귀금속을 넣고 꿰매거나 붓자루 대롱 안에 화폐와 유가증권을 넣어 단속을 피하기도 했는데, 이 수법이 검사원에게 알려지자 당국은 여성 검사원까지 투입해 밀반출 행위를 적발하기도 했다.

싼 것을 가져가야 했고, 개중에는 값으로 따질 수 없는 각별한 추억과 의미가 담긴 물건도 많았기 때문이다. 특히 그의 아내는 일본식 거문고인 소우箏 연주자로서 그 무엇보다 악기와 악보, 레코드판을 소중하게 여겼다. 그러나 이들 가족은 결국 귀중품과 애장 악기만 챙기고, 미싱(재봉틀)에서 모닝코트(연미복)에 이르기까지 나머지 물건은 모두 포기해야 했다.[34]

이러한 광경은 어느 지역이나 크게 다를 바가 없었다. 인천의 고타니 마스지로 小谷益次郎는 귀환열차에 오르다가 넘어진 앞 사람이 무거운 배낭 때문에 혼자서 일어나지도 못하는 모습을 보고는 비참한 기분에 빠졌다. 다행히 넘어지지 않고 열차에 오른 사람들의 걸음걸이도 하나같이 중풍 환자나 술에 취한 사람 같았다. 등에 짐을 지기 위해서 어쩔 수 없이 젖먹이 아기를 큰 보자기에 넣어 어깨 쪽으로 질끈 가로질러 멘 아낙의 모습과 어른들에게 배운 요령대로 크디 큰 등짐을 지기는 했으나 힘에 겨워 울며 걷는 아이들의 모습을 보며 그는 책임을 통감했다. 그는 제2대 인천일본인세화회장으로서 과거에는 인천부의회 부의장을 지낸 바 있는 인천 지역의 지도층 인사였다. 귀환열차 안의 광경을 바라보며 그는 "이것이 수십 년 동안 일하여 얻은 전 재산의 말로요, 패전을 받아들이고 모국으로 추방되어 돌아가는 모습"이라며 연신 눈물을 흘렸다.[35] 하지만 그가 지켜본 모습은 비단 조선의 일본인뿐만 아니라 외지에 체류하고 있던 조선인을 비롯해 종전 후 고향으로 돌아가는 해외 귀환자라면 적어도 한 번쯤 치를 수밖에 없는 귀환 국면의 통과의례였다. 돈을 허리춤이나 옷섶에 넣어 보이지 않게 다시 꿰매거나 커다란 붓대 속에 지폐를 말아 넣는 등 여러 곳에 나눠 숨기는 방법은 이미 낡은 방식이 되면서 단속을 피하기 위한 다양하고 기발한 수법이 끊임없이 동원되었다.[36]

그렇게 해서라도 돌아간 남한의 일본인 사정은 북한에서 돌아간 사람들에 비하면 그나마 나은 편이었다. 북한에서 돌아간 일본인들의 회고록을 보면, 귀환 직전 가장 생생하게 각인된 경험 중의 하나가 일상 가재도구의 공출이었다. 황해도 사리원의 경우 공출 대상 품목에는 자전거, 리어카, 라디오, 축음기, 재봉틀, 서적류는 물론이고, 심지어 이불과 개인 화장품까지도 포함되어 있었다.[37] 일본인 재산에 대한 접수는 법령에 따라 이루어졌다기보다 당국의 필요에 따라 수시로 이루어졌다. 평안도 구성에서는 9월 들어 1차 공출 때는 자전거 등의 이동 수단, 도검과 총기류, 귀금속과 라디오를, 2차 공출 때에는 침구, 의류, 가재도구까지 압수하고 생활에 필요한 최소한의 물건만 남겨두었다고 한다.[38] 또 함경도 함흥의 경우는 1945년 9월 8일 도 접수위원회가 조직되었는데, 9월 9일에는 라디오, 9월 27일에는 시계, 10월 17일에는 자전거·도검류·가재도구·문방구·생활도구 식으로 몇 차례 나눠 접수를 실시했다.[39] 원산 기관구의 철도원이었던 구와하라 소겐桑原宗源은 가재도구를 포함한 재산의 몰수 조치에 대해, 이것은 과거 일본인들이 '전쟁에 이길 때까지는 탐하지 마라!(勝つまでは欲しがるな)'며 조선인을 압박한 것에 대한 보복이라고 회상했다.[40]

지금까지 살펴보았듯이 패전이 가져온 공포는 대량 예금 인출과 투매 현상으로 나타났다. 그것은 한치 앞도 내다볼 수 없는 미래에 대한 불안감의 표현임과 동시에 관에 대한 뿌리 깊은 불신의 결과였다. 이러한 현상은 치안이 확보되어감에 따라 점차 완화되었으나, 9월 이후 거세진 조선인의 추방 압력과 함께 미군정의 송환정책 변화와 맞물리면서 일본인 귀환이 마무리될 때까지 형태를 달리하며 반복되어 나타났다.

패전 국민의 자화상

경성제국대학 의학부 교수 다나카 마사시田中正四(1915~1987)는 1946년 초 일본으로 돌아갈 때까지 약 반년 동안 경성에서 경험한 패전과 귀환 과정을 매일같이 담담하게 기록했다.[41] 지식인 특유의 냉소와 한일 양 민족의 감성을 꿰뚫어보는 직관이 돋보이는 그의 일기 속에는 역동적으로 변해가는 식민지 수도 경성의 모습과 함께 패전 국민으로 전락한 일본인들의 동향이 상세히 담겨 있다.

1945년 8월 15일 수요일 정오, 천황의 방송을 듣는 순간 그는 앞으로 만만찮은 고난의 길이 펼쳐질 것을 직감했다. 공교롭게도 매주 수요일에는 오후 1시부터 위생학 강의가 잡혀 있었다. 방송을 듣고 황급히 찾아온 학생이 오늘 강의가 있냐고 묻기에 그는 휴강이라고 짧게 답했다. 이튿날 그는 여느 때와 마찬가지로 학교로 향했다. 거리에는 가는 곳마다 일장기를 재활용해 만든 어설픈 태극기가 나부끼고 있었다. 그리고 질주하는 트럭은 물론이고 전차 지붕 위에서도 조선인들이 외쳐대는 만세 소리가 들려왔다. 17일 학교에 가보니 어느새 조선인 직원들이 대학자치위원회를 꾸리고 있었다. 그는 자치위원장을 맡게 된 친구 남기용에게 통행증을 발급받고 나서야 자신의 연구실에 들어가 짐을 정리할 수 있었다.

패전 후 뒤숭숭했던 1주일을 되돌아보며 그는 일희일비하는 일본인들의 모습에 염증을 느꼈다. 대략 20일 무렵부터 조선인들의 만세 소리가 잦아들기 시작했다. 불과 며칠 전만 해도 귀환열차가 출발한다는 헛소문이 돌아 멀쩡한 가구를 헐값에 내다 팔며 부산을 떨었던 사람들이 이제는 뭐가 없고 뭐가 없어 불편해 못 살겠다며 세간을 다시 사들이기 시작했다. 경성 최고의 엘리트라는 사람들도

별반 다를 바 없었다. 그저 숨죽인 채 눈치만 보고 있던 학교의 일본인 동료 교수들도 이 무렵부터는 회의석상에서 조선인자치위원회가 웬 말이냐며 뒤늦게 기세를 올렸다. 그래도 이 정도는 애교로 봐줄 수 있었다. 정작 혼란을 수습하고 누구보다 앞서 일본인들을 보호해야 할 군부와 고위 관료들은 21일이 되어서야 비로소 "단호히 위신을 세우겠다"라며 호들갑을 떨었다. 그는 실소를 금할 수 없었다.[42]

그의 일기 속에는 귀환과 잔류의 갈림길 앞에서 고민하고 동요하던 일본인들의 모습들이 다채롭게 담겨 있다. 불안한 마음에 무작정 항구로 향하는 사람이 있는가 하면, 또 다른 한편에서는 어느 정도 치안이 확보되는 낌새가 보이자 어떻게든 조선에 눌러앉아보려는 사람도 늘어갔다. 눈치 빠른 사람들은 일본의 주요 도시가 이미 대공습으로 초토화되었고, 그나마 멀쩡한 도시도 본토의 피난민들이 몰려들면서 몸살을 앓고 있기 때문에, 돌아간다고 한들 환대받기 어렵다는 사실을 이미 알고 있었다.

짧은 기간이었지만 패전 후 약 1주일은 일본인 집단 내부의 다양한 차이가 드러난 시공간이었다. 평소에 조선인들로부터 원성을 사 그야말로 생명에 위협을 느낀 사람들은 진작 밀항선에 몸을 실었다. 또 본토에 생활 기반을 두고 있거나 조선에 미련이 없는 사람들은 대개 이른 시기에 돌아가려고 했다. 그리고 어차피 돌아가야 한다면 가급적 일찍 돌아가야만 늦게 온 사람들보다 정착 과정에 유리할 것으로 판단한 자들도 이 대열에 합류했다. 이들은 뭐든지 먼저 하는 사람이 위험부담도 크지만 기회도 많은 법이라고 믿었다. 반면에 조선을 떠나서는 도저히 살아갈 수 없을 정도로 깊이 뿌리 내리고 정착한 사람들은 어떻게든 끝까지

남을 궁리를 했다. 패전 후 경성의 일본인들은 어떻게 행동하는 것이 자신의 미래를 위해 도움이 될 것인지 이리저리 복잡한 경우의 수를 따져보느라 정신이 없었다.[43]

그의 일기 속에는 또한 빠르게 변해가는 경성의 모습이 담겨 있다. 경성은 전쟁 기간에 잃었던 활기를 되찾고 있었다. 그러나 일본인이 만든 낯익은 '경성'의 모습은 어느새 이질적인 조선인의 '서울'로 변해가고 있었다.

8월 말부터 푸줏간에는 오랫동안 구경하기 힘들었던 고기가 내걸렸고 술집에는 각종 술이 넘쳐났다. 다시 문을 연 카페에서는 전쟁기의 선전가요가 아닌 대중음악이 흘러나왔다. 또한 각 창고에 보관 중이던 포목이 대거 방출되어 암시장에는 옷감이 수북이 쌓였다. 그 덕분에 남자들은 칙칙한 국민복을 벗을 수 있었고, 여성들도 볼썽사나운 몸빼 대신 치마를 걸치기 시작하여 거리의 풍경도 한층 밝아졌다.

어느 날 그는 오래간만에 종로 거리를 둘러보았다. 거리 뒤편의 암시장에서는 물건들 옆에 '배척, 일본인 재류'라고 적힌 전단을 떡 하니 붙여놓고 조선인들이 일본어로 손님들을 불러 모으고 있었다. 그는 이렇게 정치적 이념과 현실의 욕구가 교차하는 모순된 상황이 한편으로는 재밌으면서도 결코 마음이 편하지 않았다. 조선인들은 돈벌이를 위해 일본인에게 물건을 팔기는 했지만, 가는 곳마다 '왜노倭奴 추방'이라고 써 붙인 자극적인 전단지가 계속해서 눈에 거슬렸다. 거리를 걷다 보니 예전의 말단 직원이었던 조선인 아무개는 무슨 무슨 위원장이라고 적힌 완장을 두르고 다녔다. 반면 예전의 일본인 과장님은 그 옆에서 조선인을 상대로 가재도구를 내다 팔고 있었다. 그는 그야말로 세상이 뒤집어졌다는 것을 실감할 수 있었다.

　일시적으로 물자는 풍족해졌지만 한몫을 노린 투기꾼들의 사재기가 극성을 부려 9월 들어서는 하늘 높은 줄 모르고 물가가 큰 폭으로 뛰기 시작했다. 아무리 물자가 차고 넘쳐도 돈 없는 일반 서민들에게는 그야말로 그림의 떡이었다. 일본인도 봉급생활자 등은 이미 수입이 끊긴 상황이었으므로 뭐든지 내다 팔아야 생활을 꾸릴 수 있었다.[44] 본토의 주류 사회 못지않은 자부심으로 조선에서도 제일 콧대가 높았던 '대경성'의 일본인이었건만, 당장 굶어 죽지 않으려면 그 따위 자존심은 버려야 했다.

　한편 일본인들이 만든 그들만의 시설은 해체되거나 쓰임새가 바뀌어갔다. 남산 어귀의 경성신사에 단군성조묘가 조성된다는 소문이 돌더니만, 과연 기존의 현판은 흰 종이로 가려져 있고, 그 대신 신사 앞 도리이鳥居에 '대한민정회大韓民政會'라는 정체를 알 수 없는 단체의 간판이 내걸려 있었다. 11월에 들어서는 어느새 일본식 동네 이름도 모두 조선식으로 바뀌어 길 찾기도 어려워졌다. 관청에서는 각종 서류에 쇼와昭和나 메이지明治 연호를 기재하면 접수조차 받아주지 않았다.[45] 그저 이름만 바뀌었을 뿐인데 경성은 어느새 낯선 공간으로 변화되었으며, 적어도 공적인 영역에서는 일본색이 추방되어갔다.[46] 경성은 물론 지방에도 많은 독자를 확보하고 있던 『경성일보』도 11월 1일자로 일본인 편집부가 일괄 조선인으로 교체되었다.[47] 또 1927년부터 'JODK'라는 호출부호 하나로 경성 일본인의 눈과 귀가 되어준 경성방송국의 라디오방송[48]도 10월 말부터 과도적으로 한일 양국어를 사용하다가 얼마 후에는 뉴스를 제외하고 모두 조선어로 단일화했다. 12월에 들어서는 여러 차례 방송하던 뉴스마저도 하루에 단 1회로 줄어들었다. 경성에서는 이제 '제국의 언어'도 발붙일 곳이 없어졌다.

사실 평양 재류민과 비교해보면 경성의 일본인들은 상대적으로 많은 것을 누렸다. 해방 직전 아사히신문朝日新聞사 평양 지국장을 지낸 무라 쓰네오村常男는 1945년 8월 28일 일기에 "『헤이조마이니치平壤每日』도 오지 않고, 라디오도 들을 수 없으니 참으로 불안하다. (…) 『헤이조마이니치』 최종판이 언문諺文(한글)으로 나왔는데 톱기사 제목을 보아 하니, 「일본정치기관소멸日本政治機關消滅」이라고 적혀 있었다"고 썼다.[49] 『헤이조마이니치』는 1920년에 창간된 평양의 지역 일간지로서, 『경성일보』와 더불어 조선의 일본인들이 구독하던 대표적인 일본어 신문이었다.[50] 이 신문이 하루아침에 끊겼으니, 정보 차단으로 인해 그가 느꼈을 답답함과 불안감을 가히 짐작할 수 있다.

평양에서는 1945년 8월 27일부터 모든 방송에서 일본어가 배제되었다. 라디오에서는 그저 조선어와 음악 방송만 흘러나왔다. 이렇듯 급박한 정세 속에서 갑작스레 이루어진 정보의 차단은 일본인 사회의 불안을 증폭시켰다. 그 결과 온갖 억측과 유언비어가 난무했다. 남한 지역보다 북한 지역에서 유언비어가 유난히 많았던 것도 바로 이러한 환경 때문이었다. 흔히 해외에서 본토로 돌아가는 행위를 일본에서는 '인양引揚(히키아게)'이라고 하지만, 북한을 비롯하여 소련 점령지에서 돌아온 사람들은 굳이 '탈출'이라고 표현한다. 이것은 실제 이들의 귀환 형태가 탈출이라는 방식으로 이루어지기도 했지만, 북한에 재류했던 기간 내내 정보 부재로 인해 외부 세계와 차단되었다는 고립감과 폐색감이 그만큼 강했음을 뜻한다.

조선의 대표적 식민 도시였던 경성과 평양의 상황은 이처럼 상당한 차이가 있었다. 경성의 일본인이 비교적 평온하게 귀환한 것은 사실이지만 이들도 결국 패전 국민이었다. 다나카는 경성의 대표적 일본인 거리인 혼마치本町(충무로 일대)가 다시 번화해가는 모습이 반가우면서도 간판과 문패가 하나둘씩 조선어와 조선인 이름으로 바뀌어가는 것을 아쉬워했다. 10월 말 군인에 이어 민간인의 귀환 순서가 다가올 무렵에는 여기저기서 도둑을 맞았다거나 조선은행권을 환전해 돌아오다가 그대로 강탈당했다는 소식이 자주 들려왔다. 하지만 일본인들은 어차피 경찰에 신고해봐야 소용없다며 분을 삭일 따름이었다. 사람들이 대거 돌아가기 시작한 11월에는 어느새 패전의 일상도 몸에 익어서인지, 그는 미군 병사 허리춤에 바짝 붙어 온갖 교태를 부리며 거리를 활보하는 젊은 일본인 처자를 보아도 의분을 느끼지 못했다.[51] 일본인들이 점차 돌아감에 따라 동네의 애국반도 자연히 해체되었고, 12월로 접어들면서부터는 극히 일부 지역을 제외하고 거리에서 일본인들의 모습을 발견하기도 어려웠다. 그 자리를 메운 것은 바로 북한에서 탈출한 일본인들이었다. 한겨울에도 북에서 남으로 탈출하는 사람들의 행렬이 끊이지 않자 경성일본인세화회에서는 이들을 경성부 소재 14개 수용소에 2,000명 이상씩 분산 수용했다. 그는 걸인과 다를 바 없는 탈출한 일본인들의 행색, 과일 가게나 과자 가게 앞에서 물끄러미 안을 들여다보고 있는 어린아이들의 모습을 통해 패전을 절감했다.[52]

경성일본인세화회에서는 귀환 대기 중에 있거나 북에서 탈출한 일본인을 위해 이재민 병원과 이동의료국을 운영했다. 의료는 대개 경성제국대학 의과대학 교직원과 학생들이 담당했는데, 다나카 마사시도 그 구성원으로 활동했다. 이들은 일본으로 돌아간 뒤에도 대표적인 귀환 항구였던 하카타博多를 중심으로 해외에서 돌아온 사람들의 치료를 담당했다. 하카타항에서 약 40분 거리에 있는 구 애국부인휴양소에 후쓰카이치二日市 보양소가 설치되자 이들은 의료진의 주축으로서 부녀자들을 돌보아야 했다. 그런데 이들이 담당한 치료란 다름 아닌 패전 후 원치 않은 임신을 한 여성에게 강제 낙태 시술을 한 것이었다.[53] 다나카는 일본의 전쟁 도발과 패전의 대가를 고스란히 치르게 된 힘없는 여성들을 통해 식민 지배의 무상함을 느꼈을 것이다. 1946년 1월 23일부로 20년 가까이 인연을 맺어온 경성을 뒤로 한 그는 마지막 날 일기 말미에 "광고曠古한 민족 대이동의 비극을 보았다"고 적었다. 하지만 그가 일본으로 돌아간 뒤 체험하게 될 비극은 아직 펼쳐지지도 않은 상태였다.

2 사면초가에 처한 조선총독부

야속한 일본 정부

근대 이래로 해외에 일본인이 거주하게 된 배경은 무엇일까? 우선 외지에서 더 편하게 잘살고 싶은 개개인의 욕망이 기본적으로 작용했을 것이다. 하지만 아무런 정보도 없이 생면부지의 땅에서 새 삶을 꿈꾼다는 것은 불가능하다. 근대에 들어 일본인의 해외 이주가 이루어진 배경에는 후발 자본주의국가로서 뒤늦게나마 세계 곳곳에 식민지를 건설해 대제국을 꿈꾸던 일본 정부의 이민·식민정책이 주효했다. 그리고 온갖 달콤한 정보로 외지에 대한 장밋빛 환상을 심어준 각종 이론서와 정보지는 정부의 이민·식민정책을 뒷받침했다.

말하자면 일본인의 해외 이주는 더 나은 삶을 찾아 나선 개인의 욕망과 이들을 통해 영토 확장을 꾀하려는 국가의 욕망이 절묘하게 맞아떨어진 결과였다. 그런데 실제로 여러 사례를 주의 깊게 살펴보면 일본인의 해외 이주는 개인의 의사에 따라 이루어지기도 했지만, 그보다는 시기와 지역에 따라 국가의 정책적 의도가 강하게 반영된 '식민'이 광범위하게 이루어졌음을 알 수 있다. 또한 만주개척단과 같은 노골적인 식민은 물론이고 전시체제기의 총동원과 구별되는 자발적 이주 역시 각종 선전을 통한 '구조적 강제'가 보이지 않는 힘으로 작용했음을 부인할 수 없다. 일본인의 해외 이주 동기는 다양했지만 그 가운데는 메이지 정부가 그토록 강조했던 '반도 개척'이라는 사명감에 불타 바다를 건넌 자가 적지 않았다는 사실을 이 대목에서 상기할 필요가 있다.

그렇다면 1945년 8월 해외에서 패전을 맞이한 일본인들을 상대로 일본 정부는 어떠한 태도를 보였을까? 결론부터 말하자면, 그것은 현실이 허락하는 한 최대한 '그곳에서 버티라는 것'이었다. 일본 정부가 어전회의를 통해 포츠담선언을 공식 수락한 1945년 8월 14일, 외무성은 해외 공관에 상대국 관헌과 협력해 일본인의 생명과 재산 보호에 만전을 기하되, 가급적 '현지에 잔류·정착'하도록 유도하라고 지시했다.[1] 그로부터 약 열흘 뒤에 작성된 내무성 문건에 적힌 내용 또한 크게 다르지 않았다. 즉 조선·타이완·사할린 재주 일본인에 대한 기본 방침은 이들 수송에 필요한 선박 조달의 어려움과 본토의 직업·식량·주택 부족 문제를 고려해 가급적 현지 잔류를 유도하되, 치안 불안과 실업 등의 사정으로 부득이 귀환하려는 자에 대해서는 신속히 본토로 보내라는 내용이었다. 결국 내무성도 현지인들로부터 직접적인 생명과 재산의 위협이 없는 한 본토의 사회 혼란을 최소화하기 위해 어떻게든 현지에서 위기를 극복해야 한다는 논리였다.[2]

이것은 두 차례의 원폭 투하와 소련 참전으로 인해 패전이라는 극단적인 사태를 맞이한 일본 정부가 단지 경황이 없어 내뱉은 말이 아니었다. 국제적으로 일본의 외교권이 박탈된 1945년 10월 25일까지도 일본 정부의 이러한 상황 인식과 태도는 지속되었다. 이것은 당시 일본 정부가 패전을 어떻게 인식했고, 식민지를 어떤 시선으로 바라보았는지를 단적으로 보여주는 대목이다. 즉 일본 정부는 패전에도 불구하고 외교적 협상을 통해 해외 식민지를 유지할 수도 있다고 인식했기 때문에 그 같은 태도를 취했던 것이다. 그러나 그것은 결국 조선인을 비롯한 식민지 사람들, 그곳에 사는 일본인들, 그리고 이 일본인들을 보호해야 하는 식민기구 가운데 그 누구도 납득하기 어려운 발상이었다.

물론 당시 일본 정부가 그러한 태도를 취한 데는 복잡한 사안이 얽혀 있었다. 먼저 해외 일본인을 받아들이기에는 본토가 너무나 피폐했다. 패전에 즈음해 원

원폭 투하로 무참히 파괴된 히로시마 시내

1945년 8월 6일 사이판 부근 티니안 섬에서 출격한 B-29 장거리 폭격기가 히로시마 상공 550미터 지점에서 핵폭탄 '리틀 보이(little boy)'를 투하했다. 그 결과 당시 히로시마 인구 약 35만 명 가운데 최소 8만 명에서 최대 16만 명이 피폭으로 인해 사망하거나 후유증에 시달리게 되었다고 전한다. 히로시마에 원자폭탄이 투하되고 사흘 뒤 8월 9일 나가사키에 또다시 원폭이 투하되었다. 그런데 조선인 밀집 지역이나 이들이 동원된 군수공장이 피폭 중심지에서 가까웠기 때문에 조선인 피폭률이 상대적으로 더 높았다고 한다.

폭 외에도 연이은 대공습으로 생산 시설과 대규모 주택 지구가 크게 파괴되어 본토에는 전재민들이 넘쳐났다. 공업 생산력은 10년 전과 비교해 1/4로 떨어졌으며, 식민지에서 들여오던 농산물마저 끊겼다.[3] 이러한 상황에서 일본의 총인구 약 7,200만 명 중 최소 630만 명에서 700만 명으로 추산되는 해외의 일본인들이 한꺼번에 돌아온다면, 그것은 곧 '제2의 재앙'을 뜻했다.

또 다른 요인으로는 일본 정부의 외교적 교섭 능력이 바닥으로 떨어진 점을 들 수 있다. 협상이란 양자가 무언가를 주고받을 때, 그리고 그것이 서로 등가이거나 적어도 서로 납득할 수 있는 것일 때 이루어진다. 따라서 몇 년에 걸쳐 대륙을 넘나들며 총력전을 벌인 연합국을 상대로, 현실 외교 속에서 아무런 반대급부도 없이 일방적인 양해나 박애 정신을 요구한다는 것은 애초부터 기대하기 어려운 일이었다. 결국 일본 정부는 일본인의 현지 잔류를 요구하는 대가로 제시할 이렇다 할 카드도 없었거니와 그것을 강제할 물리력도 없었다.

실제로 일본 정부는 항복 전날인 1945년 8월 14일부터 오카모토 스에마사岡本季正 주 스웨덴 공사를 통해 현지 일본인의 생명과 재산 보호를 소련 측에 요청했지만, 소련 정부는 "패전국 일본은 이 문제에 관여할 국제법적 근거가 없다"며 일본의 요구를 일축했다. 일본 외무대신은 다시 제3국 스웨덴을 통해 강화조약 체결 등으로 외교 관계를 회복할 때까지 소련 측이 교전 상대국의 이익을 보호해주기 바란다는 다소 완곡한 메시지를 전달했으나, 여전히 소련 정부는 일본 정부의 개입을 거부했다.[4] 심지어 또 다른 교전 상대국으로 소련과 일본 본토에 대한 이권을 둘러싸고 이내 날카로운 대립각을 세운 미국, 즉 GHQ(연합국 최고 사령부, General Headquarters)조차도 해당 지역의 일본인 문제는 소련 점령 당국의 소관이

라며 대리 교섭을 거절함으로써 일본 정부의 외교적 노력은 원천적으로 봉쇄되었다.[5]

무능한 조선총독부

한반도의 조선인, 일본인, 총독부는 위와 같은 일본 정부의 태도를 어떻게 생각했을까?

먼저 조선인의 경우를 보면, 위의 내용이 주로 일본 정부와 조선총독부의 내부 기밀문서였으므로 조선인 사회의 직접적인 반향은 확인할 수 없다. 그러나 미군정으로부터 철군 명령이 내려졌음에도 불구하고 '주권보유론'을 주장하며 철수를 거부하려는 일본군의 움직임이 포착되자 조선인이 촉각을 곤두세운 것이나, 뒤에 살펴볼 '김계조 사건'이 미군정 전복을 통해 영구 지배를 획책하려는 엄청난 음모로 인식된 것을 보면 조선인 사회의 반응이 어떠했는지 미루어 짐작할 수 있다.[6]

조선에 있는 일본인 입장에서 보자면 일본 정부의 태도는 해외 일본인들에 대해 일정한 선을 긋겠다고 선언한 것이나 다름없었다. 이들은 외지에서 패전을 맞이했고 한반도에 진주할 점령군이 어떤 조치를 취할지도 알 수 없는 상황이었기 때문에, '어떻게든 현지에서 버텨보라'는 일본 정부의 요구는 그야말로 기민정책으로 받아들여질 소지가 있었다. 본토로 돌아간 일본인들이 줄곧 "국가가 우리를 위해 해준 것이 뭐가 있느냐?"라고 항의한 것을 보면, 이들이 느꼈을 패전 직후 일본 정부에 대한 야속함을 가히 짐작할 수 있다.

경복궁 한복판에 자리 잡은 조선총독부

조선총독부 건물은 원래 통감부 자리였던 현재의 남산 애니메이션센터 부근에 있었으나 1925년을 전후하여 현재의 경복궁 안에 신청사를 짓고 이전하였다. 이해에는 조선총독부청사와 함께 해방 후 서울시청으로 사용하다가 현재 서울시도서관으로 새롭게 단장한 경성부청사, 그리고 남산의 조선신궁이 완공되어 광화문에서 남산에 이르기까지 식민 지배를 상징하는 3대 건축물이 일직선상에 자리 잡았다. 경복궁이 서울 5대 궁궐의 정궁正宮임을 돌이켜볼 때, 이곳에 조선총독부 건물을 지은 것은 의도적으로 전통왕조를 격하함으로써 식민기구의 권위를 세우기 위함이었다.
이 건물은 1995년 해체되었으며, 거기서 나온 건축 부재는 현재 독립기념관에 전시되어 있다.

총독부로서도 일본 정부의 지시는 여러모로 부담스러웠다. 잔류하기를 바라는 일본인도 있지만, 귀환을 바라는 자 역시 적지 않았기 때문이다. 만일 조기에 귀환하고 싶어 하는 사람들의 요구를 무시하고 중앙정부의 지시대로 무작정 붙잡아두었다가 예기치 않은 피해를 입을 경우, 비난의 화살은 보나마나 총독부로 향할 것이 분명했다. 결국 거류 일본인들로부터는 왜 적극적으로 귀환 조치를 취하지 않느냐고 항의를 받을 것이고, 중앙정부로부터는 그러한 사건을 예방하기 위해 조선인 정치세력 혹은 점령군과 왜 충분한 교섭을 하지 못했느냐며 양쪽에서 무능하다는 소리를 들을 것이 뻔했다. 게다가 총독부는 조선의 일본인을 본토로 돌려보내는 문제 외에도 당장 해외 조선인을 어떻게 수용할 것인지에 대해서도 고민해야 할 처지였다. 따라서 중앙정부의 지시는 그러한 쌍방향 이동 문제에 대해 충분히 검토하지 않은 채 내린 일방적인 방침으로 비쳤다. 이 문제는 패전 상황에서 총독부가 정국을 운영하는 데 운신의 폭을 제한하는 족쇄가 되었다. 책임 추궁과 비난을 면할 수 있는 가장 손쉬운 방법인 '조기 귀환 원호'라는 정책적 선택지를 배제한 상황에서 어떻게든 일본인의 안전한 거주 또는 체류를 보장해야 할 부담을 안게 된 것이다. 가뜩이나 경찰의 치안 유지 능력이 저하된 상황이었기 때문에 일본인들을 안전하게 붙잡아둔다는 것은 결코 쉬운 일이 아니었다.

총독부는 먼저 책임을 회피할 방법부터 찾기 시작했다. 고민에 빠진 조선총독은 1945년 8월 21일 일본 정부의 내무대신 앞으로 서신을 보냈다. 이제 곧 조선총독부가 중앙 지령에 의해, 혹은 조선 현지 연합군 측의 접수 등으로 인해 그 기능이 정지될 경우, 지금까지 총독부 책임하에 처리해온 일체의 결과는 중앙정부로 그 책임이 이관되는 것으로 알겠다는 취지의 내용이었다. 그러나 며칠 후 간부회의를 열어 "내지 측의 의향은 조선의 사정 여하를 불문하고 내지인의 내지 귀환을 저지"하라는 것이라며 고충을 토로하고, 묘안을 강구하도록 지시했다.[7]

결국 총독부는 조선인과의 마찰을 최대한 줄여 일본인 사회의 동요를 방지하면서 향후 진주할 연합군과 원활한 교섭을 통해 일본인에게 유리한 귀환 환경을 창출하는 데 초점을 맞추었다. 그런데 총독부가 일본인을 그대로 체류시키면서 이들의 생명과 재산을 도모하기 위해서는 이전과 같이 강력한 통치력을 발휘하거나, 그것이 불가능하면 점령군이 진주하기 전까지 해방 정국을 주도하는 조선인 정치세력과 타협을 통해 일상의 치안을 도모해야 했다. 천황의 항복 선언 직후 총독부는 후자를 선택했다. 정무총감이 8월 15일 건국준비위원회의 여운형을 만나 치안 유지 협력을 부탁한 것도 이러한 배경에서 나온 고육책이었다.

다음 날 안재홍은 경성방송국에서 세 차례 녹음 방송을 통해 조선인은 '자주호양'의 태도로 일본인의 생명과 재산에 대해 안전을 보장하겠다고 발표했다.[8] 이 방송이 나가자 조선의 일본인들은 동요하기 시작했고, 일본인 사회의 지도층 인사들은 조선총독부가 비겁하게 자신의 책임을 방기하고 조선인에게 행정권을 넘겨주었다면서 맹비난을 퍼부었다.

경성전기주식회사 사장이자 경성일본인세화회 회장을 지낸 호즈미는 당시 상황을 다음과 같이 적고 있다.

> 오후 3시경 총독부에서 빨리 와달라는 전화가 있었다. (…) 나는 참다못해 "우리가 어릴 때부터 『의사명명전義士銘々伝』이나 『충신장忠臣蔵』을 읽어온 이유가 무언가. 이 상황에서 위정자가 적군에게 성을 내어줄 때처럼 무언가 독하게 결심을

하지 않는다면 무슨 낯으로 조선의 종말을 아뢸 것인가. (지도부는) 조금 더 확실한 태도를 우리 인민들에게 보여주기 바란다"고 말했다. (…) 지금처럼 지나칠 정도로 극단적인 무저항주의는 민심에 크나 큰 불안을 초래할 수 있다. 총독부가 그러한 태도로 나온다면 누가 이 난국에서 사태를 수습해 나갈 것인가. 나는 실로 크게 낙담해 집으로 돌아왔다.[9]

호즈미가 말하고자 하는 바는, 패전을 맞이한 비상시국에서 조선인의 힘을 빌려 치안을 유지하려는 조선총독부의 발상 자체가 잘못되었으며 더욱 결연한 태도로 조선인의 '위해 행위'를 단속하여 동요하는 민심을 수습해야 한다는 것이다.

일본인 사회가 총독부의 패배주의적 저자세를 비난하자, 정무총감은 비상시국에 조선총독부가 전면에 나서면 오히려 역효과를 초래한다면서 여운형이 이끄는 건국준비위원회 세력에게 임시정부 수립 등과 같은 권력 이양 수준의 광범위한 권한을 위임한 것은 결코 아니라고 주장했다. 그러나 정무총감의 해명에도 불구하고 총독부의 권위는 이미 땅에 떨어진 상황이었다.

지도부의 갈등

조선총독부의 경찰 관료로서 치안 및 공작을 담당했던 쓰보이 사치오坪井幸生는 진학을 위해 조선에 건너와 경성제국대학 법문학부를 졸업하고 1937년 고등문관시험에 합격해 자수성가한 인물이다. 조선총독부 경찰관강습소 교수를 거쳐

1945년 6월부터 충청북도 경찰부장을 지낸 그는 일본으로 돌아간 뒤에도 오사카부 경시, 규슈 관구 경찰국장 등을 거쳐 고향인 오이타현에서 부지사까지 지냈다. 그의 회고에 따르면 유진오(고려대 총장, 국회의원, 한일회담 수석 대표), 민복기(대법원장), 서재원(변호사), 황익균(국회의원), 박만원(국회의원), 임문환(농림부 장관), 김영년(한국도로공사 사장) 등이 경성제국대학을 함께 다닌 동문이라고 한다.[10] 한국현대사의 화려한 인맥으로 보나, 일본에 돌아가서도 재일 조선인 치안 사건과 불법 입국 문제를 다룬 그의 이력으로 보나, 그의 삶은 곧 근현대 한일관계사의 축소판이었다.

또한 그는 대학 선배인 모리타 요시오森田芳夫와 함께 우방협회에 관여하면서 조선의 경찰과 치안에 관련된 자료를 주로 담당했다. 그가 수집한 자료 속에는 패전 직후 정국 운영과 일본인 귀환 대책을 둘러싸고 식민기구 상층 관료들 사이의 갈등 상황이 매우 생생하게 담겨 있다. 특히 식민 지배 권력의 핵심인 조선총독부 행정 관료와 전시체제기 무소불위의 권력을 휘두른 군부, 즉 조선군 간부 사이의 시국 인식과 대응 방식을 둘러싼 갈등이 입체적으로 묘사되어 있다.

갈등의 주된 원인은 문관과 무관 사이의 사태 수습 방식의 차이에 있었는데, 그 발단은 패전에 따른 경찰 조직의 와해에서 비롯되었다. 조선총독부는 패전 직후 소극적인 자세로 일관하다가 거센 비난에 직면하자 결국 군의 도움을 얻어 치안 능력을 높이고자 했다. 총독부로서는 어쩔 수 없이 조선 주둔군의 무력에 의존할 수밖에 없었으나, 군부의 강경 대응으로 인해 두 집단은 조선에서 물러갈 때까지 미묘한 갈등을 겪었다. 특히 군부의 태도는 오랫동안 치안·정보 계통에서 잔뼈가 굵은 경찰 관료들의 간담을 서늘케 했다. 조선총독부는 하위직에 종사하던 조선인들이 경찰복을 벗어버리자 군의 협조를 얻어 구 경찰 출신자의 복직을 통해 경찰 인력을 충원했다. 하지만 이 조치 자체가 조선인들의 강한 반발을 불러일으켰으므로 경찰 관료들은 조선인과 이들 사이의 마찰을 극도로 경계했고, 점령군 진주에 따른 군부대 송환과 그에 따른 치안 악화를 걱정했다.

쓰보이는 1945년 6월 함경북도에서 충청북도로 전보 발령을 받고 경찰부장으로서 관할 지역의 치안을 담당하게 되었다. 그는 8월 15일 제일 먼저 충북지사 정교원鄭僑源(창씨명: 도리가와 하시겐鳥川橋源)을 만나 향후 치안 유지 방안에 대해 상의했다. 당시 정교원은 "1919년 3·1운동 당시의 지사 경험을 토대로 보자면, 그때 군과 헌병을 출동시킨 지역은 오히려 나쁜 결과를 낳았다"고 귀띔해주었다. 정교원은 해방 정국을 맞아 26년 전에 몸소 체험한 귀중한 교훈을 그에게 전수한 것이다.

바로 그 다음 날인 8월 16일 진천신사에 불이 났다. 17일에는 경성에서 내려온 청년들이 도청에 태극기를 내걸고 '치안유지회 설립 준비위원회'를 조직하는가 하면, 청주 중앙광장에서는 민중대회가 열렸다. 이렇게 치안 상황이 급박하게 돌아가자, 그는 청주방송국으로 달려가 전파와 방송을 독점 관리하고 있던 군 간부에게 애걸하다시피하여 마이크를 잡았다. 그리고 "불행하게도 우리 일본인은 전쟁에 패하여 큰 슬픔에 잠겨 있다. 이 슬픔 속에서도 그나마 기쁨이라 한다면 형제인 조선이 독립하는 것이다. 우리는 폭격당한 조국, 황폐한 고향으로 돌아가야만 한다. 이 애수에 찬 일본인의 심정을 살피어주었으면 한다"라면서 온정에 호소했다.

유년기에 조선으로 건너와 대학을 졸업하고 경찰 관료가 된 쓰보이는 노련하게 조선 사회와 맺어온 개인적 인연을 강조하며 동정심을 이끌어내고자 했다.[11]

이에 반해 군에서는 조선인 치안유지회와 그 하부 행동 조직인 보안대를 강제로 해산하고, 예전처럼 방위소집령을 발동해 조선인의 '불법 행동'을 물리적 힘으로 제압하고자 했다. 이에 놀란 쓰보이는 보안대를 강제로 해산시키기보다는 온건하게 보호·육성하면서 조선인들의 불만이 자연스럽게 잦아들도록 유도하는 것이 득책이라고 설득했다.

이렇듯 해방 직후 조선총독부의 관료 집단, 특히 경찰·정보·내무 계통의 인사들과 조선군 사이에는 조직의 생리와 명령 체계의 차이, 조선 사회에 대한 경험과 시국 인식의 차이 등으로 늘 갈등이 존재하고 있었다. 그러나 조선총독부로서는 그나마 조선군의 물리력에 의존하지 않고는 패전의 위기 상황을 달리 극복할 대안이 없었다.

회심의 묘책

조선총독부는 가까스로 패전에 따른 위기를 벗어나기는 했으나 확고한 지도력을 발휘할 수는 없었다. 총독부가 제일 우려하는 부분은 일본인들의 무더기 예금 인출로 발생할 수 있는 금융기관의 부도 사태였다. 만일 패전이 초래한 집단의 위기감 속에서 금융기관마저 부도에 처한다면 총독부의 행정력은 완전히 바닥으로 떨어질 것이 자명했기 때문이다.

조선총독부의 재무국장 미즈타 나오마사水田直昌는 1944년 말부터 금융 불안이 이미 심각한 상황에 처했음을 감지했고, 만약 그로 인해 조선에서 모라토리움을 선포한다면 곧 대폭동으로 이어질 수 있다고 생각했다. 그래서 조선총독부에서는 당시 보유하고 있던 구찰을 폐기하지 말도록 지시하고, 1945년 초 35억 엔의 현찰을 마련해서 각 도의 예금 상황을 확인한 뒤 이를 비밀리에 배분했다. 그리고 어느 산간 오지에서라도 예금 인출 요구가 있으면 6시간 이내에 현찰이 도착할 수 있도록 1945년 3월에는 두 번이나 예행 연습까지 했다.

실제로 패전 후 1주일 사이에 많은 일본인이 현금에 집착하게 되면서 각 은행에는 업무가 마비될 정도로 사람들이 몰려들었다. 조선총독부는 이러한 상황이 전국적으로 지속될 경우 앞으로 1주일 안에 조선의 각 은행이 폐점할 것으로 예측했다. 이에 미즈타를 중심으로 조선은행의 호시노 기요지星野喜代治, 조선식산은행의 야마구치 시게마사山口重政 3인방은 이 위기 상황을 모면하고자, 먼저 신문과 방송을 통해 현금 소지의 위험성을 강조하며 예금 인출을 자제하도록 요청했다.[12] 그리고 미즈타는 대장성에 연락해 조선 전체를 폭격지(전재지)로 인정해줄 것과 함께 조선에서 통장을 갖고 가는 자들에 대해 매월 500엔 한도 내에서 생활비 인출을 허락해달라고 요청했다. 대장성이 허가 방침을 통보한 것은 8월 19일에서 20일 무렵이었다. 그런데 대장성에 요청하기에 앞서 미즈타는 어떻게든 현금 인출 쇄도를 막고자 라디오방송을 통해 '일본으로 통장을 가져가면 그곳에서 인출이 가능하다'고 거짓 방송한 것이다.

한편 일본 정부도 1945년 8월 17일 시마즈島津寿一가 대장대신에 취임하면서 본토로 돌아오는 일본인들에 대한 현금 지불, 외환 송금에 대한 현금 지불 한도액, 외지 예금 처리 방안 등을 비로소 논의하기 시작했다. 당시 쟁점은 조선에서 모라토리움을 선언하지 않되, 예금 인출 요구에 대응하기 위한 통화 증발增發(화폐

발행량을 늘리는 것)과 그에 따른 인플레이션 방지책에 관한 것이었다. 일본 정부 역시, 모라토리움을 선언한다면 조선의 각 은행과 사업장이 연쇄 부도 사태에 직면할 것이고 그러면 1945년 8~9월분 월급과 퇴직금을 요구하는 사람들로 대혼란이 초래될 것을 걱정하고 있었다.

더욱이 일본인 사업장에 고용된 조선인들은 '자주 관리' 움직임을 보이기 시작했고, 밀린 임금을 요구하거나 그동안 일본인들보다 부당하게 적은 임금을 받았다며 차액의 지불을 요구하기도 했다. 이러한 상황에서 모라토리움을 선언한다면 자칫 한반도 거주 일본인들을 폭력의 도가니로 몰아넣을 수 있으며, 식민기구가 붕괴되었음을 스스로 공표하는 것이나 다름없었다. 또한 일거에 거류민 사회의 위기의식을 고조시키고 결국에는 무질서한 귀환 쇄도를 초래하여 사회 혼란을 가중시킬 수 있다고 보았다.

처음부터 일본 정부는 식민지에 비상사태가 발생할 경우 그 경제적 여파가 본토에 미치지 않도록 하기 위해 만주와 조선에서 각기 다롄은행권과 조선은행권을 사용했다. 그런데 일본인들이 식민지에서 아무런 규제나 지도도 없이 무작정 돌아온다면, 이들이 반입해 오는 타 지역 화폐나 각종 유가증권들에 대해 일본 정부가 일일이 대응해야 하는 행정적 부담을 안을 수밖에 없다. 결국 일본 정부와 조선총독부 모두 양자택일의 갈림길에서 일본인의 안전한 귀환을 위해 모라토리움 선언이라는 카드를 버렸다. 이제 남은 선택지는 화폐를 새로이 조달하는 것이었다.

현금 조달은 군사작전을 방불케 했다. 미즈타는 1945년 5월부터 조선에서 직접 지폐를 인쇄하고자 했으나 시간 관계상 본토에서 조달해 오기로 했다. 그리고 다나카 테쓰사부로田中鐵三朗 조선은행 총재는 1945년 8월 22일 도쿄로 날아가 대장성 차관과 일본은행 총재를 만나 일본에서 조선은행권과 일본은행권 미발행권을 비행기 3대를 동원하여 조선에 공수하기로 결정했다. 이에 따라 도쿄와 후쿠오카에서 각기 현금을 실은 비행기가 8월 24일 경성에 도착해 이 돈이 조선은행 금고로 들어갔다.[13]

비상수단을 동원해 화폐를 조달한 결과, 조선은행 발행고는 1945년 3월에 35억 엔이던 것이 8월 15일 현재 49억 엔, 10월 18일 현재 88억 엔까지 늘어났다. 바로 이 돈이 청산자금으로 일컬어지는, 조선군과 조선총독부 등 각 식민기구와 일본인이 귀환하면서 발행한 자기방어적 화폐이다. 조선은행 기록에 따르면 이 돈은 제대군인의 귀환 여비 등 군 퇴각 비용, 관리의 퇴직수당과 귀환 여비, 그리고 각 회사의 퇴직금과 해산수당 등에 사용되었다고 한다. 이것은 '의도적 지출'이라 할 수 있는데, 바로 이 돈이 향후 남한 사회에 심각한 경제 교란을 초래했으며, 그중 상당한 금액이 점령군을 상대로 한 접대비 명목으로 불투명하게 사용되었다.[14]

김계조 사건과 일본인 접대부

조선총독부가 위기를 모면하기 위해 꾸민 여러 사건이 있지만, 그중에서도 '김계조 사건'은 조선에 친일 정부를 수립하려는 음모라는 소문이 퍼지면서 1946년 새해 벽두부터 세상을 뒤흔들었다.[15]

이 사건의 발단은 김계조(일본명: 나카무라 가즈오中村一雄)가 먼저 시내의 미쓰코시三越 백화점에 댄스홀을 개장하고 직업여성을 모아 미군 접대에 활용하자고 제안한 데서 비롯되었다고 한다. 총독부의 경무국장·재무국장·광공국장 등이 그 제안에 찬동했고, 김계조가 운영하던 조선광업회사가 원산에 저탄이 있다고 하여 이를 담보로 일본인세화회가 자금 60만 엔을 그에게 건네주었다고 한다. 그와 함께 연루된 시오타 세이코塩田正洪 광공국장도 남한의 에너지 부족을 메우고자 김계조에게 원산의 저탄을 남측으로 운반하도록 했고, 거기에서 남은 돈을 댄스홀을 만드는 데 사용하도록 했다고 주장했다.[16]

그러나 이 사건은 석연찮은 재판 과정으로 수많은 의혹을 낳았다. 1946년 3월 김계조에게 징역 55년과 추징금 310만 원을 언도해 1심이 종료되었다가, 같은 해 10월 공소심에서는 1심에서 확정한 '횡령, 사기, 장물 수수, 간첩 예비' 등의 죄목을 모두 삭제하고 배임죄만 적용해 징역 10월을 선고한 것이다. 1심에서 이 사건에 연루된 총독부의 국장급 관리들은 대개 1945년 11월 말에 이미 일본으로 돌아간 뒤였고, 경성일본인세화회장 호즈미만 김계조와 함께 1946년 3월 19일 서대문형무소에 잠시 수감되었다가 10여 일 뒤에 별다른 설명도 없이 풀려나 4월 초에 일본으로 돌아갔다.

호즈미의 주장에 따르면, 조선인 검사 측은 총독부의 '음모'에 대해 알고 있었지만 김계조에게 돈을 건넨 것은 사실이므로 외환예비방조죄外患豫備幇助罪로 2년 형을 구형했다고 한다. 하지만 고매한 인격을 갖추었고 그동안 조선을 위해 노력한 점이 많으므로 검사는 그에게 집행유예의 은전을 베푼다고 말했고, 투옥 직전에도 그리 '오랜 시간 고생시키지 않겠다'는 언질을 주었다고 한다. 그뿐만 아니라 미군 방첩대(CIC) 역시 자신의 무고함을 잘 알고 있었으므로 재판 중에도 잘 대해주었다고 회고했다. 반면에 미즈타 총독부 재무국장과 시오타 광공국장을 취조한 감사국의 김홍섭은 '윗선'의 명령으로 취조가 중지되어 조선의 사법 위신이 손상되었다며 불만을 토로했다.[17] 여기서 윗선이란 결국은 미군정을 가리키는데, 김홍섭이 느끼는 것과 같은 불만은 이와 유사한 사건과 의혹이 불거질 때마다 터져 나왔다.

> 8·15 이후 조선의 경제를 혼란시킨 원흉 총독부 재무국장 수전직창水田直昌(미즈타 나오마사)과 원 농상국장 염전정홍塩田正洪(시오타 세이코)은 (…) 군정청으로부터 취조 정지의 명령이 있어 검사국에서는 부득이 이를 중지하였든 바, (…) 취조가 정지된 그 후에 수전직창 등은 의회를 빙자하여 일본으로 탈주한 사실이 판명되었다.[18]

> 전 교통국장 소림리일小林利一(고바야시 리이치)과 전 서울지방법원 검사정 삼포등랑森浦藤郎(모리우라 후지로)을 석방한 문제로 일반의 불만이 크다는 바, (…) 소림리일은 교통국으로부터 사무 인계상 보석한 것인데 도망하였다는 바, (…) 그리고 안부천安部泉(아베 이즈미)도 보석하였는데, 이는 특별검찰위원회에서 최고 방침에 의하여 보석한 것이라고 한다.[19]

> 현재 38이남 감옥에 수감된 일본인 수는 (1946년) 6월 20일 현재로 (…) 모다 20명인데 (…) 사건의 주인공인 대관大官들은 다 달아나서 '잉어는 놋치고 송사리 떼만 잡어둔 격'이다. 요새같이 각 형무소에 식량 문제로 두통을 앓고 있는 요지

음, 그들을 수감해두는 것은 의미 없으므로 하루라도 빨리 이자들 대신, 상월양부上月良夫(고즈키 요시오)·원등유작遠藤柳作(엔도 류사쿠)·수전직창水田直昌(미즈타 나오마사)·염전정홍塩田正洪(시오타 세이코)·서굉충웅西宏忠雄(니시히로 다다오) 같은 수범首犯들을 호출·취조하라는 것이 일반의 여론이다.[20]

조선인들은 조선총독부의 접대를 받은 미군정이 각종 사건에 연루된 일본인 고관들을 풀어주었다고 믿었고, 그 때문에 해방 후 수년 사이에 삶이 식민지 시기보다 팍팍해졌다고 생각했다. 이는 김계조 사건을 비롯하여 일본인이 연루된 각종 사건의 무마에 당시 총독부가 일본에서 공수한 돈을 가지고 미군들을 상대로 얼마나 강력한 로비 활동을 벌였는지를 짐작케 한다. 이러한 관행은 단지 경성에서만 있었던 것은 아니다. 지방에서도 미군이 진주할 때면 으레 지역의 일본인 유지들은 비슷한 대응을 했다.

예를 들어 인천의 경우는 미군이 상륙하기 직전에 부윤이 지레 겁을 먹고 각 정회장들을 소집하여 일반 부녀자들을 보호하려는 하나의 방법으로 일본인 성매매 브로커를 통해 미군을 상대할 위안대를 꾸리려다가 일본인들로부터 욕을 얻어먹기도 했다.[21] 또 전라북도에서는 1945년 9월 4일 도내 경찰주임회의를 열고 미군 접대의 한 방법으로 진주군을 위한 위안소를 마련하고자 아시아·태평양전쟁 기간 동안 휴업 중이던 상생정相生町(현재 전주 완산구 태평동) 유곽을 비롯해 경양 식점인 요시미야吉見屋, 일식집 하카타케博多家를 다시 부활하려 했다. 그뿐 아니라 군산과 전주 일대의 영어 교사를 동원해 관내 상황 보고서를 번역하도록 했다. 이 같은 세태는 점령군과 우호 관계를 구축하기 위해 각 지방 단위에서 어떠한 노력이 이루어졌는가를 보여준다. 특히 이 지역은 도지사 부인이 하와이대학 출신으로서 지역 세화회와 주둔군 사이의 통역을 도맡았다. 그 결과 일본인 상류층 인사와 미군 사이의 교류가 활발해졌고, 조선인과 갈등이 불거질 때마다 일본인에게 유리한 방향으로 문제를 해결할 수 있었다. 심지어 이 지역 세화회는 미군에게 기모노를 파는 중개인 역할까지 했다고 한다.

조선총독부의 변신, 일본인세화회

조선총독부는 패전 직후 국장회의를 열어 한반도의 일본인과 일본의 조선인 상호 귀환을 담당할 조직으로 종전사무처리본부 보호부의 설치를 결정했다.[22] 그리고 시라이시白石光次郎 농상국장을 보호부장으로 임명하고, 그 밑에 총무반·지도반·배급반·경비반·숙영반·위생반·수송반 등 7개 반을 두어 과장급 인사를 반장으로 배치했다. 이를 토대로 조선총독부는 거류 일본인들과 일본 중앙정부 양자의 입장을 고려해 일본의 조선인과 대략 비슷한 비율로 한반도 거주 일본인을 송환하는 대강의 방침을 결정했다. 이어서 경성을 비롯해 대전·대구·부산·전주·광주·여수와 시모노세키(뒤에 센자키) 등지에 하부 조직으로 안내소를 두고 각 도 사무관급 인사를 배치했다. 그러나 미군이 진주하면서 공식 송환기구로 미군정 외사과가 설치되자, 조선총독부가 만든 종전사무처리본부는 사실상 유명무실화되었다. 이러한 상황을 예견이라도 했던 듯 조선총독부는 식민기구와 조선군이 무력화될 경우에 대비하여 미군 진주 후에도 귀환 원호 사업의 연속성을 확보할 수 있도록 민간 조직을 결성하도록 유도했다.

1945년 8월 16일 조선총독부 정무총감은 경성의 일본인 유력자를 불러 향후 대책을 논의하며 패전 후 총독부의 통치력 저하에 따른 고충을 토로했다. 그는 현재 치안 유지를 담당하고 있는 조선군도 곧 점령군이 진주함에 따라 무력화될 것이므로 이에 대비해 민간 조직이 나서서 일본인들을 보호해야 한다고 말했다.[23] 이를 계기로 1945년 8~9월에 걸쳐 경성·부산·인천을 비롯해 전국에 37개의 세화회가 결성되었고, 조선총독부와 조선군사령부의 전폭적인 지원하에 한반도 거주 일본인의 원호 활동을 개시했다. 재원은 조선총독부·종전사무처리본부·도청·조선군 등을 통해 다양한 경로로 마련했고 민간의 기부도 받았다.[24] 세화회는 애초 최대한 민간 기부금을 모집해 설립하고자 한 조직이었다. 하지만 국책회사나 은행들이 마지못해 돈을 냈을 뿐 민간의 기부는 그다지 성과가 없었다. 이 때문에 세화회는 총독부에서 1,000만 엔, 은행과 회사에서 400만 엔, 그리고 9월 초 조선군사령부가 대전으로 이전하면서 남은 돈 400만 엔가량을 지원받고서야 겨우 발족할 수 있었다. 즉 모라토리움을 방지하기 위해 일본에서 발행하여 조달한 화폐, 곧 청산자금 중에서 약 1,800만 엔이 일본인세화회로 흘러들어갔다.

각 도의 세화회 가운데 특히 경성일본인세화회는 총독부와 조선 주둔군이 무력화된 이후 남북한에 거주하는 일본인들의 원호를 실질적으로 담당한 일종의 총본부였다. 이들은 남한의 일본인들이 1946년 봄에 돌아간 뒤에도 미군정의 허가를 받아 그해 말까지 체류하며 북한 지역에서 남하한 일본인들의 원호를 담당했다.

세화회의 임원진 구성은 지역별로 일정한 차이를 보였다. 이를테면 경성일본인세화회는 임원진의 고향이 제각각이지만 거의 모두 구 총독부 관료 출신이며, 동경제국대학 출신자가 절대 다수를 차지했다. 이것은 바로 경성세화회가 '반관반민半官半民'적 성격을 띤 원호 조직의 총본부였음을 단적으로 보여준다. 반면 경성세화회와 함께 귀환 원호의 양대 조직으로 일컬어지는 부산세화회는 기업가나 전문 경영인 혹은 대기업 이사진이 대거 포진하고 있었다. 소련군이 점령함으로써 관료나 기업가가 원천적으로 활동하기 어려웠던 북한 지역의 세화회는 대규모 공장의 엔지니어나 테크노크라트가 상대적으로 많았다. 북한 지역에서도 초기에는 식민지 시기의 유력자들이 세화회 간부진에 선출되었으나, 소련군이 진주하면서 구금되거나 타지로 압송되는 경우가 많아 여러 차례 직원이 교체되기도 했다.

비록 나중에는 임원진 구성원에 지역 차가 발생하기는 했지만, 원래 세화회는 일본인들이 크게 잔류파와 귀환파로 나뉜 가운데 조선 잔류를 상정하거나 지향하는 사람들 중심으로 조직되었다. 그도 그럴 것이 초기 세화회 임원진은 대개 지역의 명망 있는 유력자들로서, 과거 부회·도회의원을 지냈거나 경방단·재향군인회·상업회의소 등 민간단체 활동을 통해 해당 지역을 훤히 잘 아는 사람들이 맡았다. 이 같은 사실은 경성일본인세화회장 호즈미의 회고를 보아도 알 수 있다.

> 미군이 진주한 전후에는 도무지 정세를 파악할 길이 없어 세화회 계획도 자주 변경될 수밖에 없었다. 첫째, 앞으로 일본인이 조선에 거류할 수 있는가 하는 문제이다. (…) 당초에는 노력하면 설마 한꺼번에(根こそぎ) 쫓아내기야 하겠냐는 낙관적 관망이 유력했다. 그래서 세화회도 장래에 조직될지도 모르는 '일본인거류민

회'의 기초를 닦는다는 의미에서 처음부터 '일본인회'로 이름 붙이려 했으나, 당시 조선의 '사정'을 고려해볼 때 적절치 않다고 하여 결국 '세화회'라고 하였다.[25]

이처럼 세화회는 조선에서 오래 생활했고 잔류를 희망하는 사람들이 중심이 되어 일본인들의 원호를 목적으로 만들어진 조직이었다. 그러나 점령군에 의해 잔류 가능성이 원천 봉쇄됨에 따라 총독부 관료의 추방과 조선군 송환에 따른 행정·치안 공백을 메우고 점령군의 송환정책에 협조함으로써 일본인의 안전한 귀환을 도모하기 위한 조직으로 바뀌어갔다.

원죄가 부른 보복

총독부의 걱정은 통치력 저하와 일본인의 귀환 문제에서 그치지 않았다. 과거 총동원체제 속에서 '응징사応徴士'라는 이름으로 징용 갔던 식민 지배의 피해자들이 속속 조선으로 돌아오기 시작한 것이다. 특히 38이남의 주요 귀환항 부근 및 일본과 지리적으로 가까운 삼남 지방에는 공식 귀환선이 운행되기 전부터 탄광 및 군수공장 등에서 밀선으로 돌아오는 자들이 많았다. 이들은 그동안 외지에서 겪은 비인간적인 처우라든가 미지급 임금에 대한 보상을 조선에서 본토 귀환을 준비하고 있던 일본인 개인이나 해당 지역 일본인세화회에 요구하기 일쑤였다.

목포부윤 사노 고사쿠佐野吾作는 해외로 끌려갔던 조선인 징용자들이 밀선을 타고 고향으로 돌아오자 전전긍긍했다. 이들 조선인이 부윤을 찾아와, 자신들은 강제로 징용되는 바람에 일본에서 무고하게 학대를 당했다며 1인당 3,000엔의 위자료를 내놓으라고 협박했기 때문이다. 이에 놀란 사노는 전라남도 당국에 자금 지원을 호소했지만, 결국 상당한 금액의 사재를 털어 그들에게 지불해야 했다.[26]

이렇듯 식민지 시기부터 패전과 해방에 걸쳐 복잡하게 얽힌 일본인과 조선인 사이의 '가해와 피해', '피해에 대한 보복'이라는 악순환 고리가 양 지역 간의 인구 이동을 통해 이어지고 있었다. 즉 일본제국의 유지 확대를 위해 희생양이 된 조선인 징용·징병 피해자들은 자신을 동원한 회사, 일본 정부, 조선총독부 중 어느 하나 제대로 된 협상 창구가 없는 상황에서 당장 눈앞에 보이는 일본인들에게 식민 지배로 인한 '제국의 빚'을 청산할 것을 요구했다.

강제 동원 피해자들이 계속하여 돌아오고 곳곳에서 이와 비슷한 사건이 벌어질 것에 대비해 패전 직후 총독부는 '조선근로동원원호회'라는 일종의 위무기관을 설치했다. 그러나 조선근로동원원호회는 원래 조선총독부 광공국 산하의 외곽단체로, 과거에는 전쟁에 필요한 인력을 동원하던 기관이었다. 그러다가 해방에 즈음해서 징용된 조선인들이 돌아올 것에 대비하여 이들을 달랠 수 있는 적당한 조선인 유명 인사를 영입해 이 조직을 활용하고자 했다. 미군이 진주한 다음 날인 1945년 9월 9일 조선근로동원원호회가 '돌아온 응징사' 등을 원호하기 위해 부산에 직원을 파견하기로 결정했다는 신문 보도가 있었던 것으로 보아, 조직 자체는 해방 후에도 계속 남아 있었던 것으로 보인다.[27] 그런데 실상 이 조직은 일본에서 돌아오는 조선인 징용자를 실질적으로 원호하기 위한 것이 아니었다. 오히려 징용 피해자들이 일본 현지의 가혹한 노동조건, 패전 직후의 부당 해고, 미지급 임금과 퇴직수당, 무성의한 귀환 원호 등을 이유로 쌓인 불만을 조선에 돌아와 일본인들에게 투사하는 것을 방지하려는 데 목적이 있었다.

일본 정부는 1945년 9월 1일 후생성과 내무성을 통해 전국 지방장관 앞으로 강제 동원된 조선인 징용자의 우선 송환 방침을 전달했다. 그 방침의 주된 내용은 토건노동자를 일순위로, 탄광노동자를 제일 후순위로 송환하되, 일본의 에너지난이 심각한 상황이므로 숙련된 탄광노동자 중 재류를 희망하는 자에게는 이를 허가하여 가급적 생산 활동에 차질을 빚지 않도록 하라는 것이었다. 그러나 조선인들의 폭발적인 귀환 쇄도에도 불구하고 단위 작업장의 사업주 및 일본 정부의 송환 원호가 지체되자, 규슈나 홋카이도의 주요 탄광에서는 조선인들이 집단적으로 불만을 표출하며 경우에 따라 탄광사무소를 습격한다든가 파업에 돌입하는 일이 빈발했다.

일본에서의 상황이 이러했기 때문에 조선인 징용자들이 밀선 등을 이용해 조선에 돌아올 경우 행정기관이나 특정인을 상대로 불만을 표출할 것이 분명했다. 만약 이러한 사태가 벌어진다면 조선인 사회의 민족 감정을 자극함으로써 결국 거주 일본인 전체의 귀환 환경을 악화시킬 수 있었다. 조선총독부의 시오타 광공국장 등이 패전 직후부터 지면이나 전파를 통해 "잠시 혼란이 있기는 했지만 일본 본토에서는 징용된 조선인 송환 원호에 만전을 기하고 있으니 악의적인 선전에 동요하지 말라"고 당부한 것은 바로 그와 같은 사태를 우려했기 때문이다. 조선총독부가 광공국을 중심으로 미군 진주 후에도 조선근로동원원호회를 통해 조선인 징용자 원호에 나서고 있음을 가시적으로 선전하고자 한 것도 미연에 일어날 사태를 예방하기 위한 것이었으나, 효과는 거두지 못했다.[28]

조선총독부는 미군정이 공식 송환시스템을 가동하기 전에 이렇다 할 귀환 계획을 세우지 못했다. 단지, 일본인의 귀환을 억제하라는 일본 정부와 귀환 희망자의 요구를 적절히 조화시키는 선에서 이 문제에 소극적으로 대응했을 뿐이다. 또한 미군이 진주하면 행정권을 이양해야 할 처지였기 때문에 독자적인 계획을 세울 상황도 아니었으므로 일본인세화회라는 반관반민 조직을 각 도에 설치해 귀환 관련 업무를 대행하도록 했다. 결국 패전 후 사면초가에 처한 조선총독부는 구체적 귀환 계획을 주도적으로 추진하지 못한 채 조선군의 물리력을 적절히 활용하며 치안을 확보한 뒤, 통화 증발과 수송을 통해 모라토리움 위기에서 벗어나고 그 돈으로 점령군에게 로비 활동을 전개함으로써 유리한 귀환 환경을 창출하고자 했다. 그리고 형식적이나마 조선근로동원원호회를 남겨둔 것은 한반도의 일본인과 해외 조선인들이 상호 귀환 국면에서 갈등 관계에 놓일 수 있는 상황에 대처하기 위해서였다. 이상과 같은 조치를 통해 조선총독부는 조선에서 패전에 따른 위기를 그런대로 넘길 수 있었으나, 그 과정에서 일으킨 각종 사건과 의혹은 조선인에게 또 다른 상처를 남겼다.

3. 잔류와 귀환의 갈림길에 선 일본인들

때 아닌 조선어 강습 열기

1945년 9월 12일 소공동에 있는 경성YMCA 청년회관 로비에는 앳된 학생과 젊은 여성을 비롯해 백발이 성성한 할아버지까지 모여들어 발 디딜 틈이 없었다. 이날은 경성일본인세화회와 경성YMCA가 재류 일본인들을 위해 공동으로 마련한 조선어 강습회가 시작되는 날이었다.

오후 4시 개강식이 거행되었다. 가사야 야스타로笠谷保太郎 경성YMCA 총주사는 인사말을 통해 "상황은 다르지만 과거 경성YMCA가 막 조직되었을 때 시작한 첫 사업이 바로 조선어 강습"이었다고 운을 뗐다. 그리고 "예나 지금이나 변함없이 조선을 사랑하고 조선을 위해 일하고자 하는 염원을 지닌 자들은 먼저 언어를 습득해야 한다"고 힘주어 말했다. 인사말을 이어받은 사무국 차장도 "조국의 패전과 조선의 독립으로 발생한 현 상황은 비록 마음이 아프지만 (…) 그저 망연자실하여 불안과 후회로 가득 찬 생활을 하느니, 차라리 조선어를 배워 신조선에 새로이 협력해야 한다"고 수강생들을 격려했다.[1] 언뜻 보면 이것은 의례적인 인사말로 들릴지 모른다. 하지만 그 안에는 지난 수십 년 동안 한일 양 민족이 맺어온 관계는 물론이고, 종전 직후 일본인들의 속내와 향후 전망까지 한데 응축되어 있었다. 가사야의 말대로 경성YMCA의 초기 주력 사업은 바로 조선어 강좌였다.

1910년 병합을 전후해 일본 정부와 조선총독부는 조선 지배를 뒷받침하기 위해 교육계와 종교계의 일대 개편을 시도했다. 1903년에 설립된 황성기독교청년회(세칭 '한국 YMCA') 또한 개조의 대상이었다. 이 단체는 1899년 해산된 독립협회 출신자들이 설립에 깊이 관여했고, 더욱이 1907년 헤이그밀사 사건의 주동 인물이 대거 포진해 있었으며, 일진회 등의 친일 단체와 노골적으로 대립각을 세우는 등 정치적 색채를 강하게 띠고 있었다.

이 황성기독교청년회의 개조 공작 임무를 띠고 조선에 건너와 1910년 경성 YMCA 설립을 주도한 인물이 니와 세이지로丹羽淸次郎 총무였다. 그리고 주로 교육을 담당한 가사야와 함께 그가 한국 기독교의 내선융화를 촉진하고 경성의 일본인들이 이 땅에 뿌리를 내릴 수 있도록 주력한 프로그램 중 하나가 바로 조선어 강좌였다. 당시 경성YMCA는 민간단체로서는 유일하게 조선어 강좌를 운영했으며, 거류 일본인에게 기독교를 전파한다는 명목으로 각종 강연회·학습회·체육활동 등을 통해 조선 기독교 세력의 동화를 다각적으로 추진했다.²

한국 병합 직후 조선의 기독교 세력을 무력화하기 위해 일본이 동원한 강온 양면책을 상징적으로 보여주는 것이 이른바 '105인 사건'과 '유신회 사건'이다. 105인 사건은 1910년 압록강 철교 기공식을 마치고 돌아오는 데라우치 마사타케寺內正毅 총독의 암살을 기도했다는 혐의를 조선인 기독교 인사들에게 들씌워 무리하게 투옥한 사건이었다. 그리고 유신회 사건은 제국 침략에 동조한 경성 YMCA와 일본 조합교회 세력이 총독부로부터 받은 기밀비로 조선인 간부를 매수하여 내부에 유신회라는 사조직을 만들고 재정권까지 틀어쥠으로써 한국 기독교를 일본 기독교에 예속시키려 했다가 도리어 조선인들로부터 강한 저항만 불러일으킨 사건이었다.

이렇듯 한국 병합과 함께 일본의 제국주의적 팽창정책을 종교를 통해 지원한 어용 기독교 세력인 경성YMCA는 일본이 패망한 지 2주일 만에 조선어 강좌를 부활시켰다. 주지하듯이 조선총독부는 중일전쟁 발발 후 1938년부터 단계적으로 조선어 교과목 폐지와 일본어 상용화, 조선어 신문·잡지의 폐간을 단행했다. 1942년에는 조선어학회 회원들에게 치안유지법을 위반했다며 내란죄를 적용해 투옥함으로써 조선어를 연구하고 보급할 인적자원을 탄압했다. 이렇게 중국 대륙과 태평양으로 전선을 확대하는 과정에서 조선어를 금압했던 일본인들이 패전 후 돌변하여 조선어 강좌를 부활하고 조선의 미래를 걱정하는가 하면, 양 민족의 공생을 이야기하면서 부랴부랴 '가, 갸, 거, 겨……'를 외친 것이다.

조선어 강좌는 1945년 9월 12일부터 3개월 과정으로 매주 화·목·토 오후 4시부터 90분 동안 진행될 예정이었다. 강사는 오쿠야마 센조奧山仙三라는 일본인이었다.[3] 동경외국어학교에서 조선어를 전공한 그는 1913년부터 조선총독부 학무과에 몸담은 토착형 교육 관료였다. 그는 경성의학전문학교와 명륜학원 등에서 교편을 잡았고, 1928년에 『어법·회화 조선어대성』(일한서방)이라는 어학서를 출간한 조선어통이었다. 이 책은 당시 조선총독부 경찰·내무·정보계 관료들의 강습에 사용할 정도로 검증된 조선어 교재로 자리 잡았다.

그의 스승이 몽골어·조선어·일어 등 동양어 비교 연구의 권위자였던 가나자와 쇼사부로金澤庄三郞이다. 가나자와는 언어학과 한일 양국의 고대 지명 연구 결과를 토대로 일선동조론日鮮同祖論을 학문적으로 뒷받침한 대표적인 인물이다. 한일 양 민족은 조상이 같으니 일본이 패전했다고 해서 매몰차게 내쫓지 말고, 지금부터라도 열심히 조선어를 익힐 테니 조선에서 계속 살게 해달라는 집단의 희망을 드러낸 것일까? 문법은 물론이고 일상 회화까지 능통했던 오쿠야마의 조선어 강좌는 곧바로 큰 반향을 불러일으켰다. 수강생을 모집하자마자 희망자가 정원을 넘어서는 바람에 1주일도 채 되지 않아 학급을 증설해야 했을 정도였다. 불과 몇 년 전만 해도 조선어 사용을 금지했던 일본인들이 조선어 강의에 이토록 목을 매게 된 이 낯설고 어색한 상황을 어떻게 이해하면 좋을까?

일본인들은 조선에 거류하고 있었지만 조선어의 존재조차 잊고 살았다. 한국병합 초기에 조선총독부는 직원들을 대상으로 직무 방침에 따라 조선어를 정기적으로 가르쳤다. 그러나 이 교육은 조선인을 상대하거나 조선인 사회 동향에 관해 내밀한 정보를 수집해야 했던 공직자와 언론인 등 특정 계층을 대상으로 한 것이며, 일반인들의 경우에는 조선어를 학습할 필요를 거의 느끼지 못했다. 특히 1930년을 기점으로 전체 거류민의 30%를 넘어서기 시작한 조선에서 태어난 일본인 2세들은 조선어 학습 경험이 전무한 세대였다. 하지만 일본이 패망하면서 상황이 급변했다. 이제 이들도 이 땅에서 살기 위해서는 조선어를 배우지 않을 수 없었다. 꽤 오랫동안 조선어를 배우지 않았던, 혹은 배울 필요조차 인식하지 못했던 일본인들이 조선어 강좌로 몰려든 사실은 패전 후에도 조선에 잔류하고자 한 사람들이 그만큼 많았다는 것을 뜻한다. 그러나 조선 잔류의 희망을 품었던 이 일본인들의 꿈은 곧 물거품이 되고 만다.

1945년 9월 24일부로 미군정은 경성의 모든 학교에서 교수敎授 언어를 조선어로 통일하도록 지시했다. 이 때문에 조선어를 구사할 수 없는 학생은 공교육에서도 배제될 수밖에 없었다. 해방 후 한반도에서는 조선어의 부활과 일본어의 배제라는 형태로 언어 권력의 이동이 급격히 이루어졌다.[4] 조선에서 어떻게든 살아보려는 경성의 수많은 일본인은 해방 후 보름 사이에 조선어 강습회로 몰려들었다. 그러나 그것은 말만 익힌다고 조선에 살고 싶은 꿈이 이루어질 단순한 문제는 아니었다.

잔류파와 귀환파의 기싸움

모리타 구마오森田熊夫는 청일전쟁이 막바지에 이른 1895년 4월 병마와 군수품을 실어 나르는 어용선의 선원으로 조선에 발을 들여놓았다. 이 배는 경남 통영 욕지도를 거쳐 약 보름 후인 5월 11일 인천에 도착했다. 그는 도중에 아산만 풍도 앞바다를 지나며, "오호! 이 일대야말로 일본 국민이 하루도 잊을 수 없는 일청日淸 개전의 단초가 된 곳이자, 우리 해군의 위력을 보여준 곳"이라면서 설레는 맘으로 주위를 바라보았다. 이어서 인천 시가지를 둘러보며, 비록 개항한 지 얼마 되지는 않았지만 "우리의 기민한 상인들이 거대한 집을 지었고, 또 가두에는 서양식 고층 건물들을 보기 좋게 지어 (…) 이경異境(타국)에서 일본의 꽃을 피웠다"며 뿌듯해 했다.[5]

그의 말처럼 인천항은 1883년 개항 후 청일전쟁을 거치며 일개 어촌에서 군항으로 거듭났고, 러일전쟁 후에는 일본인의 명실상부한 공간으로 변해갔다. 일본인들에게 인천은 어떤 곳이었는가. 1882년 임오군란 때 경성에서 쫓겨 온 하나부사花房義質 공사 일행이 항구에 정박 중이던 영국 함선 플라잉피시호The Flying Fish의 도움을 받아 일본으로 도망가면서 기필코 다시 돌아오겠다며 이를 앙당문 곳이 아닌가! 또한 러일전쟁기에는 일본과 제대로 싸워보지도 못하고 만신창이가 된 러시아 순양함 바리야크를 뭍으로 인양해 욱일승천기를 매달며 쾌재를 불렀던 곳이기도 했다. 1945년 패전에 즈음해 인천에 거주하던 2만여 명의 일본인들 중 상당수는 1910년 한국 병합 이전부터 그곳에서 온갖 영욕의 역사를 모두 맛본 사람들이라 할 수 있었다.

그 후로도 1910년대에는 수도권 내륙의 쌀 이출항으로, 1920년대에는 관광지로, 1930년대에는 대륙 침략을 뒷받침할 경인공업지역으로 변모하면서 인천은 한반도의 그 어느 곳보다 늘 많은 돈이 돌았던 지역이었다. 특히 월미도는 1917년 인천역과의 사이에 방파제가 완성되고 그 위로 해상 도로가 닦이면서 휴일이면 해수욕과 해수탕을 즐기려는 관광객들로 붐벼 대표적인 행락지로 부각되었다. 송도 지구 역시 1937년 수인선이 개통되자 전시체제기로 접어들었음에도 불구하고 월미도에 버금가는 유원지로 대두했다.[6] 그 덕분에 이곳의 일본인들은 만국공원(현재 자유공원) 아래 자투리땅에서 둥지를 틀기 시작한 이래 지금의 동인천역에서 중구청을 거쳐 제2국제여객터미널 일대까지 거류지를 넓혀가면서 일본제국과 운명을 함께할 수 있었다.

인천의 일본인들 가운데는 일본제국과 흥망을 같이한 사람들이 많았기 때문에 패전의 아픔도 더욱 클 수밖에 없었다. 또한 조선에서 오래 생활했던 까닭에 이 땅에 대한 미련 또한 상대적으로 강했다. 패전 직후 제2대 인천일본인세화회장을 지낸 고타니 마스지로小谷益次郞 역시 1889년 고베에서 건너온 부모님이 인천에 정착한 이래 무려 반세기가 넘도록 그곳에 살아온 '인천 사람'이었다. 그의 회고에 따르면 패전 후에 일본인 사회는 귀환파와 잔류파로 분열되어 두 집단의 의견을 조율하는 데 애로가 많았다고 한다. 양 집단 사이에는 어떠한 갈등이 있었고, 그것은 어떻게 마무리되었을까?[7]

패전 소식이 전해지자 처음 2~3일 동안은 매일 낮과 밤을 가리지 않고 조선인들이 독립만세를 외쳐대는 통에 일본인들은 집 밖으로 나오지도 못했다. 게다가 북한에는 이미 소련군이 진주했고 인천에도 곧 미군이 상륙한다는 소문이 돌면서 도망하는 관리들이 속출했다. 이 모습을 본 일반인들도 일본에 돌아가기에 앞서 가재를 처분하느라 정신이 없었다. 그러다가 미군이 9월 초에 상륙할 것이라는 구체적인 정보가 입수되자 일본인들은 점령군이 자신을 어떻게 대할지 몰라 불안해 했다.

모두들 대책을 마련하느라 부심하는 가운데 인천부윤은 연일 마을 정회장들을 소집했다. 어느 날 부윤은 미군을 대상으로 위안대를 꾸리자는 이야기를 어렵사리 꺼냈다. 인천항 부근(현재 답동 로터리에서 제2국제여객터미널 사이)의 부도유곽敷島遊廓을 서둘러 정비할 것과 성매매 알선업자들의 분발을 촉구한 것이다. 인천의 일본인들은 부윤이 기껏 생각해낸 대책이 고작 '미군 위안대'냐며 일제히 비난했다. 당시 부윤의 생각은 그렇게라도 해서 미군의 성범죄에 따른 여성들의 피해를 최소화하자는 것이었으나, 공연히 부녀자들의 불안만 가중시켰다. 다행히도 미군은 제법 기강이 잘 잡혀 있어 걱정하던 사태는 벌어지지 않았다.[8]

미군이 진주하고 치안이 안정되자, 얼마 전까지만 해도 피난할 곳을 찾느라 정신이 없던 일본인들은 서서히 인천에 눌러앉을 궁리를 하기 시작했다. 그런데 이 같은 상황은 1945년 8월 26일 발족한 세화회의 향후 운영 방안을 둘러싸고 잔류파와 귀환파 사이의 갈등을 심화시켰다. 당초 인천일본인세화회 설립을 주도한 자들은 오랫동안 인천에서 생활한 잔류파로서, 이들은 이 조직의 성격을 처음부터 해외거류민회 정도로 상정했다. 그래서 활동의 방향 역시 조국의 부흥을 돕고 조국민의 고통을 조금이라도 완화할 수 있는 '인천 잔류'로 정할 것을 주장했다. 이들은 먼저 패전 후 방치된 아동의 교육을 재개하기 위해 소규모 학원이라도 마련하고자 했다. 이 소식이 전해지자 교사 출신자 중 일부가 이 계획에 동참할 뜻을 밝혔는데, 이들은 앞으로 한일 간 외교 문제가 해결되어 하루빨리 영사관이 들어서고 그에 따라 해외 파견 교사의 신분으로 인천에 계속 안정적으로 거류할 수 있기를 바랐다. 인천세화회는 10월부터 중등학교 이상의 학생을 대상으로 지난 수년 동안 적국의 언어라며 폐지했던 영어 강의도 재개할 계획이었다. 나아가 미군정의 양해를 얻어 정식으로 일본인 학교를 개설하고, 거류민을 위한 대규모 종합병원도 신설하고자 했다. 그러나 이러한 일련의 활동은 곧 귀환파로부터 거센 반발을 샀다. 귀환파가 보기에 세화회 간부들은 어떻게든 이곳에 눌러앉을 궁리만 할 뿐, 자신들처럼 일본으로 당장 돌아가려는 사람들을 위한 교섭은 안중에도 없었다.[9] 성급한 사람들은 부산행 열차가 매일 운행되고 있는 경성으로 떠나 버리기까지 했다.

결과적으로 귀환파와 잔류파의 갈등은 오래가지 못했다. 미군이 진주 후 약 한 달 정도 지나 10월로 접어들면서 일본인에 대한 일련의 제재 조치를 속속 발표하자, 곧 일본인의 조선 거주도 금지될 것이라는 소문이 돌았다. 이에 잔류파도 '적군에게 성을 내주는' 마음으로 서서히 돌아갈 채비를 할 수밖에 없었던 것이다. 미군정의 집단 송환 방침이 확정됨으로써 귀환파와 잔류파 간 갈등의 불씨는 사라졌지만, 오랜 기간 조선에서 생활한 잔류파는 떠나기 전에 처리할 문제가 산적해 있었다. 이를테면 일본인 공동묘지 처리도 큰 고민거리였다.

10월 들어 일본인 부윤과 부의회 의원이 파면되고 조선인 신임 시장과 의원이 선출되었다. 그런데 11월 새 의회가 상정한 첫 안건이 지금의 신흥초등학교·송도중학교·답동로 일대에 자리 잡은 율목리 일본인 묘지의 이전 문제였다. 1902년에 조성된 이 일본인 공동묘지를 두고 신임 시장과 의원들은 도시 미관을 해친다며 외곽으로 이장할 것을 주장했다. 이에 고타니는 시장을 찾아가 이 문제는 최소한 양국 사이에 정식으로 외교 관계가 재개된 뒤 국가 차원에서 결정할 일이지 인천시의회에서 맘대로 정할 사안이 아니라고 강변했다. 그러자 인천시장은 "만일 동경 한복판에 조선인 묘지가 있다면 일본 정부는 그것을 그대로 놔두겠는가? 애초 일본인들이 제 맘대로 율목리에 공동묘지를 만들지 않았는가!"라며 호통을 쳤다. 고타니는 평소 일본인에게 호의적인 태도를 보인 일본계 미군 장교를 앞세워 이 계획을 백지화하고자 백방으로 노력했다. 그러나 결국 이 묘지의 유골은 편조사遍照寺(현재 인천여자상업고등학교 동쪽) 일대의 방공호에 모아서 그대로 매립해버렸다고 전한다.[10]

앞에서 말했듯이 귀환파와 잔류파의 갈등은 미군정이 일본인의 일괄 송환 방침을 발표함에 따라 오래 지속되지는 않았다. 하지만 대를 이어가며 조선에 살았던 사람들은 수개월째 학교도 못 다니고 있는 아이들 교육 문제를 비롯해 조상의 무덤까지도 신경 써야 했다. 막상 일본으로 돌아가려니 조선 땅 곳곳에 새겨진 삶의 흔적들이 굉장히 많았고, 짧은 시간에 그것을 지우려니 버겁기만 했다. 조선에 온 지 얼마 되지 않아 이 땅에 미련을 두지 않았던 사람들, 혹은 잃을 것도 버릴 것도 챙길 것도 없는 사람들이 잔류파로서는 마냥 부럽기만 했을 것이다.

항구에서 붙잡힌 수산업계의 대부

1945년 12월 부산을 떠들썩하게 만든 사건이 발생했다. 수십 년 동안 부산에서 '3거두三頭' 혹은 '4거두' 소리를 듣던 일본인 유력자 중의 한 사람이 옹색하게도 자전거 튜브에 주식·채권·보험증서 등을 숨겨 일본으로 밀항을 시도하다가 해안경찰에 체포된 것이다.[11] 일행 중에는 오이케 다다스케大池忠助, 하자마 후사타로迫間房太郎와 함께 부산의 3대 부자로 이름난 가시이 겐타로香椎源太郎도 포함되어 있었다.

1867년 일본 후쿠오카에서 태어난 가시이는 1904년 거제도 일대에서 통조림 장사를 하다가 1905년부터 부산에 정착해 조선에서 손꼽히는 재력가로 성장했다.[12] 그가 부산의 큰 부자로 성장하게 된 결정적인 계기는 1906년 고종의 다섯째 아들 의친왕 이강으로부터 거제도·가덕도·진해 일대의 어장을 넘겨받은 일이었다.[13] 비록 형식은 20년 장기 임대계약이었지만, 70여 개나 되는 어구漁區를 사실상 독차지한 것이나 다름없었다. 그 덕분에 그는 1909년 이후 줄곧 최고의 어획고를 올리며 '조선의 수산왕' 자리에 등극할 수 있었다. 그는 어떻게 이 어마어마한 어장을 손에 넣었을까?

그가 이왕직李王職(일제 강점기에 조선의 왕족과 관련된 사무를 담당한 관청) 소유의 어장을 손에 넣기까지는 이토 히로부미伊藤博文의 역할이 컸다. 그를 이토에게 소개한 사람은 통감부 설치를 전후해 한국의 재정을 좌지우지하던 메가타 다네타로目賀田種太郎였다고 한다. 이토와 가시이는 일면식도 없었으나 메이지유신의 산실로 일컬어지던 쇼카손주쿠松下村塾라는 사설 학당의 동문 관계였다. 조선통감과 재정고문이라는 더 없는 지원군을 등에 업은 그는 손쉽게 남해안의 금싸라기 어장을 차지할 수 있었다. 그 후로 가시이는 부산수출주식회사 사장, 조선수산협회 회장, 수산수출조합장, 조선수산회 회장 등을 두루 역임하며 수산업계의 대부로 성장했다. 그리고 이렇게 모은 자본을 바탕으로 전력사업, 도자기업, 금융업에도 진출했다. 그가 1923년 설립한 조선와사전기는 조선 굴지의 전기회사로 성장했다. 또 도자기와 고미술품에도 관심이 많아서 1923년부터 조선미술품제작소주식회사의 대주주로 골동품 수집에 공을 들였고,[14] 1925년에는 일본 가나자와金沢에 본사를 둔 일본경질도기주식회사와 조선경질도기주식회사를 합병해 직접 사장 자리에 앉았다. 1934년에는 자신이 수집한 골동품을 기반으로 부산박물관 건립을 추진하기도 했는데, 현재 국립중앙박물관이 소장한 문화재 중에는 그가 수집했던 것도 상당수에 달하는 것으로 전한다.

1935년 경상남도수산회를 중심으로 지역의 유지들이 부산의 구 초량왜관 자리에 부산 개발에 대한 가시이의 공로를 기리기 위해 그의 동상을 세웠다. 1920년부터 1935년까지 무려 15년 동안이나 부산상업회의소 회장을 지냈으니, 그의 동상 정도는 충분히 세울 수 있었을 것이다. 가시이는 이러한 명망을 바탕으로 1945년 9월 부산일본인세화회의 초대 회장에 추대되었다. 여느 세화회와 달리 부산의 경우 유독 사업가들이 간부진에 집중 포진한 것도 그의 인적 관계망을 기반으로 했기 때문이었다. 그런데 그는 약 한 달 후 부산축항회사와 부산임항철도주식회사 사장을 지낸 이케다 스케타다池田佐忠에게 세화회장 자리를 넘겨주었다. 그러고서 얼마 뒤 일본 밀항을 꾀하다가 해안경찰에 붙잡힌 것이다.

당시 함께 잡힌 사람들의 면면을 보면 부산부 임산과장이나 남지국민학교 교장 등 지역 유지도 있었다. 특히 눈에 띄는 사람은 1908년 통감부의 조선복심법원 검사로 초빙되어 줄곧 법조계에서 활동하다가 남조선신탁회사 사장을 지낸 스기무라杉村逸樓라든가, 같은 회사의 중역으로 있던 아키바秋場孝平 등의 인물이다. 남조선신탁회사는 가시이가 1933년 하자마와 함께 최대 주주로 설립한 회사였다. 즉 이들은 부산을 중심으로 한 대표적 금융회사의 대주주와 중역들이었던 것이다. 당시 자전거 튜브에서 각종 유가증권이 쏟아져 나온 것은 결코 우연이 아니다.

가시이의 아들이 규슈의 명문 슈유칸修獸館에 다닐 때 같은 반 학생 50여 명이 만주 수학여행을 가는 길에 잠시 부산에 들렀는데, 당시 그 학생들 모두를 그의 집에 재웠다고 한다.[15] 이렇게 승승장구하던 부산의 재력가가 밀항 기도 혐의로 한낱 해안경찰에 붙잡힌 것이다. 가시이는 1945년 12월 병상에 들어 고향으로 돌아간 뒤 얼마 되지 않은 1946년 3월 향년 78세로 생을 마감했다.

도둑배와 송환선, 무엇을 탈 것인가

일본은 섬나라이므로 패전 후 약 700만 명에 달하는 해외의 군인·군속·민간인들이 모국으로 돌아가기 위해서는 반드시 배를 이용해야만 했다. 일본제국이 동으로는 태평양열도에서 서로는 인도차이나반도에 걸쳐 있었던 만큼 일본인들은 일단 해외 거류지에서 점령군이 지정한 송출항을 출발해 규슈의 하카타나 교토의 마이즈루舞鶴 등 주요 귀환항으로 돌아갔다. 개중에는 여러 지역을 경유하며 도중에 배를 갈아타거나, 육로와 해로를 함께 이용하거나, 극히 예외적이지만 비행기를 이용한 경우도 있었다. 그러나 절대 다수는 점령군이 지정한 공식 송환선을 타고 일본으로 돌아갔다.

밀선을 타고 하카타항 부근에 도착한 일본인들

1946년 1월 주한 미군정이 추계한 바에 따르면 일본에 있던 조선인 가운데
18만 5,156명이 밀선을 이용해 한반도에 돌아왔다고 한다.
이 밀선이 빈 배로 일본에 돌아갔을 가능성이 매우 낮다고 볼 때,
적어도 그 정도의 일본인이 공식 귀환선을 이용하지 않고 밀선으로 귀환했으리라 짐작된다.
일본인의 밀항은 미군의 송환행정이 궤도에 오르기 전에 가장 성행했으며,
재산 반출에 대한 제재가 강화될수록 더욱 교묘한 방법과 새로운 경로를 이용했다.

한반도는 일제의 여타 식민지에 비해 일본열도와 지리적으로 가장 가까운 지역이었으므로 공식 송환선 외에도 사선私船을 이용하는 경우가 많았다. 이러한 배는 야음을 틈타 몰래 드나들었으므로 암선闇船 혹은 밀선密船이라고도 했다. 조선인들은 이 배가 당국의 감시를 피해 마치 도망하듯 떠나갔으므로 속칭 '도둑배'라고 불렀다. 종전 직전 각 식민지·점령지에 거류하던 일본인 수와 종전 후 최종적으로 일본으로 돌아간 귀환자 수를 비교해보면 일정한 편차가 있다. 그 이유는 여러 가지가 있겠지만, 기본적으로 이 도둑배로 돌아간 사람들이 최종 귀환자 집계에서 누락되었기 때문이다.

한반도 남단과 서일본 해안은 양 지역을 잇는 최단 항로이다. 그래서 양 지역은 일본으로 돌아가려는 사람과 기타큐슈北九州를 비롯해 일본 각지에서 모여든 조선인들이 최종적으로 모여든 곳이었다. 이 때문에, 정확한 통계를 추산할 수는 없지만 경남 해안 일대는 그 어느 지역보다 운송 특수를 노린 밀선업이 성황을 이뤘던 것이 분명하다. 점령 당국의 단속에도 불구하고 이 지역의 항구 주변에는 업자들이 임시 사무소를 열어 '일본 ○○행'이라고 버젓이 깃발을 세워두고 호객 행위를 했다.[16]

미군이 검열한 서신 중에는 밀수·밀항과 관련된 것이 많았다. 1945년 10월 15일자로 부산 벤텐초弁天町(현재 광복동 일대)에 사는 다케모토 히로라는 일본인이 서울 혼마치(현재 충무로 일대)로 보낸 편지의 내용을 보면 "지금 부산에는 많은 밀선회사가 있다. 표지판에는 아예 운임을 적어놓았는데, 보통 1인당 150엔을 받는다. 밀선을 이용하면 당신은 군경과 조선인 여자 검사원의 물품 검사를 피할 수 있다. (부산)일본인세화회에서 밀항 경로와 업자를 안내할 것이다. 세화회 사무소는 부산역 바로 앞에 있다. 현재 세 척을 운행 중이며······〈추신〉만일 당신이 영리한 사람이라면 최대한 많은 돈을 가지고 올 것이다"라고 적혀 있었다.[17]

한반도에서 돌아간 일본인 중 민간인은 약 71만~72만 명, 군부대원은 대략 20만~21만 명으로 추계하고 있다.[18] 이들 중 과연 몇 명이 도둑배로 돌아갔는지 정확한 수치는 알 수 없다. 다만 남한 거주 일본인 송환이 거의 마무리된 1946년 3월 시점에 주한 미군이 일본의 GHQ에 보고한 내용에 따르면 '일본에서 유입된 밀선 이용자(Abraod Uncontrolled Shipping from Japan)' 수는 18만 5,156명에 달했다.[19]

도둑배는 대개 한일 양 지역에 연락 운수망을 갖추고 있었고, 위험을 무릅써가며 단기 특수를 노렸기 때문에 회항할 때 빈 배로 돌아가는 경우는 거의 없었다. 승객을 태우지 못하면 하다못해 고가의 밀수품이라도 싣고 갔으므로, 이것을 노리는 해적들까지 등장했다.[20]

일본으로 돌아갈 때 도둑배와 공식 송환선 중에서 무엇을 탈 것인가는 단순히 교통편을 선택하는 문제가 아니었다. 이것은 향후 자신의 운명을 건 도박이었다. 도둑배의 경우는 검역을 거치지 않으므로 전염병에 감염될 우려도 있었고, 악덕 업자를 만나면 어렵게 가져온 재산마저 모두 빼앗기고 엉뚱한 곳에 내려놓는 경우도 허다했다.[21] 그럼에도 불구하고 많은 일본인이 도둑배를 타고자 한 이유는 무엇일까. 이것은 크게 두 가지 측면에서 접근할 수 있는데, 첫째는 공식 송환선으로 지정된 선박이 부족했던 물리적 상황, 둘째는 일본 본토와 구 식민지 사이의 거래와 재산의 반출입을 제한한 GHQ의 지령 때문이었다.

먼저 선박 부족 문제를 보자면 GHQ 차원에서 해외 일본인 송환에 관한 공식 지령을 발한 것은 1946년 3월 16일(「인양에 관한 기본 지령」, SCAPIN-822」)이다. 이때는 남한의 일본인들이 모두 일본으로 돌아간 뒤였다. 이렇게 뒤늦게 내려진 지령은 그만큼 일본인의 귀환이 처음부터 확고한 세부 정책을 기반으로 이루어진 것이 아니었음을 뜻한다. 즉 GHQ는 일본과 구 식민지의 분리라는 대원칙 아래서 송환을 추진했고, 상기 지령은 거꾸로 한반도의 일본인이 본토로 돌아가는 과정에서 발견된 현실적 문제들을 반영하여 사후적으로 성문화된 것이다. 현실적으로는 송환이 진행되고 있었음에도 정책 입안과 지령이 늦어진 데는 무엇보다 해결하기 쉽지 않은 선박 부족이라는 문제가 있었기 때문이다.[22] 패전 당시 일본에서 가동 가능한 선박은 대략 51만 톤으로 추계된다. 전쟁 과정에서 대부분의 선박이 대공습과 어뢰 공격으로 파손되었기 때문에 공식 송환선으로 돌릴 수 있는 배는 제한적이었다. 게다가 이 모든 배를 송환선으로 사용할 수도 없었다. 점령지 일본의 일상 경제 운용에 필요한 최소한의 배들은 제외할 수밖에 없었으므로 실제 해외 일본인들을 본토로 수용하기 위해 배정할 수 있는 선박은 기껏해야 15만 톤 정도에 불과했다. 따라서 산술적으로 계산할 때 중국에 있는 일본인들을 본토로 실어 나르는 데만 4년이 필요했다. 이러한 상황이었으므로 GHQ의 하부기구인 주한 미군정도 민간인에 대한 송환은 계획조차 수립할 수 없었고, 조선의 주요 정치세력도 일본의 수송 능력을 감안할 때 적어도 5~6개월은 '이들과 같은 하늘 아래서' 지낼 수밖에 없다고 내다보았다.[23] 결국 민간인 송환이 지체되는 상황에서 마냥 공식 송환선이 뜨기만 바랄 수 없었던 사람들은 일단 항구로 향했고, 이들을 상대로 한몫 챙기려고 한 선박업자들의 이해가 맞물리면서 도둑배가 대한해협을 바쁘게 오가게 된 것이다.

아울러 일본인들이 도둑배를 이용하고자 한 중요한 이유 중 하나는 재산 반출에 대한 점령군의 제한 조치였다.[24] 선박 부족 문제는 해외 주둔 일본군의 송환이 마무리되고 GHQ가 전격적으로 송환 지체 현상을 타개하고자 미군 소유의 선박을 추가 투입함으로써 1945년 11월로 접어들며 사실상 상당 부분 해소되었다.[25] 1946년 8월, 지난 1년 동안 GHQ가 점령 지역에서 수행한 치적 중 가장 자랑할 만한 것으로 내세운 사업이 바로 선박 부족 문제를 해결함으로써 단기간 내에 900만 명에 이르는 점령지의 일본인과 구 식민지 출신자를 고향으로 송환한 것이었다.[26] 따라서 이 시기의 밀항은 일본인의 재산 반출 의도가 이전보다 더욱 강하게 작용한 결과라고 볼 수 있다. GHQ는 이미 1945년 9월에 고국으로 돌아가는 일본인과 구 식민지민에 대해 민간인은 1,000엔, 직업군인은 200~500엔 사이로 귀국시 소지금을 제한했고, 수하물도 휴대 가능한 보따리 정도로 제한했다. 이 때문에 눈치 빠른 사람들은 종전과 동시에 자신의 재산을 정리하고 도둑배를 이용해 일찍감치 돌아갔고, 남아 있던 사람들도 일본인에 대한 각종 제재 조치가 발표될 때마다 더욱더 교묘한 방법으로 밀항을 계획했다. 특히 11월 중순 이후에는 점령 당국이 거류 일본인의 송환 일정을 통보할 정도로 송환행정이 궤도에 올랐기 때문에 적어도 배편이 없어 도둑배를 탈 이유는 없었다.

　1945년 한겨울에 도둑배에 오른 사람들은 십중팔구 자신의 재산을 반출하기 위한 목적이 컸다. 부동산처럼 덩치 큰 재산을 처분하고, 이것을 휴대 가능한 귀금속·보석류나 고가의 문화재 등으로 바꾸기까지는 일정한 시간이 필요했을 것이다. 오랜 조선 생활로 이 땅에 미련이 많이 남아 있는 자, 재산을 처분하는 데 많은 시간이 필요할 정도로 엄청난 자산을 소유한 자, 그리고 한반도와 일본의 상황을 입체적으로 살피며 잔류와 귀환의 갈림길에서 실시간 손익계산에 여념이 없었던 사람들은 막상 민간인 송환이 코앞으로 다가오고 점령군의 제재 조치가 늘어가자 점점 더 숨이 차올랐다. 부산 일대를 호령하던 수산업계의 대부 가시이 겐타로가 일개 해안경찰에 붙잡혀 망신을 당한 데는 이러한 사정이 있었다.

왜노 소탕을 외치는 조선인

1945년 10월 민간인 송환이 막 시작될 무렵, 서울 도심에는 왜노소탕본부倭奴 掃蕩本部라는 단체의 명의로 '일본인들은 빨리 집을 내놓고 이 땅에서 물러가라' 는 선전문이 돌기 시작했다.[27] 또 공식 송환선으로 일본인들이 한창 돌아갈 무렵인 12월에는 "아직도 거리를 걷다 보면 '긴상(김씨), 보쿠상(박씨), 나까무라상'이라는 호칭이 들리고, 일본어 간판과 창씨로 된 문패가 버젓이 걸려 있다"며 일본 문화의 잔재를 청산하자는 목소리가 불거졌다.[28] 남한의 일본인들이 모두 자국으로 돌아간 1946년 3월에는, 철퇴 시한이 발표된 지 한 달이 넘었는데도 당국의 허가 없이 몰래 숨어 있는 일본인들을 조선인 경찰이 색출해 일괄 송환할 거라는 이야기가 들려왔다.[29] 해방 후 조선인들은 이 땅을 떠나가는 일본인들을 바라보며 무슨 생각을 했을까?

'왜노 소탕'이란 오랜 식민 지배로 켜켜이 쌓인 일본인에 대한 해묵은 감정을 격하게 토로한 상징적인 표현이다. 한마디로 과거에 우리를 못살게 굴었으니 이제는 떠나라는 뜻이다. 그런데 사실 이 말 속에는 좀 더 복잡한 감정이 깔려 있다. 즉 해방 후 어쩔 수 없는 이유로 일본인과 함께 생활하다 보니 새로운 문제가 계속 생겨나고, 그로 인해 자신의 삶이 더 팍팍해지고 있다는 현실적인 불만과 실존적인 고민이 한데 섞여 있었다.

제일 먼저 사회문제로 부각된 사안은 주택 부족이었다. 이것은 식민지 시기 민족 차별적인 주택 정책으로 인해 일본인과 조선인의 주택 보급률 편차가 크게 확대된 상황에서 해방 후 해외 귀환자가 급속히 증가하자 심각한 사회문제로 대두했다. 1933년 통계를 보면 당시 경성에는 일본인이 약 10만 명, 조선인이 약 27만 명 정도 살고 있었다. 그런데 무주택자의 비율을 보면 조선인이 일본인보다 5배나 많았고, 가족 수를 보면 조선인 가정이 일본인 가정보다 0.6명 더 많았다. 양 민족 간의 편차는 1945년까지 꾸준히 확대되었다. 게다가 서울의 주택 부족률은 1933년 11.2%, 1935년 22%, 1944년 40%로 급증했다.[30] 대표적 식민 도시인 서울의 주택 문제는 식민 지배 말기로 가면서 악화 일로로 치달았는데, 계속 하락하는 주택 보급률의 희생자는 곧 조선인이었다. 이러한 상황에서 1945년 8월부터 약 1년 사이에 남한의 인구는 250만 명가량 증가했다. 물론 이 수치는 대개 중국과 일본 등 해외에서 돌아온 귀환자들로 높아진 것이다.[31] 조선인 귀환자가 돌아오면서 1944~1946년 사이 각 도의 인구는 평균 22.5% 정도 증가했으며, 특히 육로를 통한 유입 인구가 많았던 서울은 약 38%, 해로를 통한 유입 인구가 많았던 경남 지역은 약 37%의 인구 증가를 보였다. 1946년 11월 말 통계에 따르면 해외 귀환 조선인 중에서 당장 잘 곳이 없는 사람이 총 귀환자의 20%에 달했다고 한다.[32] 사정이 이러하니, 패전 후에도 본국으로 돌아가지 않고 조선에서 버티고 있는 일본인들이 당연히 곱게 보일 리 없었다. 조선인들은 미군정에 '왜 일본인들을 당장 돌려보내지 않느냐'고 항의했지만, 그때마다 미군정은 '그것은 점령군 소관이니 차분히 기다리라'는 무성의한 답변만 되풀이했다. 결국 참다 못한 조선인들은 각종 선전문을 시내에 도배함으로써 일본인들을 직접 압박하기 시작한 것이다. 왜노소탕본부라는 단체가 과연 존재했는지, 또한 실체가 있었는지에 관해서는 증명할 자료가 없다. 그러나 유령 단체였다고 할지라도 그들이 뿌린 전단 안에는 당시 조선인들의 보편적 정서가 담겨 있었다고 볼 수 있다.

일본인이 조선에 남아 각종 물자를 횡령하거나 밀반출하는 것도 큰 문제로 받아들여졌다. 예컨대 1945년 10월 동양방직과 종연방직(가네보, 鐘紡)의 면포 횡령 사건은 공공재산의 횡령·반출 행태를 보여주는 단적인 사례이다. 그 사건인즉 이랬다. 1945년 10월 5일 전 경기도 경찰부장 오카 히사오岡久雄를 비롯해 일본인 경제 관료 10여 명과 전 금강비행기회사 사장 등 조선인 4~5명이 미군 진주 직전에 회사 창고의 면포 4만여 필을 처분한 대금 2,200만여 원을 횡령하여 구속되었다.[33] 당시 면포를 처분한 대금은 이미 도망한 일본인들이 밀반출하여 거의 회수할 방법이 없었고, 그로 인한 경영난은 곧 노동자들의 실업으로 연결되었다. 문제는 여기서 끝나지 않았다. 처분된 면포가 투기꾼들에 의해 매점·퇴장됨으로써 면포 가격이 계속 치솟은 것이다.[34] 게다가 해방 후 3년간 조선의 방직업계는 생산의 증설은커녕 한·중·일 지역별 분업 체계가 붕괴되면서 원료난·설비난·전력난에 봉착해 생산고가 곤두박질하고 있었다.[35] 일본인들이 귀환 국면에서 저지른 물자의 횡령과 반출로 인한 피해는 결국 일반 서민이 감당할 몫으로 고스란히 전가되고 말았다.

점령군이 제재 조치의 수위를 높여갈수록 날로 지능화되는 일본인의 재산 횡령과 반출은 이들의 밀항을 도와 사적인 이익을 챙기는 조선인들을 양산했다. 이것은 식민 잔재의 청산을 외치던 당시의 사회 분위기로는 도저히 용납할 수 없는, 일본인 송환 국면에서 나타난 또 다른 사회적 폐해였다. 그러한 점에서 '니시마쓰구미西松組 사건'은 일본인의 횡령·반출, 미군정의 허술한 관재행정, 한일 양 지역의 광역 밀수 네트워크, 그리고 귀환 일본인과 조선인 투기꾼의 결탁 등이 복합되어 나타난 새로운 범죄 양태의 종합판이었다.[36]

니시마쓰구미는 노구치野口 재벌의 하청 도급업체로, 주로 흥남질소비료공장이라든가 압록강 수전공사 등 대규모 토목공사를 수주했다. 조선인들 사이에서는 과거 상습적인 임금 체불과 가혹한 노동 착취로 악명 높은 건설회사였다. 당시 신문이나 부전강·장진강 댐 공사에 동원된 조선인들의 증언을 보면, 하나같이 그 공사를 '죽음의 공사'로 기억하고 있었다.[37]

그런데 1946년 2월 17일 이 회사의 경성 지점 관리를 맡은 전세영과 신원석 등 13명이 사택에서 검거되었다. 이들은 조선인 자치위원회 간부, 즉 미군정이 임명한 관재인으로서 전 일본인 지점장 도모하라 시게루友原茂와 짜고 회사 돈 3,500만 원 중 1,500만 원만 서류상으로 인계하고 나머지 돈을 나눠 가진 뒤 일본인 간부들의 밀항을 알선했다. 그뿐만 아니라 이들은 1,500만 원 가운데 다시 1,000만 원을 착복하고, 나머지 500만 원만 회사 보유 자산으로 군정청에 신고했다. 그리고 이때 착복한 돈으로 남한의 쌀 900가마니를 사서 일본 모지門司의 니시마쓰 계열 회사 간부인 이구치 에이키치井口榮吉에게 보내고, 그 대가로 귤 1,200궤짝을 들여와 폭리를 취했다. 당시 한 언론에서는 이들이 밀수입한 일본산 밀감을 두고 "기맥히는 죄의 덩어리요, 민족의 치욕을 비웃는 귤"[38]이라며, 쌀을 가지고 축재에 이용한 행위를 강하게 비난했다. 하루가 다르게 배급량이 줄어드는 상황에서 쌀을 밀수출하는 행위는 곧 사회적 반역 행위로 받아들여진 그때의 사회상을 돌이켜보면 이러한 비난도 무리는 아니었다.

조선총독부의 청산자금 남발로 시작된 남한 사회의 경제 교란은 일본인 송환 국면에서 불법적인 공·사유재산의 횡령 반출로 심화되었다. 그리고 돌아가는 일본인과 결탁한 조선인 투기꾼과 고관들의 축재, 그로 말미암아 겪어야 했던 서민들의 초인적인 내핍은 왜곡된 부의 이동·분배라는 새로운 사회적 병리 현상을 낳았다. 바로 이러한 상황을 우려했기 때문에 조선의 선각자들이 일본인의 조기 송환을 처음부터 주장했던 것이다.

조선인의 추방 압력은 송환 국면에서 일본인들이 취한 일련의 행동으로 더욱 거세졌고, 그에 따라 잔류와 귀환 사이에서 고민하던 일본인은 미군정의 방침과 무관하게 잔류를 포기할 수밖에 없었다. 결과적으로 보면, 밀항을 통해 재산 반출에 성공하지도 못한 채 뒤늦게 돌아간 사람들은 송환 당국의 더욱 까다로운 제재와 조선인 사회의 거센 추방 압력 속에서 송환선에 몸을 실어야 했다. 이들은 일찍 돌아간 사람들에 비해 정착 과정에서 구직 활동 등 귀중한 기회를 상실함으로써 더 큰 어려움에 처했다.

믿을 수 없는 점령군

남한의 경우 점령군의 송환정책은 일본인과 조선인 양측으로부터 불만을 샀다.

특히 종잡을 수 없는 송환자 재산 처리 방침과 선박 부족에 따른 송환 지연이 비난의 표적이 되었다. 그러면 남한 지역에서 점령군의 일본인 송환정책은 어떻게 변해갔는지 살펴보자.

미군은 진주 후 제일 먼저 송환기구를 정비했다. 미군정은 1945년 9월 23일 민간인 송환 업무 창구를 외사과로 통일하고, 조선총독부가 일본인 송환 원호를 위해 설치한 종전사무처리본부와 그 외곽 조직인 일본인세화회를 관할·감독케 했다.[39] 그리고 송환 순서는 현역 일본군 → 휴가 중이거나 제대한 군인과 그 가족 → 구 일본 경찰 등 바람직하지 않은 자 → 신관 → 일본인 광산노동자 → 일반 민간인 중 원호 대상자 → 일반 민간인 → 고위 공직자와 회사 간부 → 교통 및 통신 요원 순으로 발표했다. 이 발표로 관공리와 군인을 나중에 송환함으로써 거류 일본인의 안전과 심리적 안정을 도모하고자 했던 조선총독부와 조선군사령부의 구상은 처음부터 벽에 부딪쳤다.[40]

미군이 특별히 주의를 기울인 집단은 해외의 일본군이었다. 일본군 수송은 점령정책 중 최우선 과제였으므로 미군정은 조선군사령관 고즈키 요시오上月良夫로 하여금 직접 미 제24군단의 지휘를 받아 실시하도록 함으로써 미군정 하부 기관인 외사과 업무에서 일본군 송환을 제외했다. 이에 따라 일본군에 대해서는 현역 병과 함께, 이미 제대했거나 휴가 중인 군인도 원대 복귀토록 한 뒤 대략 1945년 11월 초순까지 본토로 송환했다. 이런 조치로 인해 군에 동원된 남성은 민간인인 가족과 따로 일본으로 돌아가야 했다.[41] 그 후 민간인 송환은 1945년 10월 10일 공식적으로 개시되었으나, 실제로는 11월 중순에야 비로소 궤도에 올랐다.[42]

점령군은 송환 대상자 1인당 소지 한도액을 민간인 1,000엔, 군인 500엔으로

하카타역에 도착한 일본군

남한의 일본군 송환은 1945년 9~10월에 민간인보다 앞서 이루어졌다. 미군은 일본군의 무장해제를 위해 군인과 민간인을 나누어 송환했기 때문에 제대 후 각자 집으로 돌아간 사람까지도 원래 소속 부대로 재차 소집하여 각 부대 단위로 송환했다. 그래서 청장년기의 남성은 대개 가족과 떨어져 따로 일본으로 돌아갔다. 이들 중에는 가족을 만나기 위해 일본에서 제대 수속을 마친 뒤 조선으로 밀항하여 가족과 함께 다시 돌아온 경우도 적잖았다.

정하고, 조선은행권과 일본은행권의 액면가 교환 비율을 1 : 1로 산정했다. 또한 저금통장과 유가증권의 반출도 제한하고, 일정 중량이 넘는 수하물에 대해 일본인세화회에서 탁송하도록 했으나 곧 반출을 금지했다.

한편 조선총독부 수뇌부의 송환 현황을 보면 총독과 경무국장은 1945년 9월 12일, 나머지 국장급은 9월 14일 해임한 뒤 고문 자격으로 당국의 점령 행정을 보좌하도록 한 후 11월 말까지 모두 본토로 돌려보냈다. 그 밖에 비교적 이른 시기에 면직, 송환된 집단은 경찰과 교직원 등 해방 전부터 조선인들의 원성이 자자했던 사람들이었다. 경찰의 면직 시기는 각 지역마다 미군의 진주 시점이 달랐기 때문에 약간의 편차가 있었다. 서울에서는 9월 중순 일본인 거류지를 제외한 나머지 지역의 경관을 면직했다.[43] 지방 경찰의 경우는 미군이 행정권을 장악한 이후인 10월 무렵에 면직, 송환했다. 그리고 교직원은 9월 20일부로 먼저 일본인 전용 초등학교를 조선인에게 모두 개방함과 동시에 조선인 후임자에게 업무를 인수인계하고 이직할 것을 명했다.[44]

점령군의 송환 압박 조치가 점점 더 구체화되면서 일본인들의 일상도 크게 변화했다. 이와 관련된 주요 조치를 살펴보면 미군정은 진주 다음 날인 1945년 9월 9일 오후 4시부터 일본기 게양을 금지했다.[45] 또한 치안 사건을 방지하기 위해 9월 23일부터 29일까지 무장해제와 무기 회수를 명했다.[46] 10월 3일에는 각 지역 세화회의 귀환 희망자 명부에 등록하지 않으면 개인적 귀환을 불허하겠다고 발표했고, 10월 8일에는 법령 10호를 통해 자신이 등록된 정회町會 소재지에서 10킬로미터 이상의 거리 이동을 금지했다.[47] 즉 군정 당국은 허술한 밀항 단속에 대한 조선인 사회의 비난이 빗발치자, 일본인의 사적인 이동을 통제하기 위해 신상 등록과 집단 이동 통제시스템을 도입한 것이다.

　요컨대 미군정은 점령지 통치라는 관점에서 남한 사회의 요구를 제한적으로 반영하면서 차츰 송환 압박의 수위를 높여가는 방법으로 일본인 송환정책을 실시했다. 러취Lerch 군정장관은 1946년 1월 23일부로 일본인의 총철퇴령을 내렸다. 이로써 조선은 더 이상 일본인들이 살 수 있는 땅이 아님을 명확히 했다.[48]

4. 억류·압송·탈출의 극한체험

문신투성이 로스케

1945년 8월 말 마을의 젊은 처자들이 황급히 고량 밭으로 달려가 몸을 숨겼다. 미처 집을 빠져나가지 못한 사람들은 다락과 지하실로 들어가 문을 굳게 걸어 잠갔다. 누가 먼저라고 할 것도 없이 여자들은 모두 머리를 잘랐다. '머리를 빡빡 깎은 여성은 건드리지 않는다'라는 소문에 모두 까까머리를 한 것이다. 이것은 평안남도 강계에 소련군이 처음 진주하던 날 벌어진 마을 상황을 묘사한 것이다.[1]

소련군의 행색을 처음 접한 일본인들은 눈앞이 캄캄해졌다. 머리는 하나같이 망나니처럼 풀어헤쳐 산발을 하고 있었고, 손등에는 알 수 없는 문신 자국이 수두룩했다. 이들은 백주 대낮부터 조선인을 앞세워 마을의 일본인 집을 샅샅이 뒤졌다. 무언가 돈이 될 만한 물건을 찾는 듯했다. 소련군은 유독 시계와 만년필을 좋아했다. 술을 달라는 병사도 있었다. 술을 내주면 순순히 돌아가기는 했지만, 문제는 이들이 술에 잔뜩 취해 다른 집으로 들어가 행패를 부리는 것이었다. 그래서 마을 사람들은 절대 이들에게 술을 내주지 않기로 약속했다. 하지만 소련군 한 무리가 지나가고 나면 또 다른 패거리가 나타나 이불과 담요를 가져갔고, 더 이상 찾아오지 않겠거니 생각할 무렵에는 여군들이 와서 취사도구를 챙겨 갔다. 이것이 바로 말로만 듣던 소련군의 '현지 조달'이었다.

소련군의 첫인상은 강렬했다. 그들에 관한 온갖 해괴한 이야기들이 금방 입소문을 타고 북한 전역으로 번져갔다. 소련군이 곧 남하한다는 이야기가 들릴라치면 일본인들은 그것이 '오늘일까, 내일일까' 하며 맘을 졸였다. 강계 근처의 곽산 지역에도 어김없이 소련군이 출현했다. 당시 한 일본인의 목격담을 그대로 전하면 다음과 같다.

웡~웡~ 마치 공습경보처럼 사이렌이 울렸다. 이것은 소련군이 곽산에 온다는 환영 신호였다. 비록 겉으로는 환영하는 듯했지만, 사실은 조선인이라고 할지라도 안심하지 말고 부녀자들은 빨리 집으로 돌아가 시계나 금붙이 등을 숨기라는 것이었다. 소련군은 전투태세로 침공해왔기 때문에 일본인과 조선인을 가리지 않고 약탈과 폭행을 자행했다. 그래서 마을의 (조선인) 보안대가 '환영'이라는 명목으로 사실상 '경보'를 울린 것이다.

나는 소련군을 처음 보고 적잖이 놀랐다. 마차를 앞세운 긴 행렬이 이어졌다. 이들은 만도린처럼 생긴 장총을 어깨에 걸어 축 늘어뜨린 것이 마치 '유목민' 같았다. 후미에는 산양이나 닭까지 매달고 왔다. 마차 위에는 부뚜막까지 설치되어 있었다. 개고기는 역시 누렁이가 최고라며, 주인이 있든 없든 길에 나다니는 개가 보이기만 하면 어김없이 총을 쏘아 잡으며 행군을 계속하였다. 이들은 무기와 탄약을 제외하고는 모두 현지에서 조달하였다.

이들은 원래 철도와 교량 경비를 위해 곽산에 들어왔다. 하지만 군용열차를 지키기 위해 온 것이 아니라 북한 각지의 기계와 설비를 뜯어 러시아로 실어 가려는 목적이 있었다. 우리 일본인들은 이들이 소련군 경비소의 명령에 따라 짐을 나르며 일본제 발전기와 공작기계를 무개차에 산더미처럼 가득 실어 북쪽으로 반출해가는 것을 지켜보았다. 조선인들은 이 광경을 보면서 과연 무슨 생각을 하였을지 자꾸만 머리가 복잡해졌다.[2]

북한 지역에 진주한 소련군은 미군과 달리 모든 것을 현지에서 조달했다. 이에 따라 불필요한 대민 접촉이 잦아졌고, 그 과정에서 불미스런 사건이 발생하기 일쑤였다. 흔히 '이북 강원도'라고 부르는 38도선 접경 지역은 처음에 소련군이 진주했다가 북쪽으로 철수한 뒤 다시 미군이 들어왔기 때문에 양 점령군의 행태를 모두 지켜볼 수 있었다. 강원도청이 있던 춘천의 경우도 1945년 8월 28일부터 9월 2일까지 소련군이 진주했다가, 9월 18일부터는 미군이 3일 동안 진주했다. 그러면 4,000여 명의 일본인이 거류했던 춘천의 사례를 살펴보자.[3]

　소련군은 철원, 금화, 회양, 통천, 고성, 강릉을 거쳐 춘천에 들어왔다. 소련군에 대한 온갖 괴소문이 먼저 피난 온 일본인들의 입을 통해 퍼지자 인심이 흉흉해졌다. 어떤 이는 소문을 듣자마자 그 길로 서울 성동역행 기차에 몸을 실었다. 또 다른 이는 봉의산 언저리에 매복해 있다가 소련군과 일전을 벌이자고 했다. 심지어는 부녀자들이 몸을 버리기 전에 언제든지 마시고 죽을 수 있도록 미리 청산가리를 나눠 주자는 이야기마저 나왔다.[4] 그러나 소련군이 진주하자 정작 일본인들은 조용히 숨죽이며 상황을 지켜보았다. 곧 조선인 인민위원회 주최로 소련군 환영회가 열렸다. 그 자리에 참석해보니 선견대로 온 소련군 첩보대원(KGB)은 독일과 전쟁이 시작된 후 자신도 5년째 집에 돌아가지 못한 신세라며, 어차피 전쟁도 끝났으니 사이좋게 지내자고 말했다. 참으로 다행이었다. 그리고 얼마 뒤에 소련군은 아무 일 없었다는 듯이 38도선 이북으로 철수했다. 만일 이들이 그대로 주둔했더라면 춘천의 여성들도 모두 빡빡머리가 되었을 것으로 생각했다. 왜냐하면 소련군 장교의 달콤한 연설 뒤에는 어김없이 폭행과 약탈이 자행되었기 때문이다.

이번에는 미군을 맞이할 준비를 해야 했다. 그런데 미군에 관련된 모든 정보를 조선인민위원회가 독점하고 있었으므로 춘천일본인세화회는 미군 환영 준비에 곤란을 겪었다. 결국 아무런 정보도 없이 우선 춘천중학교, 요정, 경찰회관, 그리고 방송국으로 사용하던 삼양회관 등을 미군이 사용할 숙소로 예정하고 부랴부랴 목재를 구해 간이침대를 만들기 시작했다. 그리고 약 300명분의 침구를 추렴을 통해 마련했다. 모든 준비를 마치고 나니 무언가 중요한 것이 빠진 듯했다. 그것은 바로 미군 위안대였다. 미군도 결국 38이북의 소련군과 다를 바 없을 것이라고 지레 겁을 먹었기 때문이다. 당시 세화회 간부들은 무슨 일이 있어도 우리의 얌전한 처자(야마토 나데시코大和撫子)가 성노리개로 전락하는 험한 꼴은 차마 볼 수 없다고 목소리를 높였다. 그래서 만방으로 성매매 직업여성을 찾아보았으나 위안대를 꾸리기에는 역부족이었다. 이렇게 전전긍긍하는 사이에 미군이 진주했다.

대략 500~600명 규모의 미군이 진주했는데, 일본인들은 이들이 가져온 장비와 물품을 보고서 크게 놀라지 않을 수 없었다. 일본이 이러한 나라를 상대로 4년 동안이나 전쟁을 벌였다는 사실이 믿기지 않았다. 언뜻 보아도 미군은 모두 최신식 무기를 갖추었을 뿐만 아니라, 이 오지에 주둔하면서도 침구와 식량, 심지어는 개인이 마실 물까지 휴대하고 있었다.[5] 얼마 전 소련군에게 쫓겨 군복조차 벗어던지고 내려온 초췌한 일본군의 행색이 자꾸만 떠올라 더욱 비참한 기분이 들었다.

미소 양 점령군의 차이는 곧 남한과 북한에 거주하던 일본인들이 종전 후 각기 어떠한 귀환 환경에 놓여 있었는지를 단적으로 보여준다. 소련군을 피해 도망 온 북한 일본인의 모습은 누가 보아도 충격적이었다. 이들은 도보로 38도선을 넘거나 서해안과 동해안을 따라 내려오다가 밀선을 이용해 탈출하기도 했다. 북한에서 도망해온 일본인들은 중환자를 제외하고는 대개 미군 수용소나 경성의 임시 수용소에서 잠시 휴양을 취한 뒤 곧바로 송환항 부산역으로 이송되었다. 부산 일본인세화회 관계자는 이들의 모습을 다음과 같이 적고 있다.

> 1945년 12월 13일 저녁 770명의 전재자戰災者(남하 일본인)가 안내소에 도착했다. 얼핏 보아 하니 38도선을 넘어온 이들이었다. 누구 하나 번듯한 복장을 한 사람은 한 명도 없었다. 가진 것이라곤 달랑 방석 1장, 그리고 아이들 기저귀와 식기뿐이다. 부녀자들은 거의 절반이 빡빡머리. 이들은 대개 나무 막대기를 지팡이 삼아 겨우 걸음을 옮기고 있었다. 아이들은 한 명도 입을 열지 않는다.[6]

한눈에 보아도 이들은 여느 일본인과 확실히 구별되었다. 이들을 지켜보며 남한의 일본인들은 뼈아픈 패전의 현실을 다시 한 번 곱씹었다. 또 자신이 당장 미군 송환선에 오를 수 있다는 사실이 얼마나 다행인지를 깨달았다. 비록 도둑배에 재산을 가득 싣고 고향으로 돌아갈 수 없는 점이 아쉽기는 했지만, 여전히 발이 묶여 있는 북한 지역의 30만 명을 떠올리면 그나마 위안이 되기도 했다.

일본에 도착해서도 이들의 모습은 세간의 주목을 받았다. 당시 일본에서는 패전 후 수개월째 외교 채널은 물론이고 통신조차 두절된 만주와 북한 지역 소식에 목말라 했다. 그래서 간헐적으로 이 지역에서 탈출해온 사람들이 증언을 할 때면 곧바로 언론에 대서특필되었다.

조선에서 제대한 야마가타현山形県 출신의 한 병사가 전한 소식에 따르면, 소련군은 대략 15~45세의 병사로 구성되었는데 열악한 급료 탓에 많은 문제를 일으키고 있다고 했다. 아울러 북한의 일본군과 민간인은 사실상 연금 상태에 놓여 있었고, 빡빡머리의 여성들이 심심치 않게 눈에 띈다고 했다. 반면 미군이 진주한 남한 지역은 평온한 상태라고 전했다.[7]

1945년 11월 만주에서 북한을 거쳐 탈출에 성공한 만주중공업 사원 이와이 하치사부로岩井八三郎의 인터뷰 내용은 가히 충격적이었다.[8] 그가 있던 신경新京(지금의 창춘長春)과 북쪽의 하얼빈에서는 8월 말부터 '일본인 사냥(男狩り)'이 시작되었다고 한다. 일본인 한 사람당 50엔이니 70엔이니 하는 상금이 나붙었고, 이 때문에 벌건 대낮에도 사람들이 납치되는 사건이 빈발했다. 공포에 질린 여성들은 이 때문에 모두 머리를 박박 밀었다고 한다. 이와이는 피난열차를 타고 북한 지역으로 내려왔다. 그가 도보로 남하하면서 듣자 하니, 9월로 접어들면서 북한 지역의 치안이 악화되어 만주에서와 흡사한 일본인 사냥이 벌어졌고, 임신부가 능욕을 당했다느니 평양의 부녀자는 매일 밤 위안대로 끌려 나간다느니 하는 망측한 소문이 파다했다고 한다.

물론 당시 일본 언론에 소개된 탈출 과정의 목격담은 직접 겪은 사실과 전해 들은 이야기가 섞여 있을 뿐더러, 소문이 갖고 있는 특성상 여러 사람의 입을 거치며 왜곡되기 마련이므로 일일이 사실 관계를 확인할 수는 없다. 하지만 이러한 증언들이 주요 언론을 통해 대대적으로 보도된 상황에서 북한을 탈출한 일본인들이 하카타 등 귀환항에 도착하자, 본토의 일본인들도 그 이야기가 단순한 소문이 아님을 확신하게 되었다. 특히 두 눈으로 확인한 빡빡머리 여성의 모습은 그러한 소문에 신빙성을 더해 주었다.

사람 잡는 '현지 조달'

1946년 1월 초 미소공동위원회를 앞두고 북한 일본인의 남하 문제를 논의하기 위해 미군 장교들이 평양을 방문했다. 그 자리에서 소련군 관계자는 상부로부터 일본인 송환에 관한 지시를 받은 적이 없지만, 일본인들을 그대로 돌려보내기에는 '매우 귀중한 노동력'이라고 발언한 바 있다.[9] 이것은 거류 일본인에 관한 미소 양국 점령군의 시각이 얼마나 다른지를 보여주는 단적인 예다.

앞서 보았듯이 미군, 즉 일본의 GHQ와 주한 미군의 가장 큰 사명은 한반도와 일본열도를 정치·경제·사회적으로 분리하여 다시는 미국을 상대로 일본이 무모하게 도발하지 않도록 하는 것이었다. 따라서 일본군의 송환은 군사작전 차원에서 미 제24군단장이 직접 고즈키 요시오 제17방면군(조선군) 사령관에게 명령하여 단시간에 최우선적으로 처리했고, 나머지 민간인 송환은 후순위로 미뤄 민정기관인 주한 미군정 외사과에서 처리하도록 한 것이다. 미군의 일본인 송환정책은 군사적 관점에서 한반도와 일본열도를 분리하는 데 중점을 두고 신분에 따라 순차적으로 돌려보냈다는 점에서 계획 송환이고, 궁극적으로는 모두 돌려보냈다는 점에서 일괄 송환이었다고 말할 수 있다. 반면 소련군의 일본인에 대한 정책은 일괄 '이동 금지' 후 필요에 따른 선별적 '활용과 방치'였다고 볼 수 있다. 같은 연합국의 일원으로서 한반도를 공동 점령한 소련군은 왜 미군과 다른 정책을 고집했을까? 이것은 2차 세계대전 전반에 대한 이해를 요한다.

원폭 투하로 구 일본제국의 이권이 미국으로 대거 넘어갈 듯하자 서둘러 대일전에 뛰어든 소련군은 사실상 한반도에는 별다른 관심이 없었다. 그저 바람이 있다면, 폴란드와 마찬가지로 장기적 관점에서 최소한 소련에 우호적인 정부를 수립하는 정도였다.[10] 소련의 주된 관심 지역은 여전히 동유럽이었다. 아시아에서는 한반도보다 전통적으로 소련의 목을 조여온 만주 지역, 그리고 일본과 이권을 다투던 홋카이도·사할린 지역을 더욱 중시했다. 따라서 소련의 한반도 정책은 만주·사할린 지역의 상황과 밀접히 연동되는 형태로 구체화되었다.

소련은 1945년 8월 14일 모스크바에서 중국 국민당 대표와 중소우호동맹조약을 맺고 만주에 관한 이권과 대일 참전에 관해 사후적으로 인정받았다. 당시 소련은 일본 항복 후 3주일 안에 철군을 시작하여 최대 3개월 이내에 만주에서 물러날 것을 약속했다.[11] 그러나 이 약속은 1946년 봄까지 지켜지지 않았다. 그 배경에는 독일과의 오랜 전쟁에 따른 국력의 손실을 아시아에서 보상받겠다는 심리가 작용했다. 소련은 연합국의 일원으로서 2차 세계대전에서 비록 승전국 반열에는 올랐지만, 이것은 말 그대로 상처뿐인 영광이었다. 실제로 2차 세계대전에서 소련군은 독일과의 치열한 전쟁으로 2,000만 명 이상이 사망했다.[12] 또한 이 기간에 소련 국내의 생산 시설이 무참히 파괴되어 1940년도 대비 1945년의 국민총생산은 17%나 감소했다. 따라서 종전 후 소련의 최우선 과제는 노동력 확보와 경제 복구였다.

이 같은 상황으로 말미암아 북한에 진주한 소련군의 주둔 비용은 자연히 현지 조달 방식을 취하게 되었다. 당시 '군위수사령관을 위한 지침'은 전리품을 소련군 주둔에 활용할 것을 노골적으로 지시하고 있었다. 특히 일본인이나 이들과 함께 도망한 자들의 재산을 조사하여 우선적으로 군에서 사용하라고 지시했다. 실제로 북한 행정국 지출예산표를 보면 점령군의 월급도 북한 재정으로 충당하고 있었다.¹³ 이뿐만 아니라 소련군은 배상 명목으로 수풍발전소를 비롯해 한반도의 주요 공장 시설, 광물자원, 생산품 등을 반출했다. 즉 만주와 북한 지역은 소련의 전후 복구를 위한 노동력과 설비·기계를 제공하는 노다지로 인식된 것이다. 특히 만주 지역의 경우 잠재적으로 소련을 위협할 수 있는 전시 산업을 파괴함으로써 군사적 안정을 꾀하고, 동시에 이들 시설을 전리품으로 반출해 감으로써 소련 국내의 산업 생산력을 제고할 수 있는 기회의 땅이었다. 이 때문에 소련은 소기의 목적을 달성할 때까지 만주 철군을 거부하며 각종 시설을 반출하는 데 주력했다.

북한 지역에 대해서도 소련은 이러한 인식 틀에서 크게 벗어나지 못했다. 슈티코프가 몰로토프에게 보낸 북한의 생산 현황에 관한 보고서에 따르면 소련군은 북한에서 38곳의 중공업 공장을 복구해 약 2,050만 엔에 달하는 전리품과 1,410만 엔에 달하는 신제품을 보상도 없이 반출해 갔다. 즉 단순히 생산 설비만 반출해 간 것이 아니라, 북한에서 생산 시설을 가동하여 완제품을 반출한 뒤 생산 설비를 가져가는 '꿩 먹고 알 먹는' 방식을 병행한 것이다. 이에 대해서는 북한에 우호적인 정부 수립을 위한 유화적 태도였다는 주장과, 조선해운주식회사나 조선석유주식회사의 사례처럼 일종의 합작회사 설립을 통한 투자를 빙자하여 중추 산업에 대한 통제권을 장악하고 결국에는 북한의 자원을 소련으로 공급하기 위한 도구에 불과했다는 주장이 공존한다.¹⁴ 이들 주장을 논증하기 위해서는 좀 더 실증적인 토의가 진행되어야겠지만, 분명한 사실은 적군에게 악용되는 것을 방지한다는 명목으로 해방 직전에 일본인이 산업 시설을 고의적으로 파괴함으로써 가뜩이나 어려움에 처한 북한의 경제 상황이 소련의 산업 시설 반출로 더욱 악화되었다는 것이다. 해방 직전 일본인에 의한 고의적 산업 시설 파괴 현황을 보면,

북한 소재 기업체 총 1,034개 가운데 패전에 즈음하여 64개의 광산회사가 폐쇄되고, 53개의 공장이 완전히 파괴되었으며, 일부 수력발전소를 제외한 거의 모든 회사와 공장 설비가 가동을 멈췄다. 즉 정도의 차이는 있지만 북한 산업 시설의 상당수가 일본인에 의해 파괴되었거나 이미 가동이 불가능한 상황이었다.

산업 시설의 반출과 소련 국내의 경제 재건에는 노동력이 필요했다. 전투를 통해 입북한 소련군이 보기에 일본군 포로는 더 없는 인적자원이었다. 더욱이 고급 기술을 연마한 엔지니어 그룹은 절대로 놓칠 수 없는, 하늘이 내린 선물이었다. 미국 측이 1945년 11월부터 북한을 비롯한 소련 점령지의 일본인 송환에 대해 협의를 요청했음에도 소련 측이 한사코 거부해온 주된 요인 중 하나는 바로 일본인에 대한 이 같은 인식 때문이었다. 1945년 10월 무렵 소련 정부의 외교인민위원부 조선 담당 정치고문 발라사노프가 북한 거주 일본인의 송환 문제를 서울 주재 미국 측 정치고문 및 일본 대표단과 논의하면서, 송환 대상자 중 산업과 운수 전문가는 예외로 다룰 것을 거론한 바 있다.[15] 소련군은 처음부터 일본인들을 본토로 돌려보낼 생각이 없었던 것이다.

사고뭉치 소련군과 그 앞잡이

패전 후 북한에서 일본으로 돌아간 사람들의 회고록 속에는 소련군의 온갖 악행과 그 앞잡이 노릇을 한 조선인에 관한 이야기로 가득 차 있다. 이들은 자신의 경험을 어렵사리 고백하기도 하고, 주변의 인물이 당한 피해상을 고발하는 방식으로 소련군의 악행을 폭로하기도 한다. 과연 이들의 기억은 모두 사실일까? 만일 사실이라면 그것은 어떤 맥락에서 발생한 것일까?

소련군의 악행과 관련해 보자면 당시 북한에 진주한 소련군은 감옥에서 급조된 '수인부대囚人部隊'로 군 기강이 문란했다는 설, 소련군 부대는 갑작스런 전투 과정을 통해 만주와 한반도에 진주했기 때문에 헌병대 파견이 지체되었다는 설, 독소전쟁기 독일인에 대한 무자비한 보복에서 보듯이 그것은 소련군의 민족성에 기초한 근본적 속성이었다는 설 등이 있다.[16] 이 문제를 이해하기 위해서는 소련군이 어떤 과정을 통해 북한에 진주했는지, 그리고 이들의 악행과 소련군 지도부의 '현지 조달' 방침은 어떠한 상관관계가 있는지를 살필 필요가 있다.

먼저 중요한 사실은 처음 북한에 진주한 소련군 선발대는 대민 업무라든가 군정을 주관하는 민정부대와는 성격이 전혀 다른 집단이었다는 점이다. 그들은 독일과 전쟁을 시작한 이래로 장기간 전쟁터를 전전하다가 해방 직전에 한반도로 전환 배치되어 함경도 외곽에서 일본군과 실전을 벌이며 남하한 전투부대였다. 따라서 오랜 기간 전쟁터를 옮겨 다니는 과정에서 몸에 밴 전장의 거친 감성과 광기 어린 일탈 심리가 이들을 지배하고 있었다.

상부의 '현지 조달' 방침도 사적인 약탈과 폭행을 조장하는 데 중요한 요인으로 작용했다. 당시 소련군과 일본군의 전투 지역인 나진에서 전란을 피해 도망하던 기무라 도메키치木村留吉 부윤은 도중에 소련군과 맞닥뜨렸다. 기무라는 1945년 7월 중순 베를린 주재 동맹통신同盟通信 특파원 4명이 나진을 거쳐 일본으로 돌아갈 때 들려준 이야기를 떠올렸다. 베를린 함락 당시 소련군의 행태가 어떠했는지를 전해 들었기에 그는 전차에서 내린 병사들이 방아쇠에 손가락을 걸고 다가오자 모골이 송연했다. 소련 병사들은 피난민 일행으로부터 손목시계, 만년필, 사진기 등을 빼앗아 재빨리 주머니에 찔러 넣었다.[17] 이것이 곧 그들에게는 급료이자 전리품이었던 것이다.

소련군의 악행은 이 전투부대가 민정부대와 교체되어 본국으로 돌아갈 무렵, 즉 9월 중순에서 하순 사이에 극에 달했고 도시 지역보다는 치안이 불안한 오지에서 자주 발생했다. 이 시기에는 심지어 사령관의 명령도 듣지 않는 상황이 빈발해 소련군 지도부조차 골머리를 앓을 정도였다. 소련군의 약탈과 폭행은 1945년 11월 이후 새로이 민정부대가 들어오는 것과 동시에, 소련 헌병대와 내사부대(MVD)가 군 기강을 바로잡으면서 상대적으로 줄어들었다.[18] 그런데 일본인의 회고록에 항상 소련군과 짝을 지어 나오는 조선인은 어떻게 설명할 것인가?

1946년 3월 남한의 일본인은 모두 돌아갔으나 북한의 일본인들은 여전히 발이 묶인 상황이었다. 이에 일본에서는 이들의 탈출을 돕고자 재외부형구출학생동맹在外父兄救出學生同盟이라는 단체가 만들어졌다. 바로 이 단체의 일원으로 가네카쓰 노보루金勝 登라는 학생이 도쿄를 출발해 평양으로 잠입했다. 그는 북조선인민위원회 위원장 비서관 한병옥에게 환담을 요청하고 일본인 송환에 협조할 의향이 있는지를 단도직입적으로 물었다. 그러자 비서관은 다음과 같이 답했다.

"지금까지 조선 민중이 저지른 불법 행위도, 또한 일본인이 탈출 도중에 당한 보안국원의 약탈 등도 이것은 지금까지의 감정이 표출된 것일 뿐 결코 정부의 의향이 아니다. 소련군 장병의 부녀자 폭행도 그들이 전쟁터에서 직접 온 관계로 기질이 거칠기 때문에 어쩔 수 없는 부분이 있다. 하여간 우리로서는 일본인을 괴롭히려는 생각은 없으며 향후에도 소련군으로부터 특별한 명령이 없는 한 일본인의 탈출은 인정할 것이다"라고 하였다. 나는 환희에 젖었다. 만세를 외치며 세화회로 향했다.[19]

한병옥 비서관의 말은 소련군의 사적인 약탈과 폭행, 그리고 그들의 길라잡이 역할을 한 조선인에 관해 중요한 시사점을 던져준다. 먼저 한병옥은 해방의 열기 속에서 조선인이 일본인에 대한 해묵은 감정을 통제하지 못해 불미스런 사건이 있었음을 솔직히 인정했다. 그리고 당시에는 그러한 감정을 통제할 만큼 치안 조직이 충분히 훈련되지 않았음도 고백했다. 그런데 동시에 생각해볼 문제는 이들에 대한 열악한 처우 또한 무시할 수 없다는 점이다. 북한에서 그나마 전역에 걸쳐 치안 조직이 정비된 시기는 1945년 9~10월 무렵이었다. 그때는 당 중앙 간부들조차 월급을 받지 못하던 상황이었으므로 말단에서 치안을 담당하던 자들의 급여는 말할 것도 없이 전무한 실정이었다. 게다가 충분한 훈련이나 교육도 이루어지지 않았다. 그 결과 일본인 재산에 대한 사적 약탈이 발생하게 된 것이다.

이 문제와 관련해 생각해볼 또 다른 문제는 소련군·조선인과 일본인이라는 가해자와 피해자의 구도 설정이 과연 당시의 현실을 제대로 반영하고 있는가 하는 점이다. 예컨대 1945년 10월 산해관을 출발해 11월 21일 나가사키에 도착한 다케우치 유키오竹內幸男 육군 연료담당관은 구 만주국 내에 있던 조선인 또한 일본인과 같은 피해를 입었음을 전했다.[20] 이러한 상황은 38이북에서도 마찬가지였다. 앞서 보았듯이 곽산에 소련군이 들어오자, 조선인 보안대에서 경보를 울린 것은 조선인도 약탈로부터 자유롭지 않았음을 뜻한다. 해주의 경우를 보면 8월 28일

해주항에 진주한 소련군이 무기를 압수한 이후 공공연히 부녀자 공출을 요구했다. 당시 조선인 보안대원은 조선인 부녀자도 내놓을 터이니 일본인도 게이샤와 창기 출신 두 명을 보내라고 했다. 그런데 9월 말로 접어들면서 부녀자의 외출이 어려울 정도로 치안이 문란해졌고, 소련군의 약탈과 폭행은 일본인뿐만 아니라 조선인 부녀자에게도 가해져 고향을 등지고 남하하는 사람이 늘었다고 한다.[21] 또한 평안북도 남시에서도 10월 말부터 부녀자에 대한 폭행이 발생하기 시작했다. 그러자 조선인들도 소련군의 악행을 비난하기 시작했고, 일본인 부녀자들에 대한 소련군의 폭행을 보다 못한 조선인 보안대원이 일본 여성을 산속이나 조선인 민가로 대피시키기도 했다. 소련군은 급기야 보안대원에게 일본인 여성을 색출하도록 명령했고, 이에 어찌할 바 모르는 보안대원이 곤욕을 치르기도 했다.[22] 이러한 정황들을 놓고 볼 때, 조선인 치안기관에 의한 약탈 행위를 소련군의 그것과 동일선상에서 논의하기는 어려울 듯하다.

여하튼 1945년 8~10월 사이는 소련군 선발대와 조선인 치안기관원, 그리고 기관원을 사칭한 자들의[23] 개인적 감정이나 원초적 탐욕의 표출 행위가 제도적으로 통제되지 못한 시기였다. 이들의 사적인 약탈은 북한의 일본인 사회를 공포로 몰아넣었고, 조선인 또한 그로부터 안전하지 못했다.

끌려간 자와 남겨진 자

아사히신문의 청진 지국장 가네모토 아쓰오兼元淳夫는 피난길에서 우연히 우메다梅田 전 웅기경찰서장을 만났다. 그런데 무슨 일인지 그의 얼굴은 피로 흥건했다. 가네모토는 1939년 도정 취재차 함경도 일대를 돌아보았을 때 우메다의 호령 하나로 마을 사람들이 마치 그의 수족처럼 움직이던 일이 생생히 떠올랐다.

우메다는 경찰 계통에서 보기 드물게 고속 승진한 인물이었다. 그것이 가능했던 이유는 그의 근무지 함경북도가 '적화赤化'의 진원지였기 때문이다. 예부터 나진·웅기·청진 일대는 적화 세력이 강하기로 유명했으며, 함경북도에서도 특히 길주·명천·성진은 남삼군南三郡이라고 해서 전국적으로 사상사건이 가장 빈번하게 일어났던 곳이다. 1931~1932년 즈음에는 경찰서가 습격을 당하고 지주가 학살되는 등 험한 일들이 많이 일어났다. 1938년 미나미 지로南次郎 총독의 '적화 분자 소탕' 지시에 따라 이 일대에서만 사상범을 비롯하여 3,000여 명이 붙잡혔을 정도다. 우메다는 바로 그 즈음에 사건의 중심지인 명천군 화태주재소에 주석으로 부임했다. 그는 부임 후 2년도 채 되지 않아 마을에서 신과 같은 존재로 군림했다. 경찰부에서도 그의 열정과 수완을 인정해 주재소 주석에서 일약 명천경찰서장으로 발탁했고, 1944년에는 다시 웅기경찰서장으로 전보 발령했다. 이때 그는 조선에서 처음으로 경찰관무공훈장을 가슴에 달았다.

천하의 우메다가 피난길에서 만난 사람은 다름 아닌 1938년 적화 분자 대소탕 작전 당시 그가 검거했던 조선인 보안대장이었다. 가네모토는 당시 상황을 다음과 같이 적고 있다.

> 보안대장은 "내 얼굴을 기억하는가?"라며 물었다. 우메다는 그를 지긋이 올려다 보고서는 "모른다"라고 했다. (…) 부대장은 그의 옷을 벗겼고, 옆에 있는 여인네

가 신고 있던 다 떨어진 게다下駄(일본 나막신)를 줄에 꿰어 그의 목에 걸어주었다. (…) "당신은 7년 전 우리를 이렇게 해서 시가지로 끌고 다녔다. 기억나지 않는가?" (…) 그때 부락 사람들이 강변에서 내려왔다. 맨앞에 선 노파는 우메다를 보자마자 마치 미친 사람처럼 울부짖으며 한 손에 쥔 빨래방망이로 그를 계속 후려쳤다. (…) 부대장은 노파를 말리며 (일본인) 피난민 무리를 향해 말했다. "여러분, 이 노파의 아들은 우메다에게 살해당했습니다. 무고한 죄로 검거되어 심한 고문 끝에 죽었습니다. 우리 고향을 훌륭하게 만들고자 했던 최고의 청년이었습니다. 우리는 불쌍한 일반 일본인에게는 어떠한 위해도 가하지 않으려 합니다. 이러한 행위는 중앙에서 강하게 금지하고 있습니다. 그러나 우리를 괴롭히고 조선을 파괴한 '경관과 군인'은 결코 용서할 수 없습니다. 부디 여러분, 우리들의 기분을 양해해주기 바랍니다. 우메다는 이 노파의 아들만이 아니라 우리 형제를, 동지를 수천 명이나 사회에서 매장했습니다. 이 깊은 한을 헤아려주기 바랍니다. 이 사람은 우리가 당했던 것처럼 이 행색으로 마을을 돈 뒤에 다음 마을로 보내야 합니다."[24]

조선인 독립운동 세력을 철저히 탄압한 공로로 고속 승진한 일본인 경찰 관료가 패전으로 인해 피난길에 올랐다가 막다른 길에서 과거 자신이 검거했던 조선인 보안대장에게 낭패를 당한 것이다.

1945년 11월 초 서울 원남동에서 살인 사건이 발생했다. 사망자는 사이가 시치로斎賀七郎라는 일본인으로, 독립운동가들 사이에서 널리 알려진 인물이었다.[25] 그는 일본 가가와현香川県 출신으로, 1930년대에 조선으로 건너와 사상경찰로 악명을 떨쳤으며 1936년 '군관학교 학생 사건'과 1942~1943년 '경성방송국 단파 도청 사건' 등 굵직한 사건을 다뤘다. 그가 경기도 경찰부 사법경찰관 시절에 담당했던 군관학교 학생 사건 관련 심문조서가 현재 약 50건 정도 전한다. 이 조서를 보면 그가 김구·김원봉·김두봉 등 주요 활동가들의 동향과 이들이 그동안 관여한 단체명 등에 대해 얼마나 치밀하게 정보를 수집했는지 알 수 있다. 특히 총 5회에 걸쳐 안재홍을 심문한 내용을 보면 얼마나 집요하게 사상을 검증하고자 했는지 확인할 수 있다. 그는 어쩌다 살해된 것일까? 당시 한 신문은 이 사건의 전말을 다음과 같이 보도했다.

일본 제국주의의 학정을 방패 삼아 고등경찰계에서 머리를 휘두르며 조선 사람의 고혈을 뽑고 참혹한 짓을 다 하던 전 도경찰부 고등과 경부 일본 향천현香川縣 출신의 재하칠랑(49)이 노상에서 권총 사살을 당하였다. 지난 2일 오후 6시 20분경 재하는 시내 원남정 124 자기 집에서 어떤 손님과 함께 쓰레빠를 끈 채로 나와 원남정 로타리를 건너 우편국 골목으로 들어서 동정 219 애갑의일愛甲義一의 집 앞에 이르렀을 때 돌연히 총성이 나면서 바른편 젖가슴에 일탄을 맞고, 둘째 번엔 머리를 맞은 후 가슴에 손을 얹은 채 쓰러졌는데, 그는 가족을 먼저 고향으로 보내고 가산 처리를 하려고 남아 있었다 한다. 옆집 사람의 말에 의하면 매일 손님이 찾아오기는 하나 만나지 못하고 그대로 돌아가는 사람이 많았는데, 어제는 뜻밖에 흉가집 같아 보이던 그 집에 환하게 불이 켜져 있었고 손님과 이야기하는 소리가 들려 퍽 이상하게 생각하였다고 한다.[26]

사이가 시치로가 살해당한 이유는 과거 조선의 독립운동을 탄압한 원죄 때문이지만, 그보다 더욱 직접적인 원인은 위험을 무릅써가며 한 푼이라도 더 많은 재산을 일본으로 챙겨 가려 한 그의 과욕에 있었다.

우메다와 사이가는 과거 비슷한 경력을 지닌 일본인이지만, 북한과 남한에서 각자가 처한 상황은 판이하게 달랐다. 우메다는 조선인 보안대원에 의해 혹독한 죗값을 치러야 했던 반면, 사이가는 비록 살해되기는 했지만 역설적으로 그 와중에도 재산을 처분하고 돌아가려는 생각을 했을 정도로 여유가 있었다. 실제로 사이가 살해 사건을 전후해 미군정은 일본인을 상대로 한 사적인 테러 사건을 엄금하겠다고 발표한 바 있다. 조선인들 입장에서 보자면 조선총독부 고관들을 단죄하기는커녕 어벌쩡 풀어준 것에 불만이 많은 상황에서 일본인을 옹호하는 듯한 미군정의 조치는 결코 이해할 수 없는 일이었다. 남한과 달리 북한에서는 소군정이 식민 지배의 실체였던 군인·경찰·관료들을 압송·투옥·억류하면서 지배 네트워크 자체를 해체해버렸다. 즉 오로지 노동력 확보에 열을 올리던 소련군은 이들을 북한 내 다른 지역이나 만주·사할린·소련 등지로 함부로 동원해갔고, 북한에 새롭게 대두한 조선인 정치세력은 구 지배세력에 대한 단죄를 남한에 비해 훨씬 강도 높게 실시할 수 있었다.

앞서 살펴보았듯이 조선군사령부는 원래 조선에 거류하던 일본인의 송환 순서를 군인 가족 → 관공리 가족 → 민간인 → 관공리 → 군인 순으로 상정하여 마지막까지 치안과 행정 시스템을 유지하고자 했다. 그러나 소련 점령 당국은 진주하자마자 1945년 8월부터 1946년 2~3월에 걸쳐 18~40세에 이르는 남성에 대한 대대적 '사냥(男狩り)'을 통해 일본군을 1,000명 단위의 작업대로 편성해 시베리아

등지로 보내버렸다. 그 밖에 행정 관료, 경찰, 사법 관계자들은 일반인과 분리하여 수용한 뒤, 그중 일부는 군인과 함께 타지로 압송하거나 투옥했다.[27]

이들의 규모는 대략 6만~7만 명 정도로 추산된다. 주요 억류 지역은 평양 지구(평양·추을·미륵동·삼합리), 함흥 지구(함흥·선덕·부평·오로), 고무산 지구(고무산·부평)였다. 일반인과 분리해서 투옥하거나 압송한 대상자는 해당 지역에 따라 약간의 편차가 있었지만, 각 도지사 그리고 경찰부장과 과장급 인사가 1차 대상이었다. 경우에 따라서는 각 도의 재무과장, 세무서장, 형무소장 등이 포함되기도 했다. 이들 중 일부는 1945년 말부터 군 포로들 약 6만 명을 나호트카와 블라디보스토크로 압송하는 과정에서 함흥 지구를 거쳐 만주의 옌지延吉 등지로 보내졌다. 옌지는 만주·북한·시베리아·사할린 등 소련 점령 지역의 노동력을 배분하는 허브 역할을 하던 곳이다. 그런데 소련 점령 당국이 이들을 압송해 갈 때 행선지를 속여 소련 본토나 타지로 보내는 경우가 많았다. 1945년 8월 15일 육군 갑종 간부후보생 13기로서 추을 조선군교육대에서 훈련을 받았던 히라노 다카지로平野高次郎는 흥남항에서 소련군의 전리품인 쌀을 비롯해 구리·납 등의 조광물과 쇠고기를 선적하는 일을 하다가 1946년 6월 승선하라는 말을 듣고, 그 배는 당연히 귀국선일 것이라고 생각했다. 그러나 배는 블라디보스토크로 향했고, 거기에서 그는 다시 코카서스 산맥 너머에 있는 수용소로 보내져 강제 노동에 투입되었다고 한다. 무상 노동력인 일본인에게 자세한 설명은 필요 없었던 것이다.[28]

한편 조선인 정치세력에 의해 투옥된 일본인들도 있었다.[29] 평안북도 내무부장을 지낸 다카하시 히데오高橋英夫의 「억류개황보고서抑留槪況報告書」에 따르면 평안북도에서는 조선임시인민위원회 보안부장 명의로 1945년 9월 2일 구 관료와

소련 점령 지구에서 돌아온 일본군

남한을 비롯한 미군 점령 지구의 일본군은 민간인보다 먼저 본토로 송환되었으나, 소련 점령 지구의 일본군은 소련 본토와 시베리아·연해주 등지로 끌려가 각종 노역에 동원된 후에야 돌아갈 수 있었다. 이들의 일본 송환은 1950년대까지 이루어졌는데, 일본 교토의 마이즈루항舞鶴港은 이른바 시베리아 억류 포로의 지정 귀환항이 되었다. 이들 중에는 사회주의자가 되어 귀환 후 일본정부를 비판하며 각종 사회운동에 투신한 사람도 있었다.

유력자 40명을 소집해 보안부에 일단 구류한 뒤, 도지사를 포함한 12명은 전범으로 평양에 송치하고 나머지는 석방했다. 그 후 1946년 1월 29일 평안북도 검찰소에서 출두 명령을 내려 관료 재직 시의 이력과 직무 내용, 과거 일본의 조선 통치에 대한 개인의 견해 등을 조사해 갔는데, 같은 해 8월에 갑자기 이들을 다시 소환해서는 인민교화소에 수감했다.

다카하시 본인은 1946년 10월에 징역 1년 6개월을 선고받았다. 죄명은 '일본제국주의를 조선에 시행한 관리의 대표'라는 것이다. 그는 죄수복 수리, 작업모 제조, 짚신 제작, 작업장 청소 등 잡역에 동원되었다가, 한 달 뒤 '2년 미만의 수형자는 일괄적으로 석방하라'는 소련군사령부의 명령으로 풀려났다.

이 보고서에 등장하는, 신의주형무소와 평양형무소에 수감되었던 일본인들의 형량과 유죄 선고 이유를 살펴보면 다음과 같다.

- 야마시타 히데키山下英樹, 징역 5년 확정
다년간 법관으로서 조선인을 압박하였고, 특히 조선인 사상범(공산주의자·독립운동가)에 대해 사형, 무기징역 등 가혹한 판결을 내린 '악질 전직죄'에 상당함.

- 하마다 미사코浜田みさ子, 징역 5년 확정
훈도 재임 중 조선인 아동이 짓궂은 장난(惡戱)을 하였다고 소화전을 뿌려 상해를 입힌 것은 조선인을 열등시한 것으로 '상해죄'를 구성함(이 범행은 수년 전의 일이고 식민지 시기에 이 행위로 인해 퇴직했지만, 정작 당시에는 범죄로서 문제시되지 않았다. 종전 후 조선인 측에서 이를 문제 삼았으니, 분명히 복수 차원에서 처벌한 것임).

● 하마다 이치조浜田藏, 제1심 무기징역 항소 중

20여 년 전 국경경찰로 근무 중 누누이 경찰공로장을 받은 것은 신성한 조선 독립을 위한 혁명 분자를 박해한 것으로서, 이것은 증오할 만한 '살인죄'가 됨.

● 이나다 교이치稻田京一, 제1심 징역 10년 항소 중

대정大正 8년(1919) '조선 독립만세 사건' 시 소방대원으로 정주 시내의 경계를 담당하였는 바, 곳곳에서 소동 중인 조선인 수 명을 살해한 것은 조선 독립 혁명가에 대한 '살인죄'를 구성함(이처럼 일본인에 대한 처벌은 모두 '견강부회'로서 복수적 성격이 강한 죄명을 붙였다. 특히 '20여 년 전'의 행위까지도 추급하는 것은 매우 집요하다 하겠다).[30]

북한의 일본인 중 식민 통치와 직결된 남성들은 점령군이나 새롭게 들어선 현지 정권에 의해 투옥·압송·억류되었다. 이 같은 조치는 식민 잔재의 청산을 비롯해 과거 악행에 대한 처벌 등 다양한 동기·명분·필요가 뒤얽힌 상황에서 취해졌다. 결과적으로 이 조치는 식민지에 거류하던 일본인 사회에 '국가 부재'를 인식케 했으며, 남겨진 부녀자와 노약자들에게는 '가족의 이산'으로 다가왔다. 특히 남성 부재의 상황은 곧 가장의 부재를 뜻하는 것으로, 남겨진 부녀자들에게 생활난과 심리적 동요를 가중하는 요인이 되었다. 1946년 4월 38도선을 넘어 일본 야마가타현으로 돌아간 에구치 쓰토무江口勉라는 일본인은 이러한 상황을 "평양의 밤은 독립운동의 열기로 불타, 한 발짝도 문밖으로 나가지 못했다. 다음 날 소련의 지령으로 노약자·부녀자는 남성들과 격리되어 그리운 부모와 부부 사이의 생이별이 벌어졌다"라고 묘사했다.[31]

일본인도 꺼리던 만주 피난민

패전 후 한반도에서 일본으로 돌아간 일본인 규모는 통계에 따라 편차가 크다. 대략적으로 볼 때 최소 92만 명에서 100만 명 정도가 돌아간 것으로 추계하고 있다. 그중 민간인은 약 72만 명 정도로, 남한이 약 42만 명, 북한이 약 30만 명에 달하는 것으로 보인다.[32] 북한에서 돌아간 일본인 중에는 5만~6만여 명의 만주 피난민이 포함되어 있다. 이들은 피난 직후부터 대단위 집단생활을 했으며, 대개는 오래 전부터 북한에 거주하던 재주 일본인보다 훨씬 더 열악한 상황에 처해 있었다. 1945년 8월 9일 관동군의 통화通化 지역 이전이 확정되면서 만주에 있던 상당수의 일본인이 북한 지역으로 들어갔다. 이렇게 옮긴 사람들의 규모는 대략 7만 명 정도로 추정된다. 그중 90% 정도가 관동군의 피난 명령이 가장 빨리 전달된 신경新京(지금의 창춘長春)과 펑톈奉天에 거류하던 일본인들이었는데, 이들은 대부분 관동군 가족이거나 만철(남만주철도주식회사)과 만주국 관청 직원의 가족들이었다. 이들은 1945년 8월 24일 평양에 '서선西鮮 지구 만주 피난민 총본부'를 설치하고, 정주에는 평북 지부를 두었다. 그런데 8월 말과 9월 초 만철과 만주국 관청 관계자 중 17,000여 명이 가족을 찾아 다시 만주로 떠났기 때문에 나머지 5만~6만여 명만 북한에 남게 되었다. 바로 이들이 기존에 북한에서 생활하던 일본인과 같이 현지에 억류되어서 짧게는 반년 길게는 일 년 정도 함께 생활한 뒤 탈출하게 되는 것이다.

짧은 기간 동안 같이 살았지만 기존의 북한 '재주 일본인'과 '만주 피난민'은 여러모로 다른 점이 많았다. 진남포의 경우를 살펴보자. 패전 직후 이곳의 일본인 인구 16,000여 명 중 재주 일본인과 만주 피난민의 비율은 약 5 : 5였다. 따라서 이 지역의 상황을 보면 양 집단의 북한 체류시 생활상을 명확히 대비해 볼 수 있다.

소련군이 진주한 초기에 진남포에서는 기존 지폐가 그대로 통용되었고, 타 지역에 비해 개인 재산의 동결이나 몰수가 철저히 이루어지지 않았다. 덕분에 이 지역의 재주 일본인들은 노동에 의한 수입이 없었음에도 경제적으로 비교적 여유가 있었다. 적어도 1945년 늦가을 때까지는 패전 후 사회적 지위 하락에 따른 큰 충격은 없었다. 이곳의 일본인들은 남한의 일본인과 달리 억류된 상황에서 소련군과 인민위원회에 주택을 접수당해 비록 한 집에서 여러 세대가 함께 생활하는 불편함을 겪어야 했지만, 김일성을 중심으로 한 신정권이 들어서기 전까지는 잔류할 의사도 있었다고 한다.

그런데 진남포의 만주 피난민들은 뒤늦게 신경(창춘)에서 내려와 평양으로 들어가지 못하고 어쩔 수 없이 흘러들어온 사람들이었다. 이들은 재주 일본인과 달리 공장 창고나 강당 등 임시 숙소에서 다다미 1장(90×180cm)에 2~3명이 지내는 단체 생활을 했다. 피난민단의 약 90%는 부녀자와 노약자였다. 뒤에서 자세히 살펴보겠지만, 바로 이 집단 안에서 1945년 동절기에 사망자가 대거 발생했다.[33]

물론 진남포 재주 일본인 중에도 일정한 성향의 차이는 있었다. 이를테면 관사에서 살던 관료나 일본에 본사를 둔 대기업 사택에 거주하던 회사원들은 곧바로 귀환하기를 희망했다. 하지만 남한의 일본인과 마찬가지로 북한에서도 해당 지역을 오래 전부터 개발해온 사람이거나 그곳에서 선대의 가업을 이은 2세들은 거류민단을 조직해 어떻게든 잔류하고자 했다. 진남포경찰서의 순사였던 히비야 시

일본 귀환항 부근 수용소에 짐을 푼 일본인들

북한의 일본인들은 일정 기간 억류 생활을 거쳐 탈출이라는 방식으로 귀환했다. 특히 만주 피난민이라든가 북한 내 전투가 벌어진 지역에서 평양이나 함흥 등지로 피난한 사람들은 많게는 수천 명 단위의 집단 수용소에서 공동생활을 해야 했다. 이러한 공동생활은 개인의 사생활을 빼앗고, 정신적 피로를 누적시켜 잦은 다툼을 초래했다. 또한 생활난으로 인해 도난 사건이 빈발하면서 살풍경을 빚어내기도 했다. 이들은 일본에 도착한 후에도 바로 항구에 내리지 못하고 일정 기간 바다 위에서 검역 과정을 거쳐야 했으며, 본토에 지인이나 친척이 없을 경우에는 귀환항 부근의 임시 수용소를 비롯해 정착지의 귀환자 수용소에서 지내야만 했다.

게이치日〻谷茂市는 식민지 시기의 진남포를 "사과밭이 펼쳐진 평화로운 땅, 태평양전쟁도 잊을 만큼 평화로운 땅"[34]으로 기억했다. 그는 오랜 기간 일본인들이 건설한 공장 시설을 일본인으로 하여금 직접 뜯고 나르도록 하여 불과 10일 만에 반출해간 소련군을 원망했다. 소련군만 없었어도 진남포의 평화는 지속되었을 것이라 생각했다. 이와 같은 조선에 대한 망향의 정서는 오랫동안 재주한 일본인들에게서 공통적으로 발견되는데, 이들은 하나같이 '자신들의 고향은 북선(북한)이며, 안주할 땅도 북선밖에 없다'는 생각이 지배적이었다. 적어도 1945년 9~10월 국면까지도 대부분의 진남포 재주 일본인들은 일본 본토를 오히려 '외지'로 생각했고, 신생 북한 정권 아래서도 생활 기반을 확립할 수 있을 것으로 내다보았다고 한다.[35]

그러면 줄곧 한곳에서 생활한 재주 일본인과 만주 혹은 북한 내 타 지역에서 온 피난민을 굳이 나눠 살펴보는 이유는 무엇일까? 그것은 첫째, 구 일본제국이 원천적으로 안고 있던 다양한 균열이 북한이라는 같은 공간에 억류된 일본인 집단 안에서도 확인되기 때문이다. 둘째, 흔히 북선 귀환자로 유명해진 사람들의 수기가 실상은 북한 내 특정 지역에서 오랫동안 뿌리를 내리고 생활한 일본인이 쓴 것이 아니라, 만주 피난민 혹은 북한 내 타지에서 피난 온 사람이 쓴 것이 대부분이기 때문이다.

1945~1946년 한겨울에 자식을 잃은 모리모토 아야森本あや는 피난 초기에 지역 세화회 알선으로 피난민 수용소에서의 공동생활을 접고 40일 만에 재주 일본인 집에 동숙하게 되었다. 그러나 피난민은 불결하고 냄새가 나서 상대하지 않는다느니, 이가 옮으면 곤란하다느니 하며 제발 빨리 나갔으면 하는 눈치를 주었다

면서 "처음으로 '동포'의 냉정함을 느꼈다"고 회고했다.³⁶ 이러한 갈등은 1946년 봄부터 시작된 남하 탈출 과정에서도 그대로 재연되었다. 재주 일본인과 만주 피난민은 서로 돕기도 했지만 대개는 따로 탈출 조를 짰고, 이동에 필요한 돈도 따로 관리하는 경우가 많았다. 탈출 루트마다 길목을 지키고 있는 소련군이나 조선인이 금품을 요구할 때면 재주 일본인들은 아무것도 없는 피난민의 몫까지 대신 내줘야 하는 경우가 많아 처음부터 피난민과 함께 탈출하는 것을 기피했다.³⁷

한때 구 일본제국은 해외 일본인은 물론이고 식민지민을 전쟁에 동원하기 위해 '대동아 10억의 해방을 위한 성전'을 대대적으로 선전했다.³⁸ 그러나 일본인과 식민지민 사이의 원천적 균열은 패전과 동시에 시작된 일본인에 대한 대대적인 추방 움직임으로 불거져 이미 봉합할 수 없는 상태였다. 그렇다면 해외의 일본인들이라도 제대로 묶어세웠을까? 앞서 남한의 사례에서 보았듯이 고위 관료, 군인, 경찰 간부, 그리고 자본가와 대기업의 중역들은 재산 반출에만 골몰하며 제일 먼저 도망하거나 어떻게든 따로 돌아가려고 했다. 이러한 균열은 처지를 놓고 보자면 '도토리 키 재기'나 다름없는 북한 일본인 사회에서도 재주 일본인과 피난민 사이의 갈등과 불신으로 나타났다. 과거 일본인들은 조선인에게 정체성·위생·근면의 잣대를 들이대며 근대화·문명화된 일본인(내지인)이라는 우월감을 바탕으로 집단적 자기 정체성을 공유해왔다.³⁹ 하지만 종전을 계기로 그러한 허상 아래 복류하던 균열이 선명하게 드러난 것이다. 이 균열은 해외 일본인 내부에서만 끝나지 않았고, 본토인과 해외 귀환자 사이에 더욱 큰 파장으로 전개되었다. 남한의 일본인보다 불쌍한 북한의 일본인, 북한의 일본인 중에서도 제일 불쌍한 만주 피난민이라는 등식은 하카타 등 일본 귀환항에 도착하는 순간 더 이상 의미가 없어졌다. 본토인 입장에서는 외지에서 돌아오는 모두가 자신의 삶을 더욱더 어렵게 만드는 민폐 집단일 뿐이었다. 단적인 예로 해외 일본인들은 점령군으로부터 '선량한 처자'를 지키기 위해 게이샤와 창기들을 위안대로 삼고자 했으나, 본토에 도착한 순간 결국 모든 부녀자는 외지에서 돌아왔다는 이유만으로 똑같은 취급을 받았다. 사춘기 소녀부터 폐경기의 부녀자까지 귀환항 트랩에 올라 부인과 검사대에 눕는 순간, 이들은 동포로부터 받는 멸시와 차별이 얼마나 깊은 상처로 자리 잡는지 절감했다.

　북한의 일본인 사회도 제국의 붕괴로 생긴 총체적 균열에서 자유로울 수 없었으며, 그것은 척박한 거류와 귀환 환경으로 인해 인간 본성의 밑바닥을 드러내는 적나라한 방식으로 나타났다. 그러한 의미에서 남북한을 막론하고 일본인의 본토 귀환과 정착 과정은 강고한 지배체제 속에 숨어 있던 구 제국의 균열이 도처에서 드러나고 확대 심화되는 일련의 과정이었다.

5. 뒤집어진 세상을 원망하며

뒤바뀐 운명

경성제국대학 이과교원양성소에 다니던 도코 요시마사(都甲芳正)는 패전 소식을 듣고 가족이 살고 있는 평안북도 정주로 돌아왔다. 그는 이제 먹고살기 위해서라면 무슨 일이든 해야만 했다. '일본인은 모두들 열심히 일한다'는 소문이 돌면서, 같은 마을의 조선인 집에서도 그에게 일거리를 주기 시작했다. 이 일 저 일 하면서 육체노동이 몸에 익어갈 무렵, 주말에는 마을에 하나밖에 없는 공중목욕탕에서 일하게 되었다. 아침 일찍 욕조에 물을 받고 장작을 때 물을 데우는 일은 그다지 어렵지 않았다. 그러나 조선인과 대면하면서 상처받은 마음은 좀처럼 추스를 수 없었다.

조선인들은 일부러 다른 사람도 들으라는 듯이 여기저기서 더운물을 가져오라고 했다. 그럴 때마다 그는 "네"라고 답하며 곧바로 물을 대령해야 했다. 때로는 꼬마 아이조차 "야! 이르본(일본) 도깨비, 설렁설렁 놀지 말고 빨리 물이나 푸라고" 하면서 야단을 쳤다. 어이가 없었지만 먹고살려면 어차피 감수해야 할 일이었다. 오히려 더 기분 나쁜 것은 일본인들의 처지를 이해하는 척하면서 은근히 염장을 지르는 작자들이다. 벌거벗으면 다 똑같은 인간이라는 둥, 패전 덕분에 목욕탕에서 시중드는 '일본인 나리'를 뵙게 되었다는 둥, 혼잣말하듯 비꼬는 말투는 정말로 참기 어려웠다. 얼마 전에는 같이 일하는 아줌마가 고무장화를 두 손에 쥔 채 헐레벌떡 뛰어왔다. 자초지종을 들어보니 기모토(木本) 씨가 예전부터 데리고 일하던 '오야마(大山)'라는 조선인이 자신을 희롱하려고 했다는 것이다. 평소에도 아줌마 주변을 어슬렁대며 치근대던 그였다. 그는 "요즘 (일본 사람들) 힘들지?" 하면서 아이에게 건네줄 것이 있다며 꾀어내 아줌마를 와락 끌어안았다고 한다. 만일 아줌마의 남편이 어디론가 끌려가지 않았다면 이런 일도 없었을 것이다. 아줌마의 말을 듣는 순간 도코는 피가 거꾸로 솟는 듯했고 당장이라도 달려가 그에게 찬물을 한 바가지 뿌려주고 싶었으나, 그저 마음뿐이었다.[1]

 이런 현상은 말 그대로 세상이 뒤집어지면서 나타났다. 불과 20여 년 전만 해도 이런 일은 상상도 할 수 없었다. 1919년 3·1운동으로 매운 맛을 톡톡히 본 조선총독부는 문화정치를 표방하면서 일본인과 조선인의 차별을 없애겠다고 했다. 하지만 그 후로도 한동안 조선인에게 목욕탕은 감히 넘볼 수 없는 성역이었다. 1922년 경기도 경찰부는 일본인이 운영하는 목욕탕에서 조선인을 문전박대해 잡음이 끊이지 않자 업주들에게 시정 명령을 내리기도 했다. 그러나 경성 남미창정南米倉町(현재 남창동)의 '흑수탕'이나 태평로의 '홍엽탕'과 같은 도심의 유명 목욕탕에서는 여전히 조선인을 들이지 않았다.

 지방의 경우에도 이 같은 사정은 다를 바 없었다. 1925년 전주 이리의 일출목욕탕 앞에서 조선인과 일본인 사이에 패싸움이 크게 벌어졌다. 이유인즉 목욕탕 주인이 모처럼 김제에서 목욕을 하겠다고 찾아온 조선인 6명을 문간에서 쫓아냈기 때문이다. 공교롭게도 그날은 만경강 수리시설 개축 기공식이 열려 전국에서 수많은 군중이 몰려들었다. 당시 만경강과 동진강 일대는 매년 되풀이되는 수해를 예방하고, 전북 지역에서 생산되는 쌀을 일본으로 반출하고자 조선총독부가 대아댐 건설 등을 하며 무척이나 공을 들인 곳이다. 이 개축 기공식은 해방 후 계화도·새만금 간척 사업에 비견될 만큼 대대적으로 선전했기 때문에 행사 관계자를 비롯하여 각지에서 사람들이 모여들었다. 그런데 목욕탕 출입 문제로 조선

인과 일본인 사이에 그만 대규모 패싸움이 벌어진 것이다.[2]

한편 이 사건이 발생하기 두어 달 전에 개장한 인천 월미도 조탕의 경우는 다른 목욕탕과 사정이 약간 달랐다. 월미도 조탕은 인천유원주식회사가 조선은 물론이고 향후 일본 본토의 관광객을 유치하고자 준비한 회심의 프로젝트였다. 개장과 함께 내세운 입욕료 반액 할인은 당시로서는 획기적인 홍보 전략이었다. 아울러 조선인 부유층을 겨냥한 듯 여러 명의 조선인 여급사를 특별히 고용했다고 선전했다.[3] 그러나 이것은 대규모 관광객이 모여드는 유원지였기 때문에 가능한 일이었다. 주로 일본인이 운영하던 마을 목욕탕은 여전히 조선인이 드나들기 어려운 곳이었다. 실제로 앞서 본 것처럼 경기도 경찰부에서 업주들에게 시정 명령을 내렸지만 조선인에 대한 입욕 거부는 계속되었다. 그뿐 아니라 대표적 일본인 촌 경성 진고개 일대의 일본인 상점에서는 설령 조선인이 제값을 치르고 물건을 구입하더라도 걸인 취급을 받기 일쑤였다. 결국 일본인들은 돈 몇 푼 안 벌어도 괜찮고, 행정지도 위반으로 벌금을 내더라도 상관없으니 조선인과 같은 욕조에 몸을 담그지 않겠다는 것이다.[4]

조선인에 대한 목욕탕 입욕 거부가 한창 사회문제가 된 1920년대에는 '파리잡이'가 성행했다. 1924년 경기도에서는 파리를 잡는 데 총 7,300여 원의 예산을 사용했는데, 그 가운데 서울에서만 2,200원가량을 지출했다. 경성에서 시작된 파리잡이는 곧 지방으로 번졌다. 전염병을 옮기는 파리를 잡아오면 각 지방관청에서 약간의 돈을 주었기 때문이다. 경기도 양평군에서는 파리 100마리를 가져오면 1전씩 주었는데, 10일도 채 안 지나 무려 6만 마리를 잡아왔다고 한다.[5] 파리잡이 사업은 점차 과열 조짐을 보이더니, 이것이 도나 군 단위의 지역 사업이었음에도 불구하고 돈벌이를 위해 심지어 다른 지방에 원정까지 가서 파리를 잡아 오는 폐해가 나타나 1930년대까지 폐지와 부활을 반복했다. 일본인들은 이렇게 문화 수준이 낮고 구질구질한 조선인과는 잠시라도 같은 공간에 있기가 싫었다. 혹여 조선인을 목욕탕에 들여보냈다가 만일 일본인 손님에게 병이라도 옮긴다면, 동네 사람들을 상대로 얼굴장사하는 목욕탕 사업은 그대로 접을 수밖에 없다. 일본인에게 조선인은 곧 바이러스 그 자체였던 것이다.

1927년 『현대평론』 잡지에 최서해가 기고한 「이중二重」이란 소설에는 이러한 상황이 적나라하게 묘사되어 있다. 이 소설 속의 주인공은 일본인촌인 경성부 약초정若草町(현재 중구 초동)으로 이사를 갔다. 얼마 후 주인공의 아내는 자신의 집에 자주 수돗물을 받으러 오던 앞집의 일본인 할머니와 동네 목욕탕에 갔다. 그런데 아내가 목욕탕은 들어가보지도 못하고 문전박대를 당했다며 울면서 돌아와 주인공에게 다른 곳으로 이사를 가자고 했다. 화가 치민 주인공은 혼을 내주겠다며 목욕탕으로 뛰어갔지만, 도중에 만난 친구가 "아아, 안돼 안돼! 요보ヨボ(일본인이 조선인을 비하하여 부르던 말)는 일본인 목욕탕에 들어갈 수 없어. 일본 하오리(일본의 전통 마고자)에 게다(나막신)를 신고 가면 들어갈 수 있지만, 조선 옷 입은 사람은 넣어주지를 않아"[6]라고 했다. 결국 주인공은 혼내주겠다는 마음을 접고 집으로 돌아왔다. 그리고 얼마 되지 않아 집을 비워달라는 집주인의 통고를 받았다. 주인공은 아마도 '목욕탕 사건'이 동네 일본인 사회에서 문제가 되었기 때문이라고 생각했다. 이 소설은 조선인 차별을 소재로 다루었다는 이유로 당국으로부터 판매 금지 처분을 받았다.

최서해는 이 소설 말미에 "생각하면 우리는 이중의 비애를 지니고 있다. 조선인이기 때문에, '요보'이기 때문에 입장을 거절당한다. (…) 이 가슴 깊이에 쌓이고 쌓였으며 혈관이나 세포에 깊이깊이 또 무겁게 스며들어가고 있는 이중의 비애"라고 적고 있다. 근대 이래 일본인들은 기품 있는 부자인 극소수의 '양반'과 멸시받아 마땅한 대다수의 '요보'라는 정태적 시각으로 조선인을 바라보았다. 소설 속의 주인공은 조선인이고, 돈 없고 배경도 없는 일반 서민으로서 일본인들이 '어이!' 하며 조선인을 업신여겨 부를 때 사용하는 일개 요보였던 것이다.[7] 20년이 지나 도코가 목욕탕에서 어느 조선인으로부터 들은 '패전 덕분에 일본인 나리를 뵙게 되었다'는 말은 단순히 비꼬는 말이 아니라, 이 소설의 주인공처럼 가슴속에 오래도록 묻어두었던 한을 표출한 것이다.

　도코의 일상에서 보듯이 짧게는 반년에서 길게는 일 년 동안 '패전 국민'으로서 조선인과 함께 살아야 했던 북한의 일본인들은 지난 수십 년 동안 조선인들이 느꼈던 비애를 압축된 형태로 단기간에 체험했다. 이렇게 뒤바뀐 운명은 무척 생경한 체험이었고, 갑작스레 찾아왔기 때문에 그에 따른 삶의 낙차가 더욱 크게만 느껴졌다.

생경한 집단생활

　이와오카 기미코岩岡きみこ는 소학교 4학년 때인 1925년에 철도원인 아버지를 따라 조선에 왔다. 그녀는 경성관립사범학교를 졸업하고 평양에서 교직 생활을 하던 중 남편을 만났다. 남편은 패전 때까지 평안남도 강서군의 문동소학교 교장

을 지냈다. 그 덕에 패전 직후에도 남편 학교에 근무하던 이 선생과 박 선생이라는 조선인이 그녀 가족을 지켜주겠다면서 목도를 들고 와 공포감이 덜했다. 하지만 중소 도시에 머무는 것이 마음이 놓이지 않아 친척이 있는 평양으로 갔다. 8월 말 평양에 도착한 이와오카 가족은 친척집에서 10여 일을 보내다가 곧 관사에서 쫓겨나 철도원 합숙소에 들어갔다. 그 후 그의 가족은 철도원이 아니라는 이유로 다시 친척들과 헤어져 대동강 건너편에 있는 허름한 독신자 숙소에서 지내야 했다.

그녀의 회고에 따르면 그곳에서는 서로 모르는 사람들이 함께 살았는데, 자신의 가족 4명 외에도 만주에서 도망 와 숨어 있는 군인 2명, 임산부 1명, 다른 가족 3명, 그리고 북한 내 타 지역에서 온 남자와 여자 각 1명이 다다미 8장 크기의 방 한 칸에서 다 같이 지냈다고 한다. 산술적으로 계산하면 1인당 약 0.5평($1.65m^2$)의 공간이 할당된 것이다. 이렇게 열악한 곳에서 지내다 보니, 사람마다 생활 습관도 다른 데다 생필품도 부족해서 맘고생이 많았다. 게다가 모두들 여름에 이동한 터라 이불 등을 챙겨온 사람이 없었다. 서로 모르는 사람들과 어쩔 수 없이 한 이불을 사용해야 했으므로 여러모로 불편했다. 그녀는 얼마 후 다행히 예전에 가르쳤던 조선인 제자를 만나 그 집으로 이사하면서 지긋지긋한 이곳 생활을 접을 수 있었지만, 다른 사람들은 내내 그곳에서 탈출할 기회만 엿보았다. 비교적 운이 좋았던 그녀의 가족도 탈출할 때까지 총 다섯 번이나 이사를 해야 했다.[8]

이와오카가 회고하듯이 해방 후 북한에서 일본 본토로 돌아간 일본인들이 귀환 전 체류 기간 동안 잊을 수 없는 고통으로 손꼽는 것이 바로 살던 집에서 쫓겨나 좁은 공간에서 생면부지의 사람들과 이리저리 부대끼면서 속 썩었던 경험이다. 이러한 집단생활은 소련군 진주와 동시에 시작되어 탈출, 즉 남하한 후에도 미군 수용소나 경성일본인세화회가 관할하던 수용 시설로 이어졌다. 송출항 부산과 귀환항 하카타 등지에서도 공동생활을 피할 수 없었다. 심지어 본토 귀환 후에도 고향의 친척이나 지인의 집에 얹혀살아야 했으며, 그마저도 연고가 없는 사람은 해외 귀환자를 위한 정착촌이나 수용 시설 등에서 계속 더부살이를 해야만 했다.

이들의 귀환과 정착 과정은 언제 끝날지도 모르는 넌더리 나는 집단생활에서 오는 정신적 피로, 마땅한 정보도 없이 매 순간 거의 도박에 가까운 중대 결정을 내려야 하는 긴장감, 그리고 생존 본능에서 비롯된 이웃과의 크고 작은 다툼으로 점철되었다. 특히 북한에 발이 묶여 있는 상황에서는 과거와 다르게 무엇 하나 제 힘으로 할 수 없다는 무력감과 함께 소련군과 조선인이 자신의 생명과 재산을 언제 어떻게 처리할지 모른다는 불안감마저 더해졌다. 이러한 고난에 찬 억류 생활은 일본인 주택의 접수와 강제 퇴거, 그리고 그에 따른 집단 거주에서부터 시작되었다.

북한에서 일본인 주택의 접수는 대략 1945년 8월 말부터 시작되었다. 접수 시기와 방식은 소련군의 진주 시점과 각 지역의 정치 지형에 따라 다양한 형태를 띠었다.[9] 황해도 해주의 사례를 보면 1945년 8월 제일 먼저 관공서·관사·사택, 9월 말부터는 상점, 그리고 뒤이어 일반 가옥 순으로 접수 대상을 확대했다. 이것은 북한에서 이루어진 주택 접수의 일반적 유형이었다. 관공서와 사택을 먼저 접수한 이유는 이 건물들이 대개 규모가 크고 식민기구나 대기업에 몸담은 직원들이 살았던 곳이기 때문이다. 점령군은 진주한 뒤 곧 행정기관을 장악했고, 각 단위 사업장에서는 조선인 종업원의 자주관리운동이 강도 높게 전개되어 일본인 직원들은 직장은 물론 사택에서도 쫓겨났다. 당시 해주항에는 조선시멘트·스미토모住友·가네보鐘紡·서선중공업西鮮重工業·조선화약 등의 공장단지가 있었는데, 이곳의 일본인 종업원들은 8월 18일 사택에서 쫓겨나 한곳에 집단 수용되었다.[10]

비교적 이른 시기에 사회주의 세력이 인민위원회를 조직한 신의주에서는 해주와 달리 1945년 9월 초부터 곧바로 주택 접수가 시작되었다. 접수 방식을 보면, 그 지역의 보안부장이 맘에 드는 건물을 임의로 지정해 퇴거명령서를 발행하는 형식으로 진행되었다. 퇴거 기한은 대략 5일 정도를 주었는데, 심한 경우 당일 퇴거령을 내리고 그 즉시 집을 비우게 하기도 했다. 만약 명령을 거부하면 '건국의 비협력자'라고 하여 유치장에 감금했다. 퇴거시에는 소지품과 가재도구의 반출에 대해 보안서의 허가를 받도록 했다. 대략 11월까지 진행된 주택 접수에 따라 대부분의 일본인은 이사를 해야만 했는데, 2~3회는 기본이었다. 공교롭게도 이사한 곳이 얼마 후 접수 대상으로 추가 지정되면 또다시 거처를 옮겨야 했기 때문에 많게는 10차례나 이사한 경우도 있었다고 한다. 그 결과 과거 2,500호에 달한 일본인 집은 약 1,000호로 줄었고, 가용 면적도 크게 줄어들어 다다미 1장(90×180cm)에 평균 1.5명이 생활했다.[11]

재주 일본인보다 더 열악한 거주 환경에 놓였던 사람들은 만주 피난민 등, 소련군과 일본군이 전투를 벌인 지역에서 전란을 피해 이동한 일본인이었다. 이들은 대개 평양을 중심으로 한 서북 지역과 함흥을 중심으로 한 동북 지역에 집중되었다. 피난 초기 이들은 해당 지역 일본인세화회의 알선을 통해 재주 일본인 가정의 양해를 얻어 잠시 머물거나, 안전을 위해 학교나 사찰 등지에서 공동으로 거주했다. 그런데 평양의 경우 9월 중순 인민위원회가 조직되자마자 공공건물의 접수가 시작되었고, 조선인 학교도 개학을 맞이하는 바람에 이들은 다시 거처를 옮겨야만 했다. 특히 많은 사람이 함께 수용된 대규모 건물이 접수되면, 이들을 분산 배치할 장소가 마땅치 않아 당국으로서도 애를 먹었다. 1945년 9월 말 평양에서 가장 큰 규모의 피난민 수용소였던 평양고등여학교의 경우를 보면 수용 인원이 무려 2,700명이나 되었다. 당국은 이들을 불과 4시간 만에 유곽 지역으로 강제 이전시키고, 다다미 6장 크기의 방에는 24명, 4.5장 크기의 방에는 20명씩 수용했다. 다다미 1장은 보통 성인이 누우면 꽉 찰 정도의 크기이니, 여기에 4~5명이 들어앉은 셈이다.[12]

　서북 지역과 더불어 만주 피난민이 일거에 많이 유입된 함경도 지역의 상황은 더 열악했다. 함흥부의 경우 해방 이전 재주 일본인은 약 12,000명이었는데, 피난민들이 몰려들기 시작하면서 많을 때는 일본인 체류자가 35,000명까지 불어났다. 만주 피난민은 급한 대로 재주 일본인 가정에 신세를 지며 살았으나, 1945년 9월 당국이 일본인 주택을 접수하면서 여기에 살던 피난민들을 구 유곽 지역으로 일괄 강제 추방했다. 당시 유곽 한 곳에 최대 900명 가까이 수용했는데, 다다미 6장 크기의 방 하나에 20~25명이 생활하기도 했다. 가옥 접수에 따른 공동생활은 급기야 기존의 함흥 재주 일본인에게도 파급되었다. 그 결과 1945년 8월 15일 이전 함흥의 일본인들은 1호당 5.3명이 거주했으나, 패전 후인 12월에는 1호당 거주 인구가 무려 26.2명에 달했다. 즉 1주택에 평균 5~6가구가 동거한 것이다.[13]

　일본인 주택의 접수와 퇴거·수용은 대개 강압적인 방식으로 이루어졌지만, 원산의 경우 소련군, 조선인(인민위원회), 일본인(세화회)이 비교적 지속적인 협의를 거쳐 주거 문제를 해결해 나가고자 했다. 원산 인민위원회 총무과장은 해방을 맞이해 북한에 재주하거나 피난 온 일본인보다 더 많은 수의 조선인이 해외에서 돌아오자 주택난 해결에 골치를 앓았다. 마침내 이 문제를 해결하기 위해 일본인세화회 측에 다음과 같이 제안했다.

> 마쓰모토松本 씨도 잘 알고 있겠지만 소련군 기관이 늘어나 원산에서 괜찮다는 건물은 죄다 소련군에게 넘어가고 우리 조선인도 주택이 없어 고생하고 있으니, 이들이 일본인과 동거할 수 있도록 세화회에서 알선해주시오.[14]

이에 세화회장은 각 정회町會에 연락을 취했고, 동거에 반대하는 일부 재주 일본인을 설득하여 결국은 양해를 얻어냈다. 그래서 '바깥채는 조선인이, 안채는 일본인이' 사용하는 방식을 취했다. 당시 조선인과 일본인의 동거는 비교적 원활하게 이루어졌다고 한다. 덕분에 일본인이 돌아갈 때에는 가재도구를 값싸게 조선인에게 넘겨주었고, 일본인이 점령 당국의 경제활동 제재로 불편을 겪거나 시급히 일용품을 구할 경우에는 조선인을 통해 구입함으로써 서로 편의를 도모했다.

원산의 사례는 일본인이 소련군의 이동 금지 조치에 따라 그대로 잔류하고 있는 상황에서, 과거 외지로 나갔던 조선인이 유입되어 발생한 비상 국면을 서로 양보하고 협력해 지혜롭게 극복했다는 점에서 주목할 만하다. 이 사례가 중요한 의미를 갖는 또 다른 이유는 1930년대 중반 이후 조선총독부가 머리를 싸매고 고민했던 사회문제 중 하나가 조선의 만성적인 주택 부족이었기 때문이다.

뼈에 사무치는 삶의 낙차

패전 후 강제 퇴거에 따른 공동 거주와 집단생활의 어려움은 일본인만 심하게 겪었던 것일까? 어쩌면 그것은 식민지에서 지배자로 생활하면서 누린 특권이 갑작스레 박탈되었기 때문에 더 크게 느껴진 것은 아닐까?

중일전쟁 이후 조선총독부는 조선의 주택 문제를 전쟁 수행을 위한 후방의 사회 인프라라는 관점에서 바라보았다. 말하자면 식민기구로서도 군수품의 안정적인 생산, 그리고 이를 뒷받침할 노동력의 유지와 재생산을 위해 조선의 절대적인 주택 부족 문제를 더 이상 방치할 수 없었다. 경성부가 1939년 처음으로 주택난 조사에 나선 것도 이런 배경 때문이다. 조사 결과는 참담했다. 경성부의 주택은 약 8만 2,000동이었는데, 14만 8,000 가구 중 6만 6,000 가구가 집이 없었다.[15] 그 결과 부랴부랴 신축 계획을 세워 주택 부족을 해결하고자 했으나, 전시체제기로 접어들면서 재정과 자재 부족으로 공사가 제대로 진행되지 못했다. 오히려 주택 신축 계획이 발표되고 나서 지은 새 집보다 철거된 불량 주택이 더 많았다.

경성이 이러한 상황이었으므로 1930년대 급속한 공업화·도시화가 진행된 북한의 주요 도시는 더 말할 것도 없었다. 평양의 경우 도시 개발이 진행됨에 따라 땅값이 1933년 기준으로 1936년에는 10배까지 뛰었다.[16] 그 영향으로 집세가 3배가량 오르자 서민의 생활은 더욱 어려워졌다. 지가 상승으로 주택 공급이 어려워진 상황에서 집세만 천정부지로 치솟다 보니, 1942년 평양과 진남포 일대는 경성과 함께 전국적으로 토막과 불량 주택이 가장 많은 지역으로 수위를 다투게 되었다. 앞서 어느 일본인이 진남포를 회상하며 '태평양전쟁도 잊을 만큼 평화로

일본광업제련소와 함께 공업화를 선도한 북한 진남포항 일대

진남포는 한반도 북서 해안에 자리 잡은 각종 물자의 집산지로, 특히 굴지의 일본광업제련소를 비롯해 정미소, 제분공장, 저탄공장이 즐비했다. 소련군은 이 지역의 물자와 생산 시설을 반출하고자 일본인 노동력을 징발해 물자의 운송과 하역에 집중 투입하였다. 또 이곳이 전기화학공업이 발달한 지역이었던 까닭에 소련군은 전문 엔지니어를 공장 시설을 해체하고 철거하는 데 활용했다. 아울러 이곳은 소련군이 군사상 요충지로 지목한 지구였으므로 상대적으로 많은 주둔군이 배치되어 있었다. 이 때문에 일본인들은 이들의 숙사를 짓거나 허드렛일을 거들어야만 했다.

운 땅'이라고 했는데, 그것은 온갖 편의 시설을 다 갖춘 일본인촌 안에서나 느낄 수 있었지, 같은 시기 변두리의 조선인들은 한겨울에도 하늘 가릴 곳을 찾느라 생존을 위한 사투를 벌여야 했다.

일본고주파공장日本高周波工場이 들어선 함경도 성진과 평양·진남포에 이어 북한 지역에서 세 번째로 토막과 불량 주택이 많았던 청진의 사례를 보면, 주택 문제에 대한 조선인과 일본인 사이의 체감온도 차이를 극명하게 확인할 수 있다. 성진은 제2기 중공업 시설을 확충하는 과정에서 많은 사람이 일자리를 찾아 몰려든 곳이다. 그러면서 물가가 폭등해 1938년 평당 최고 30원이던 토지 가격이 그 이듬해에는 80원까지 올랐다. 이에 더 높은 수익을 노리는 지주들이 택지를 팔지 않아 주택을 신축할 방법이 없었다. 결국 집세가 급등하고 이것을 감당할 수 없는 자들은 서둘러 떠나야 했다. 당시 한 신문은 청진의 상황을 '주택 지옥'으로 묘사하며 다음과 같이 보도했다.

> 문자 그대로 팽창하는 청진항! 급격한 인구의 증가로 말미암아 일어나는 주택난은 최근 엄동설한을 앞에 두고 완전히 지옥화하고 있다. 건축관계(실적)를 본다고 하여도 조선 내 어느 도시보다도 월등하게 지난 4월에서 10월 15일 현재까지 약 2천 건이나 되건만, 최근 청진부 내에는 집을 얻으려는 사람이 그야말로 가두를 범람하고 있다.
>
> 방 두 칸에 부엌 하나면 어떤 곳을 막론하고 20원에서 30원까지 차가료借家料를 내야 되는 형편이어서 좀체로 수입이 없는 세민중細民衆(세궁민)은 단칸방에서 7, 8명의 식구가 들끓고 있고, 다소 여유 있는 층도 첫째, 청진 지주한테 땅을 얻

을 수 없는 것, 둘째, 자재건축비 등의 배 이상 폭등으로 좀체로 집을 지을 수 없어, 집이 하나만 나게 되면 서로 쟁탈전이 실로 대단하다. 이와 같은 약점을 노리는 차가주借家主들은 물실호기勿失好機하고 집세를 올리는데 참말 엉터리없는(어처구니없는) 사실도 많다.

이와 같은 현상이므로 청진항엔 최근 이주하여 온 사람들이 노숙하는 것을 볼 수 있는데, 삼동三冬을 앞두고 주택난은 일층 심각하여갈 뿐이다.[17]

조선총독부는 전시체제기로 접어들자 주택난 해소를 표방했지만 재정난과 물자난, 건축비 상승, 지주의 택지 매매 거부 등으로 난항을 겪었다. 게다가 1938년부터는 전시 인플레이션을 잡기 위해 각종 물자통제령을 발령함으로써 시중에 있는 건축자재마저 사라졌기 때문에 주택 정책은 악순환을 반복했다. 또 집세의 통제는 도리어 암가격만 조성하고 부동산 임대 시장마저 교란시켜 위 보도에서 보듯이 땅주인과 집주인의 배만 불렸다.

패전 후 일본인들이 처한 강제 퇴거와 공동 거주 문제를 어떻게 이해하면 좋을까? 물론 일본인 입장에서 보자면 멀쩡한 집에서 하루아침에 내쫓겨 다른 사람들과 북적대며 좁은 공간에서 지내야 하니 여러모로 힘들었을 것이다. 또한 퇴거 과정에서 조선인의 해묵은 감정이 그대로 드러나는 등 다소 투박한 형태로 강제 이주가 이루어진 것도 사실이다. 하지만 이 문제를 제대로 보려면 몇 가지 고려해야 할 것들이 있다.

먼저 일본인 주택의 접수와 재분배, 그에 따른 일본인의 공동 거주는 구 소련 점령지의 공통된 현상이었다. 북한에서 가까운 다롄大連의 사례를 보면, 종전 당시 다롄시의 총인구 80만 명 중 약 20만 명이 일본인이었다. 이들은 전 가옥 총 면적의 65.4%를 차지하고 있었다. 주택을 둘러싼 부의 불평등이 그만큼 심각했던 것이다. 그 결과 소련군과 다롄시 당국은 이러한 편중 현상을 시정하고자, 이 지역의 유일한 거류민 단체로 승인한 다롄일본인노동조합을 통해 평준화 정책의 일환으로 주택조정운동을 전개하고 일본인 주택을 중국인에게 개방하도록 했다.[18] 일본인과 식민지민 사이의 주택조정운동은 소련군이 점령했기 때문에 나타난 현상이기도 했지만, 그 이전에 구 일본제국 내 각 식민 도시가 안고 있던 민족 차별적 주택 정책과 주택 소유 실태의 문제점에서 비롯된 현상이었다.

주택 부족과 일본인 소유 주택에 관한 처리 논의는 북한 지역만의 문제가 아니라 한반도 전역에 걸친 공통된 사회적 의제였다. 남한의 경우 미군정 초기에는 당국이 일본인 사유재산권 보호를 선언함으로써 돈 많은 조선인들에게 일본인 주택이 대거 매매되었다. 그 뒤 1945년 12월 미군정은 모든 일본 및 일본인 재산의 일괄 귀속을 선언하여 그 사이 체결된 매매계약을 무효화했다. 이것은 뒤늦은 조치였고 그로 인해 많은 일본인 주택이 개인 돈벌이에 악용되었지만, 어찌되었건 그 배경에는 남한 사회의 지속적인 압력이 작용했다.

당시 남한의 주요 정당 및 사회단체는 정파를 막론하고 일본인 소유의 부동산 처리 문제에 대한 중요성을 인지하고 있었기 때문에 귀속 부동산의 자유 판매를 반대했다.[19] 그리고 미군정의 엄정 관리하에 이들 가옥을 무주택 빈민과 해외 귀환자에게 개방하도록 요구했다. 각 정파는 비록 정치 노선이나 이념이 달랐지만 당시 사회문제를 해결하기 위해서는 부동산, 즉 귀속재산이 사회 전체의 것이 되어야 한다는 역사 인식을 어느 정도 공유했다.

실제로 남한에만 해방 후 무려 200만여 명의 조선인이 돌아온 상황에서, 그리고 겨울철만 되면 연례행사처럼 이들의 아사·동사 보도가 사회면을 장식하는 상황에서 귀속된 일본인 주택의 사회적 공유·활용은 불가피한 선택이었다.[20] 일본인 주택에 대한 조선인 사회의 일반 정서와 인식은 그것이 실제 빈민, 노동자, 해외 귀환자들에게 돌아갔느냐 하는 문제와 별도로 남한이나 북한이나 크게 다르지 않았다. 집을 함께 나누어 사용하지 않으면 사회 구성원 중 상당수는 길거리에서 노숙해야만 하는 상황이었기 때문이다.

북한에서 돌아간 일본인들이 호소하는 강제 퇴거, 공동 거주, 집단생활의 고통은 역설적으로 그만큼 조선인과 조선 사회에 무관심했기 때문에 더욱 크게 느껴진 것이기도 하다. 즉 일본인들은 패전 후 잠시 그러한 어려움을 겪었지만, 많은 조선인은 과거 수십 년 동안 행랑살이와 더부살이로 한지붕 생활을 해왔던 것이다. 패전 후 일본인들이 느낀 그 고통은 제국의 '음지'를 오랫동안 떠받쳐온 조선인에게는 이미 삶의 일부였다. 또한 빈민은 물론이고 같은 시기 해외에서 돌아온 조선인들은 역전·토굴·방공호를 전전하며 하루하루 어렵사리 생활하고 있었다.[21] 다시 말해 그러한 고통은 단순히 일본인이기 때문에 겪어야 했던 것이 아니라 일본인들의 왜곡된 민족 차별적 주택 정책에서 비롯되었고, 제국이 붕괴하면서 많은 사람이 국경을 넘어 이동을 하는 혼란기였기 때문에 가중된 것이다. 일본인들은 그동안 조선인과 동떨어진 '부府'와 '지정면指定面'을 중심으로 이른바 일본인촌이라고 불리는 공간에서 각종 편의를 향유하며 살았기 때문에 실상을 몰랐을 뿐이지, 그러한 사회문제는 어제오늘의 일이 아니었다.

요컨대 해방 직후의 부동산 접수는 조선에 상존하던 생활난·주택난 때문에 일본인 사회에 다소 거친 방식으로 이루어진 것이다. 그러나 이러한 어려움을 처음 겪어본 일본인으로서는 당혹스러울 수밖에 없었고, 패전 후 더 이상 '양지'만을 고집할 수 없었기 때문에 삶의 낙차에 따른 상실감과 피해 의식은 더욱 가중되었다. 한마디로 그것은 조선에 살면서도 조선인을 돌아보지 못한 결과였다.

아지노모토를 내다 파는 사람들

1945년 10월 어느 날 군인촌 추을(조선 시대 지명은 추을미秋鬱未·秋乙美, 현재는 평양시 사동구역 미림동)의 병기 제조소에서 일하던 일본인들이 평양치안대로 연행되었다. 이들은 패전 후 돈이 궁해지자 생필품을 하나둘씩 암시장에 내다 팔았는데, 그중에 조미료인 '아지노모토味の素'가 포함되어 말썽이 일었다. 이 사건으로 치안대에 덩달아 불려간 평양일본인회장은 노발대발하는 조선인 치안대원에게 손이 발이 되도록 빌고서야 간신히 집으로 돌아갈 수 있었다. 이 사건은 패전 직후 일본인들의 중요한 사회경제적 변화와 아울러 이들을 바라보는 조선인 사회의 시각이 한데 응집되어 일어난 것이다. 치안대원들은 왜 한낱 조미료에 발끈했을까?

당시 인천육군조병창 평양제조소 병원 내과부장인 도미타 아키라富田寬는 아지노모토와 같은 '사치품'을 일본인이 패전 후에도 여전히 소지하고 있다는 사실에 조선인들이 화가 났다고 보았다.[22] 그도 그럴 것이 조선인에게 아지노모토는 단순한 조미료가 아니라 언제나 먹고 싶은 선망의 대상이자, 돈이 없어 살 수 없었던 소외와 콤플렉스의 상징 기제였다. 조선인에게 '근대의 맛'은 이제껏 보지 못한 신기한 물건과 새로운 문화를 접하는 계기도 되었지만, 동시에 그것을 누리지 못함으로써 초라한 자신의 모습을 재확인하도록 만든 얄궂은 요물이기도 했다.

1907년 합자회사 스즈키제약소로 시작한 아지노모토 주식회사는 이듬해 동경제국대학 화학과 교수 이케다 기쿠나에池田菊苗가 세계 최초로 글루타민산나트륨, 즉 MSG 제조에 성공하자 이것을 조미료로 상품화했다. 그 덕에 아지노모토는 모리나가제과森永製菓, 메이지제과明治製菓, 삿포로맥주第日本ビール, 기린맥주麒麟ビール 등과 함께 식민지 조선에 '근대의 맛'을 전파한 유수의 먹거리 회사로 자리 잡았다. 특히 이 회사는 1930년대 중반 아지노모토 조미료 광고에 여타 제과회사나 맥주회사에 비해 3배에서 10배 가까이 막대한 돈을 쏟아부으며 적극적으로 조선인들의 입맛을 공략했다.[23] 이 화학조미료는 어떻게 탄생했을까?

이케다는 조교수 시절 독일에 유학한 경험이 있으며, 런던에서 나쓰메 소세키夏目漱石와 같은 하숙집에서 지낸 바 있는 '개화'된 지식인이었다. 그는 다시마 맛을 내는 성분이 글루타민산나트륨이라는 사실을 확인하고, 이것을 화학적으로 제조했다. 일본의 음식 문화를 흔히 관서와 관동으로 대별하는데, 관서 지방은 경향적으로 은은한 맛을 선호하여 묽은 간장이나 다시마를 은은하게 우려낸 국물을 즐긴다. 반면 관동 지방은 달고 짠맛을 좋아해 진간장이나 가쓰오부시라는 다랑어포를 우려낸 국물을 선호한다. 아지노모토는 바로 일본 관서 지방의 오래된 음식 문화와 서양의 최첨단 과학기술이 절묘하게 버무려져 탄생한 조미료이다. 양자를 매개한 사람은 관서 지방의 주요 도시인 교토 출신의 일본인 화학자, 곧 이케다였다. 그가 만들어낸 조미료는 각 식민 도시의 일본인촌을 창구 삼아 구 일본제국 전역에 '근대화된 일본의 맛'을 전파하기 시작했다.

아지노모토는 1920년대 초부터 '문명적 조미료'라는 광고 문구를 통해 조선 시장을 공략했다.[24] 그리고 얼마 뒤 회사 이름을 아지노모토본포영목상점味の素本舗株式会社鈴木商店으로 바꾸고, 1929년 조선박람회를 계기로 각종 광고를 통해 일본인과 조선인 부유층을 겨냥해서 더욱더 공격적인 최첨단 마케팅을 벌여나갔다. 즉 박람회 기간 중 하루를 '아지노모토 데이'로 선포하고, 광고지 끝에 인쇄된 증정권을 오려서 갖고 오면 경회루 옆에서 조미료를 한 병씩 나눠주었다.[25]

화학조미료는 그 자체가 '문명'이라는 이미지로 포장된 하나의 브랜드였고, 부녀자들의 가사 노동을 덜어줄 수 있는 이기利器로 인식되면서 부유층 사이에서 큰 인기를 끌었다. 특히 번거롭기 그지없는 한식 문화를 획기적으로 개선할 수 있다는 점에서 세간의 이목을 끌었다. 1930년 『별건곤』에 실린 다음 글을 보면 당시 아지노모토를 바라보는 조선 지식인 사회의 시선이 잘 나타나 있다.

(일본인은) 시금치 가튼 것도 살머서 '아지노모도'나 혹은 '가쓰오부시' 가튼 것이나 우에 언저 장이나 처먹는대, 우리는 파와 마늘을 다듬어 씨서 써러 깨소곰(깨소금) 치고 기름 치고, 고초(고추)가루 초 등등 나물 한 가지 뭇치는데도 몇 번이나 손이 가야 하는지 모르겠다. 우리나라 음식에는 무엇에던지 대게 양렴 안 드러가는 곳이 업다. 그 양렴이 한 가지 두 가지가 아니요, 좀 상등 요리를 만들면 양렴 만드는 공이 더 만타. 물론 양렴 안 들고야 조선 요리 맛이 나지 안치만, 타국 요리보다 유난이 양렴에 손이 만이 가니 이것 또한 복잡하기 짝이 업다. 좀 음식을 간단히 할 수 업슬가. 이 문제는 물론 큰 문제다. 4천 년 이래에 전풍傳風을 일조一朝에 버리라는 것이 안이라 좀 과학적으로 개량을 하엿스면 조켓다.[26]

엿기름에서 우러난 단맛보다 혀끝을 직접 자극하는 정제된 설탕의 맛, 그리고 맥주와 함께 '청량음료'라는 이름의 신기한 마실 거리가 목젖을 간질이며 '목넘김喉越'이라는 새로운 식도락을 안겨준 근대의 입맛은 분명 그 자체로 매력적이었다.[27] 아지노모토와 같은 화학조미료는 해방 후에도 한동안 국내의 유명 식품회사가 '미원' '미풍' 등의 이름으로 생산했고, 그 폐해가 세상에 알려질 때까지 오랫동안 우리 식탁을 점령했으니, 그것이 지닌 '치명적인 매력'을 부정할 수는 없을 것이다. 하지만 아무리 좋은 것이라고 해도 내가 누릴 수 없다면 그것은 오히려 없느니만 못했다.

아울러 1930년대에 들어 한창 공업화가 진행된 북한 지역에서는 아지노모토가 또 다른 차원에서 각별한 의미를 지니기도 했다. 조선수력발전소와 조선질소비료회사를 경영하던 노구치 시타가우野口遵는 1930년대 중반 함흥·청진 일대의 땅 57만 평을 매입해 그중에서 약 25만 평을 아지노모토 공장 건설에 충당할 것이라는 소문을 여러 차례 흘렸다.[28] 그 뒤로 이 계획이 그대로 추진되었는지는 알 수 없으나, 그 소문만으로도 전국의 투기꾼들이 모여들 만큼 세간의 관심이 집중되었다. 지역민도 대규모 개발에 따른 일자리 창출 등 그 사업에 거는 기대가 컸다. 하지만 제대로 된 보상도 없이 공장 예정 부지에서 쫓겨나야 하는 수많은 조선인에게는 그 조미료가 결코 곱게 보일 리 없었다. 여기에는 가뜩이나 살인적인 노동과 임금 체불로 악명 높았던 노구치의 이미지도 한몫했다. 앞서 추을의 일본인들이 아지노모토를 내다 팔아 문제가 되었을 때 평양치안대원들이 민감하게 반응했던 데는 한마디로 설명하기 어려운 위와 같은 미묘한 감정이 뒤섞여 있었다. 그런데 그들은 왜 조미료를 내다 판 것일까?

추을은 평양에서 약 4킬로미터 정도 떨어진 곳으로, 과거 조선군 사단사령부와 각종 부대가 밀집해 있었고, 군인 가족들이 생활하는 관사만으로 이루어진 일종의 군인 마을이었다. 따라서 이 지역 사람들은 경제적으로 비교적 여유가 있었다. 그러나 1945년 9~10월 북한 전역에 걸쳐 대대적인 '일본군 사냥'이 이루어지면서 하루아침에 된서리를 맞았다. 대부분의 남성이 외지로 압송된 결과, 이 지역에는 부녀자와 노약자들만 남게 되었다. 이들의 생활 형편이 어렵게 된 이유는 남성 부재의 상황과 아울러 북한 전역에 걸쳐 실시된 일본인 재산 몰수와 경제활동의 제한 조치 때문이었다.

식민지 시기를 경험한 노령의 한국인들이 일제 시기의 피도 눈물도 없는 공출을 이야기하듯, 북한에서 돌아간 일본인들 머릿속에 생생히 각인된 것 중 하나가 바로 일상 가재도구의 공출이었다. 물자 공출은 각 직장과 지역 인민위원회에서 거의 동시에 이루어졌는데, 공출 시기, 공출 규모, 대상 품목은 지역에 따라 약간씩 달랐다.

구와하라 소겐桑原宗源은 기관사가 되기 위해 일본에서 고등학교를 졸업하고 원산으로 건너와 함경남도 함흥교통양성소 졸업을 앞두고 있었다. 그의 회고에 따르면 종전과 동시에 조선인 철도원은 일본인들의 소지품을 검사한 뒤 제복과 작업복을 즉시 몰수했다고 한다. 그는 이것을 식민지 시기 일본인들이 '전쟁에 이길 때까지는 탐하지 마라(勝つまでは欲しがるな)'며 조선인들을 압박한 것에 대한 보복 행위라고 생각했다.[29] 황해도 사리원의 경우 강제 공출 대상 품목에는 자전거·리어카·라디오·축음기·재봉틀·서적은 물론이거니와 심지어 이불과 화장품도 포함되어 있었다.[30] 이로 미뤄보면 구와하라의 말처럼 강제 공출에는 일종의 보

복 심리라든가, 고가의 물건을 지닌 일본인에 대한 질시나 사심이 작용했던 것은 분명하다. 그러나 여러 지역의 사례를 두루 살펴보면 일정한 경향성이 발견되는데, 그것은 바로 해방 후 새로이 나라를 만드는 데 필요한 물건 또는 물자난 속에서 사회적으로 공유해야 할 물품을 먼저 거둔 것이다. 따라서 그 같은 공출을 일면적으로만 보기에는 무리가 있다. 예컨대 평안도 구성 지역에서는 9월 들어 1차 공출 때 신문 열람을 금지하고 이동수단·도검·총기류·귀금속·라디오를 압수했고, 2차 공출 때는 침구·의류·가재도구를 압수한 뒤 생활에 필요한 최소한도의 물건만 남겨두었다.[31] 또 함경도 함흥에서는 1945년 9월 8일부터 도 접수위원회가 조직되었는데, 9월 9일에는 라디오, 9월 27일에는 시계, 10월 17일에는 자전거·도검류·가재도구·문방구·생활도구 식으로 몇 차례로 나누어 공출했다.[32]

한편 치안이 불안했던 해방 초기에는 인민위원회라는 준 국가기관의 공식 접수(공출) 외에 사적인 약탈과 도난 사건도 빈발한 듯하다. 특히 소련군 전투부대가 본국으로 돌아가기 직전인 9월 중순을 전후로 주거 침입과 도난·약탈이 극에 달했다. 함흥 지역의 일본인위원회는 1945년 8월 30일부터 11월 14일까지 불과 46일 사이에 금품의 도난으로 인한 피해액이 총 8,918,073엔에 달한 것으로 추정했다. 일본인들은 각 지역 단위로 조직된 일본인세화회·일본인회 등의 단체를 공출 창구로 지정해달라며 사적인 약탈 방지에 힘써줄 것을 인민위원회에 강력히 요청했다.[33] 마침내 원산 등지에서는 해당 지역 인민위원회가 일본인세화회를 통해 물자를 조달했고, 생활이 어려워진 일본인들의 개인 소지품 매매를 허가했다. 추을의 일본인들이 아지노모토를 내다 판 배경에는 물자 공출에 따른 총체적 생활난이 자리 잡고 있었다.

'로스케 마담'의 등장

패전과 더불어 일본인 공직자와 회사원들은 직장에서 추방되었고, 청·장년기의 남성은 외지로 압송되어 가족과 헤어졌다. 자영업자도 일본인의 경제활동 금지 조치에 따라 더 이상 점포를 운영할 수 없게 되었다. 이제 일본인들은 겨우 공출을 면한 물건이나 몰래 숨겨둔 물품과 생활비로 하루하루를 버텨야 했다. 하지만 1945년 겨울로 접어들자 더 이상 내다 팔 것도 없어지고, 여기저기 나눠 숨겨둔 돈도 바닥난 가정이 늘어갔다. 흥남·원산과 더불어 한반도 동북 지역의 공업화를 선도한 성진 고주파공장 사택가도 이 지역 세화회 섭외부장인 고니시 아키오小西秋雄의 회고에서 보듯이 패전에 따른 일상을 비껴갈 수 없었다.

가을이 깊어가는 패전의 마을 성진 쌍포정. 가을바람이 고주파공장 사택가를 스치고 지나갈 때마다 일본인들은 야위어만 갔다. 먹을 것도, 돈도, 입을 것도 없다. 사택에는 전열기와 수도, 그리고 콩밖에 없는데 어느새 겨울이 다가왔다. 한편 바자(암시장)는 성황을 이뤘다. 일본인에게 약탈한 물건들이 즐비하게 널려 있다. 사과, 감, 털게, 조선 엿, 육류 등이 쌓여 있지만 물물교환할 옷가지마저 없어 망향의 상념만 불타오른다. 정녕 저 하늘에 신은 존재하지 않는다는 말인가 (…) 옷에 예쁜 장식을 한 소련 장교 부인, 성장盛裝한 조선인 부인 사이로 그야말로 상거지나 다름없는 몸뻬 차림의 일본 부인이 대두나 콩을 바꾸어 가는 모습이 애처롭기 짝이 없다. 조선인 냉면 가게나 주막에서 일하는 일본 여성도 늘어났다. 또 다른 한편으로는 새하얀 분과 붉은 입술을 한 일명 '로스케 마담Русский мадам'의 일군-群도 나타났다. 얼마 후 영양실조가 속출하고, 유아 사망자가 증가하고, 출정 유가족, 양성공, 양성 간호부 등 본래부터 경제 능력이 없던 자들이 차례로 빈궁자로 전락해가고……[34]

고니시는 일본인 집에서 공출한 가재도구 등이 암시장에서 버젓이 거래되고 있다는 사실에 분개했고, 그 물건을 사기 위해 무언가 다른 물건을 가져가야만 하는 자신들의 처지를 자조 섞인 시선으로 바라보고 있다. 또한 몸뻬 차림의 일본 여성과 잘 차려 입은 소련군 장교 부인 혹은 조선인 여성들을 대비함으로써, 이들이 감내해야 했던 상대적 박탈감과 허탈함을 대변했다. 그런데 여기서 주목해볼 대목이 있다. 조선인 유흥음식점에서 허드렛일을 하거나 소련군을 상대로 접객업에 종사하는 여성들이 등장한 것이다. 그중에서도 특히 진한 화장을 한 '로스케 마담'의 등장은 지역 일본인 사회에 큰 충격을 안겼다. 예전에는 상상도 못했던 이러한 현상은 성진에서만 나타난 것이 아니었다.

아카오 아키코赤尾章子는 조선에서 태어나 경성제일고등여학교에 다니던 도중 패전을 맞이했다. 그녀가 북한에 갇힌 것은 경성에서 변호사 일을 하던 아버지가 소련군이 참전했다는 소식을 접하고 강원도 고성군 포외진리의 개인 별장으로 가족을 데리고 피난 갔다가 그대로 38도선이 봉쇄되었기 때문이다. 말하자면 경성에서 일대 전투가 벌어질 것으로 오판하고 온 가족이 북쪽으로 올라갔다가 오히려 최악의 사태를 맞이한 불운한 경우였다.

이 소녀가 남긴 일기에는 고성에서 겪은 소소한 일상의 변화가 매우 생생히 적혀 있다.

1945년 9월 30일

당국에서 지정한 집으로 분숙分宿한 뒤에도 직접 혹은 간접적인 강요에 못 이겨 '밤 장사(夜の商売)'를 하는 부인들이 많은 듯하다. 이제 소지금도 거의 바닥이 났으니 그 사람들에게는 그 일이 아예 직업이 되어버린 듯하다. 이들은 아침이면 그렇게 번 돈으로 과일이나 생선 등을 사가지고 돌아왔다.[35]

로스케 마담의 등장은 일본인 사회 내부에서 급속도로 진행된 하향 계층 분화와 빈곤화 과정을 적나라하게 보여준다. 이들 일본인은 북한을 떠나기 전까지 어떻게 살았을까?

해방 직후 북한에서도 잠시나마 통제경제 아래서는 볼 수 없었던 각종 생필품이 일제히 시중에 풀려 사람들의 눈을 사로잡았다. 특히 구 일본인촌 언저리에는 이들이 내다 판 물건이 대거 쏟아져 나와 자연스럽게 암시장이 들어섰다. 남북을 막론하고 한반도 전역에서 나타난 암시장은 극단적인 물자 부족에 허덕이던 조선인의 숨통을 틔우고 일본인의 생활난을 더는 데 도움이 되었다. 그러나 잠시 반짝했던 풍요로움은 한 달도 채 못 가서 사라졌다. 10월 무렵부터 소련군이 대대적으로 공출미를 걷어 가고 생산 시설을 반출하면서 물자가 식민지 말기보다 더 귀해졌고, 군표가 남발되면서 물가가 걷잡을 수 없이 뛰기 시작했다.[36] 평양 지역 암시장의 미곡 실거래 값을 보면 해방 직후 1두에 50~70원 하던 것이 10월에는 200원, 12월에는 250~300원, 1946년 2월에는 400원, 4월에는 700원까지 올랐다.[37]

이러한 상황에서 일본인들은 대략 1945년 9월부터 이른바 '근로봉사'라는 명목으로 무상 노동, 즉 집단 사역에 징발되기 시작했다. 그로부터 두세 달이 지나자 출역자들은 일당 5~7원을 받았다고 하는데, 그것으로는 충분한 호구책이 될 수 없었다. 하지만 그마저도 없으면 연명이 불가능한 사람도 적지 않았다. 평양일본인회가 1945년 10월 말 거류민을 상대로 조사한 바에 따르면 1인당 소지금은 300원 정도였으며, 모자가정母子家庭이나 가족 가운데 환자가 있는 경우에는 특단의 조치가 없다면 당장 12월부터 생존 여부를 걱정해야 할 판국이었다.[38]

신의주에서는 근로봉사가 9월 중순부터 시작되었다. 처음에는 출역자 할당도 적었고, 작업도 주로 군수 시설을 정리하는 일로 제한되었다. 그러나 출역자와 출역 횟수가 점점 늘어났고, 작업 범위도 관청의 잡일, 장작 패기, 소련군 비행장 확장 공사 등으로 점차 확대되었다. 당시 출역 대상자를 보면 남자는 17~56세, 여자는 17~45세였으므로 경제활동 인구를 거의 망라했다고 볼 수 있다. 1945년 12월 무상 노역 폐지 조치에 따라 '계약노동제'가 도입되면서 약간의 임금이 지불되었지만, 이것은 그저 형식적인 수준이었다. 고용계약의 경우에도 직업소개소를 통해 보안서의 허가를 받도록 했는데, 관계 관청에서는 조선인 실업자 보호를 위해 일본인의 직업 알선을 회피하는 경우도 있었다.[39]

그 결과 별다른 수입도 없는 일본인들은 9월에 동결된 자신의 예금 중 매월 인출이 허가된 약간의 생활비와 요행히 접수를 면한 은닉 현금, 그리고 소지품 밀매 등을 통해 근근이 생활했다. 그러다 보니 1945년 12월에서 1946년 1월을 고비로 돈을 벌어올 남성이 없는 가정, 패전 초기에 여러 번 강제 이사를 당한 가정, 숨겨둔 재산을 도난당한 가정이 제일 먼저 파탄에 이르기 시작했다.

지역별로 약간의 시차가 있지만 무상 집단 노역은 북한의 각 인민위원회가 자리를 잡아가면서 1945년 11~12월에 폐지되었다. 무임 노동의 유상화가 이루어지고, 동시에 일본인 노동조합 허가, 제한적 영업 활동의 허가 등 일련의 제재 완화 조치가 실시되었다. 이에 따라 빈곤에 처한 군인·경찰 가정의 부녀자를 비롯하여 생활난에 허덕이던 일본인들은 조선인이 경영하는 이발소, 여관, 목욕탕 등에서 잡일을 하기 시작했다. 특히 부녀자들은 부유한 조선인 집이나 소련군 관사 등에 들어가 가정부로 일하기도 했고, 심지어 농사 한번 지어보지 않은 사람도 중국인 밭에 약초를 캐러 다니기도 했다. 이러한 가운데 점령 당국이 1946년 1월부터 일본인의 상업 활동을 부분적으로 허가하자 담배·두부·비누 행상에 나서는 자도 나타났다. 다만 행상의 경우는 조선인 상권 보호를 위해 일본인 마을 안에서만 허용되었다. 담배 장사는 비교적 고가의 수입을 올릴 수 있었다. 어떤 이는 연초를 종이에 마는 기계가 얼마나 고마웠던지, 나중에 이것을 일본으로 가지고 돌아가 신주를 모시는 가미다나神棚 위에 올려놓고 절을 올렸다고 하니, 당시 일본인들의 생활상을 미루어 짐작할 수 있다.[40]

수입이 없어 생활이 어려워지자 과거 자신이 가르치던 학생 집에 식모로 들어간 여교사도 나타났다. 앞서 목욕탕에서 일하던 도코라는 청년의 아버지는 평안북도 정주군 곽산소학교 교장이었고, 그의 여자 형제도 경성여자사범학교를 나온 여교사였다. 그가 조선인 가정에서 쓸 장작을 패며 일할 무렵 그의 여동생도 조선인 제자 집에 식모로 들어갔다. 도코는 그런 여동생의 모습을 바라보며 안타까운 마음을 토로했다.

> 예전에 일본인 가정이 '처녀'라고 부르며 가정부로 부렸던 것처럼 일본인 처자들은 조선인 가정에 고용되었다. 내 누이 도시에敏惠도 변호성이라는 양반집에 들어

갔다. 오카베 기미코岡部貴美子 씨도 김명현이라는 자의 집에서 일했다. 두 사람 모두 학교의 여교사였다. 자신이 가르치던 (조선) 아이의 집에서 일을 하고 있으니 참으로 딱한 마음이 들었다. 조선인 고용주가 신경을 써주면 써줄수록 그들의 마음은 더욱 괴로웠다. 차라리 말도 험하게 하고 마구 부리는 게 맘이 편하다고들 하였다. 하지만 우리 가족이 걱정하지 않도록 일부러 그렇게 말하는 것 같아 내 맘은 더 무거웠다.[41]

도코가 여동생의 말을 믿을 수 없었던 것은 당시 일본인에 대한 조선인의 시선이 어떠했는지를 잘 알고 있었기 때문이다. 그는 근로봉사차 거리 청소에 불려나갔을 때 조선인 마부가 분뇨통을 싣고 가면서 일부러 오물을 흘리는 것을 알았지만, 그것을 묵묵히 주워 담을 수밖에 없었다. 이 처음 보는 풍경에 마을의 조선인 어른들은 미묘한 웃음을 지었고, 아이들은 교장집 아들이 쇠똥과 쓰레기를 치운다며 놀려댔다. 자신도 이런 상황인데 여동생이 조선인 집, 그것도 여동생이 가르치던 학생 집에 식모로 들어갔으니, 마을 사람들이 자신의 가족을 더 업신여길 것이 분명했다. 식민지 시기 일본인과 조선인 사이의 정형화된 만남의 방식과 관계를 상징하는 '일본인 고용주와 조선인 식모'라는 구도가 완전히 뒤바뀐 것이다.[42]

재주 일본인의 경우 한 지역에서 오래 생활했기 때문에 주변 환경에 익숙하고 아는 사람도 많아 도코의 여동생처럼 좋든 싫든 일자리를 얻어 지푸라기라도 잡을 수 있었지만 피난민의 경우는 그마저도 쉽지 않았다. 젖먹이나 어린아이가 여러 명 딸린 모자가정이라면 육아의 부담 때문에 마음대로 밖에 나가 일할 수도 없었다. 오타니 세쓰코大谷節子도 혼자가 되어서야 소련군 장교 관사에서 가정부로 일을 할 수 있었다.

그녀는 구 대련기선大連汽船의 사원이던 남편이 만주의 모 부대로 소집되자, 어쩔 수 없이 1945년 8월 13일 펑톈奉天에서 갓난아기만 데리고 평양으로 피난을 왔다. 평양에 도착한 후에는 일본인 집에 나누어 들어가 살았기 때문에 그럭저럭 지낼 만했지만, 한 달이 지날 무렵부터는 수백 명 단위의 수용소에서 집단생활을 해야 했다. 그 후로도 서너 차례 피난민 수용소를 바꿔가며 옮겨 다녔다. 생활이 어려워지자 사람들은 점점 독살스러워졌고, 이들과 부대끼며 3평 정도 크기의 방 한 칸에 26명이 생활하자니 여간 불편하지 않았다. 게다가 여기저기서 젖먹이들이 울어대는 통에 늘 수면 부족에 시달렸다. 먹고살기 위해 공동생활 경비를 거출했지만, 어떤 이들은 돈이 없다고 딱 잡아떼는 등 저마다 이기적인 행동으로 인해 갈등과 마찰이 끊이지 않았다. 어차피 같은 피난민 신세임에도 여전히 잘난 척하는 '사모님'도 많았다. 그녀가 펑톈을 떠나올 때 보니 피난열차에 트렁크를 수십 개나 싣는 장군 부인도 있었고, 군인 5~6명을 마치 자신의 하인 부리듯 하는 장교 부인도 있었다. 이들은 가방 안에 옷과 화장품, 고급 식료품을 가득 채워 왔다. 이런 행태가 평양 도착 후 조선인들로부터 반감을 샀기에 여름 옷만 달랑 입고 피난 온 일본인까지도 덩달아 피해를 입는 일이 한두 번이 아니었다.[43]

도움이 되지 않는 것은 재주 일본인도 마찬가지였다. 일본인들은 패전 초기에 과거 몸에 밴 생활 습관을 버리지 못하고 암시장에서 고기와 생선을 사려다가 가뜩이나 월급도 받지 못하고 있던 조선인 보안대 간부의 화를 돋우곤 했다. 당시 구 만주국 고관 집 사모님들과 유복한 재주 일본인들은 어차피 일본으로 가져갈 수도 없는 재산이니 체류 기간 동안 원 없이 다 쓰고 가겠다는 심산이었다.[44]

이런 사건이 벌어질 때마다 오타니와 같은 피난민은 가슴이 철렁 내려앉았다. 이들의 철없는 행동은 조선인의 민족 감정을 자극했으며, 조선인은 일본인을 싸잡아 인플레의 주범으로 모는 바람에 감시체제가 더 강화되어 생명선이나 다름없는 암시장 출입이 더 어려워졌기 때문이다. 그 여파로 세 끼가 두 끼로, 백미가 잡곡으로 바뀌면서 젖이 마르기 시작했고, 돌도 채 지나지 않은 딸은 영양실조에 걸렸다. 결국 아이는 그해 겨울을 넘기지 못하고 발진열로 세상을 떠났다. 그녀는 딸을 보낸 슬픔을 소련군 피복창에서 재봉 일을 하며 달랬다. 아기가 있을 때는 엄두도 못냈지만, 어떻게든 살아남아야 남편을 만날 수 있다는 생각으로 일을 시작한 것이다. 그녀는 그곳에서 간단한 러시아어 회화를 익혔는데, 그 덕분에 피복창 책임자였던 소련군 육군소령 집에 가정부로 들어가 가사를 도우며 부인의 드레스를 만들었다.

한편 억류 상태가 오래 지속되자 재주 일본인과 피난민단의 형편도 하향 평준화되어갔다. 그래서 초기에는 재주 일본인의 세화회(일본인회) 조직과 피난민단 조직이 마치 물과 기름처럼 관계가 소원하기도 했지만 어차피 힘을 모으지 않으면 이 난국을 타개할 방법이 없다고 판단하여 자활을 위한 연계 활동을 모색했다. 바로 이때쯤 당국에서 1946년 1월부터 구 일본인 소유의 이발소·목욕탕·병원의 재개업을 인정했다. 다만 개업하는 점포를 개인이 소유하는 형태가 아니라 지역 일본인 세화회가 직영하도록 하고서 허가해주었다. 이 같은 허가 방식은 다른 지역에서도 확인되는데, 비슷한 시기 추을일본인회에서는 직영으로 상점을 개설하고 그동안 사장되었던 생필품과 의류 등을 위탁 판매해 빈곤에 처한 일본인 가정이나 아이들이 많은 모자가정을 돕도록 했다. 즉 영리사업이라기보다는 구휼사업의 성격이 강했다. 그러나 점포를 통한 자영업은 워낙 제한적이었기 때문에 대개는 일본인을 상대로 한 행상, 세화회가 알선하는 조선인 가정이나 소련군 관사의 가정부, 세탁과 재봉, 조선인이나 중국인 농가의 잡일, 장작 패기나 굴뚝 청소 등이 주된 일이었다. 이처럼 식민지 시기 조선인이 전담했던 육체노동이 이제 일본인에게도 파급된 것이다.

캄차카 고기잡이와 노동귀족

경성일본인세화회장 호즈미가 일본으로 돌아가자 경성부윤을 지낸 후루이치 스스무古市進가 세화회의 남은 일들을 처리하게 되었다. 1946년 초 남한 일본인의 송환이 마무리되자 경성일본인세화회는 미군정의 양해 아래 남한에 체류하면서, 여전히 북한에 발이 묶여 있는 일본인들의 송환을 돕기 위해 만방으로 노력했다. 소련 측이 외교적 교섭을 일체 거부한 상황이었기 때문에 경성일본인세화회는 북한 각지의 세화회·일본인회·피난민단 조직과 비밀리에 연락을 취하고, 때로는 지도원을 몰래 파견해 대탈출을 유도하고 지원하고자 애썼다. 그즈음 소련 당국이 흥남 공업지역 일대에서 사할린·캄차카 방면 고기잡이배에 탈 노동자를 모집하려 한다는 정보가 입수되었다.

후루이치는 소련이 남성들을 만주와 시베리아로 끌고 간 것도 모자라 남아 있는 북한의 일본인마저 '모집'이라는 허울로 다른 곳에 보내려는 것이 아니냐며 서둘러 함흥일본인위원회의 마쓰무라 기시오松村義士男에게 연락해 상황을 살피라고 했다. 마쓰무라는 흥남으로 가서 소련의 계획이 사실임을 확인하고 모집에 응한 일본인들을 설득했다. 그러나 캄차카행을 결정한 일본인들은 한사코 "이대로 굶어 죽느니 먹고살 수 있는 길을 택하겠다. 살 수만 있다면 앞으로 어떤 일을 당해도 상관없다"라면서 만류를 거부했다. 캄차카 어업노동자 모집 공고가 나자 이에 응한 일본인은 순식간에 2,000명을 넘어섰으며, 생활이 곤란한 상당수의 조선인도 지원했다고 한다.[45] '노구치野口 왕국'이라 불릴 정도로 대규모 공업단지가 들어선 함흥과 흥남 지역의 공장노동자들은 왜 캄차카 고기잡이배를 타기로 결정했을까?

이 지역은 압록강과 두만강의 풍부한 수력전기를 이용해 수만 명의 노동자를 부리며 비료, 화학, 연료, 금속, 정련 공장이 한데 모인 대단위 공업단지였다. 그러나 해방 직후 조선인이 해당 공장들을 접수하고 '자주 관리'에 들어가면서 일본인 노동자들은 일시에 해고되었다. 이 때문에 수입이 끊긴 일본인 노동자들은 1945년 10~12월 사이에 생활 능력을 거의 상실했다. 흥남 지역이 공업단지였으므로 직장에서 쫓겨나면 역설적으로 다른 지역에 비해 일자리를 구하기가 더 어려웠기 때문이다. 즉 이 지역 노동자는 하다못해 분뇨통을 짊어질 주변의 농촌 지역도 없었으므로 공장의 가동이 멈추는 순간 아무 일도 할 수 없는 처지에 있었다. 이런 상황은 다른 공업단지 역시 마찬가지였다. 이들 지역에서 해고된 사람들에게 주어진 일은 그저 소련으로 반출해가는 물자와 설비의 선적, 부둣가 청소가 대부분이었다. 심지어 각 회사의 공장장들조차 해고된 뒤에는 자신의 특기와 상관없이 단순노동 일거리를 찾아야 했다.

이들 공업지대의 대공장은 전투 과정에서 퇴각하는 일본군에 의해 의도적으로 파괴되고, 남은 설비 또한 소련군이 외지로 반출해 갔기 때문에 생산시스템이 거의 마비 지경에 이르렀다. 그나마 살아남은 공장은 조선인들이 '자주 관리'를 표방했으나 생산은커녕 공장의 유지조차 버거운 상황이었다. 새로 들어선 간부진은 공장 경영 경험도 일천했고 원자재 조달도 제대로 하지 못했다. 게다가 일본인들이 고급 기술을 조선인에게 전수하지 않았기 때문에 당장 기계를 돌릴 엔지니어도 턱없이 부족했다.[46] 특히 북한 지역에 편재된 화학공장의 경우는 엔지니어가 전무한 실정이었다.

단적인 예로 종전과 거의 동시에 조선인들이 접수한 기관차만 보아도 운행이 중지되어 녹슨 채 방치되기 일쑤였다. 결국 열차 운행이 파행적으로 이루어져 발착 시각도 지켜지지 않았을 뿐만 아니라 열차 수도 눈에 띄게 줄어들었다. 교통 부문에서도 민족 차별적 정책의 영향으로 조선인 고급 기술자가 부족했기 때문이다. 과거 철도국 종사원 중 조선인은 대체로 현장 실무를 담당하는 중·하급 기능 분야 혹은 단순노동 부문에 집중 배치되었다. 중·상급 감독직과 고급 기술직에는 오랜 실무 경험을 축적한 극소수의 인원만이 진출할 수 있었다. 반면에 일본인은 상급의 지휘·감독직과 고급 기술직을 거의 독점했고, 현장 실무 중에서도 숙련 기능 분야를 장악했다. 이러한 기술 분포상의 차이는 직접적으로는 학력과 직업 훈련의 차이에서 비롯되었으나, 그 이면에는 조선인의 기술 획득과 성장을 억압하고자 한 민족차별정책이 자리 잡고 있었다. 그 결과 철도공장 종사자 총 인원수에서 조선인은 1938년을 기점으로 일본인 수를 넘어섰지만, 감독이나 고급 기술직에는 거의 진출하지 못했다. 조선인 중 최고 기술자인 기사는 한 명도 없었고, 서기·기수·철도수 정도가 1938년에 0.3%, 1941년에 0.4%에 불과했다.

같은 시기 일본인은 각기 4.5%, 4.7%를 차지해 무려 10배 이상의 편차를 보였다.[47] 이러한 상황이다 보니 승호리시멘트 공장은 단순한 전기 고장으로 2개월간이나 가동이 중지되었다가 일본인 기술자가 투입된 지 3시간 만에 복구된 일도 있었다.[48]

사태가 이 지경에 이르자 북한의 정치세력도 현실을 직시하며 이 문제를 원점에서 재검토하기에 이르렀다. 그 과정에서 다양한 의견이 나왔으나 결국에는 일본인 기술자를 다시 현장에 복귀시킬 것인가, 아니면 조선인의 '자주 관리'를 고집할 것인가 하는 선택의 문제로 귀결되었다. 현실적으로는 일본인 기술자를 투입하면 가장 간단히 풀 수 있는 문제였지만, 민족주의가 한껏 고양된 상황에서 해고한 일본인 기술자를 다시 복귀시킨다는 것은 쉬운 결정이 아니었다. 북한 정파 내에서 실용주의 노선과 민족주의 노선이 대립하는 가운데 이 상황을 정리한 것은 소련 점령 당국이었다.

20여 명의 소련군이 배치되었던 겸이포제철소의 경우 1945년 10월 초부터 이미 소련군이 직접 일본인 기술자의 잔류를 지시하고 있었다. 그러나 이 공장의 조선인들은 일본인의 복귀를 꺼리고 있었기 때문에 소련 점령 당국이 먼저 적극적으로 이 문제를 제기했다. 함흥에서도 소련 점령 당국이 조선인 수뇌부를 불러 '당신들이 일본인을 싫어하는 것은 알지만 소련군은 적국이었던 독일에게서도 과학적으로 배울 것은 배워왔다'며 설득했다고 한다. 이에 따라 조선인들 사이에서도 공장의 운영 방침을 둘러싸고 조금씩 변화의 조짐이 나타났다. 즉 감정적 차원에서 일본인 기술자 문제에 대응해온 조선인 사회가 신국가 건설 과정에서 빼놓을 수 없는 생산시스템의 복구를 위해 전격적으로 일본인 기술자를 재고용하기로 한 것이다. 그 결과 1946년 1월 말 흥남 지역 공장에 일본인 노동자 약 2,000명이 복귀했고, 지역 일본인위원회는 산하에 17분과의 전문기술부회를 조직해 일본인 기술자들이 신조선 건설에 기여하도록 유도했다.[49]

그러나 모든 일본인이 복귀한 것은 아니었다. 극소수의 핵심 기술 보유자만이 복직 대상이었다. 따라서 단순 작업에 종사하던 일본인들이나 복직에서 제외된 이들은 일자리를 찾기에 여념이 없었다. 캄차카 어업노동자 모집에 응한 사람들은 바로 이 같이 복귀 대상에서 탈락한 일반 공장노동자였다. 1946년으로 접어들면서 북한 공업지역 안에서도 회생의 길로 들어선 사람들과 여타 재류 일본인처럼 도탄에 빠진 이들이 선명하게 나뉜 것이다.

북한 정권의 전향적인 조치로 일본인 고급 기술자들은 노동귀족이라 불릴 만큼 최상의 대우를 받았고, 생산 설비 복구에 협력한 자본가 역시 귀빈 대우를 받는 기이한 현상이 벌어졌다. 이러한 변화는 남만주공업전문학교 출신의 전기 기술자였던 이문환이 1946년 2월 산업국장에 취임하면서 가속화되었다.[50] 서선합동전기회사 사장과 평양상공경제회장을 지낸 이마이 세지로今井瀨次郎는 1945년 9월 '평양 시내에 고압의 전류를 흘려 시내를 불태우려 했다'는 혐의로 감금되었지만, 감옥에서 당국의 지시로 「북조선산업개발책」을 집필한 뒤 석방되어 이문환의 집에서 지냈다. 그는 석방된 후 1947년 6월부터 10월에 걸쳐 사회주의 기업도 이윤을 창출해야 한다는 사업경영론을 직접 산업국 간부들에게 강의했다. 그가 1947년 11월 500여 명의 잔류 일본인 기술자들과 함께 귀국할 때에는 당국에서 브라스밴드를 동원해 성대한 환송식을 해주었다고 한다. 당시 귀국선(綜谷丸) 선장이 "이런 모습은 처음 본다"고 했을 정도이니, 해방 직후였다면 상상도

할 수 없는 일이었다.[51]

일본인 기술자들이 투입되면서 공장이 다시 가동되자 생산고도 가시적으로 늘어났다. 그러자 점령 당국과 북한 정권은 이들을 가급적 장기간 붙잡아 두기 위해 노력했다. 특히 1946년 봄부터 북한 일본인의 대규모 남하 이동이 시작되면서 기술자들도 일본으로 돌아가려는 조짐을 보임에 따라 그해 여름부터는 이들의 탈출을 경계하면서 각종 유인책을 제시했다. 1946년 8월 11일 북한 정권은 김일성 명의로 기술자 징용령을 발동하여 일본인 기술자의 처우를 개선함과 동시에 잔류 일본인 기술자의 등록을 실시하도록 지시했다. 이어 1946년 8월 17일에는 일본인 기술자 확보령을 발표했고, 9월에는 재류민 중 일정 연령의 남녀에게 공민권까지 부여할 의사가 있음을 비추었다.[52] 이러한 일련의 조치는 1946년 가을부터 가시화된 미소 간의 일본인 정식 송환 교섭에 대비해 이들이 본토로 돌아가는 것을 최대한 막아보려는 목적이 내재해 있었다. 그러나 일본인 기술자들은 이러한 유인책에도 불구하고 일부는 밀선으로 남하하기도 했고, 1947년 봄부터는 공식적인 루트를 통해 차츰 본토로 돌아가기 시작했다. 다급해진 북조선인민위원회는 1947년부터 북조선공업기술총연맹 일본인부에 일본인 기술자의 자녀 교육을 위해 하사금 200만 원을 재무국에서 지출하도록 하는 등 파격적인 대우를 시작했다. 당시 일본인부의 1년 예산이 30만 원이었음을 고려하면 이것이 얼마나 큰돈인지 알 수 있다.

1947년 6월 당시 잔류한 일본인 기술자의 노동계약 조건을 보면 다음과 같다.

1. 계약 기간은 2년이며 연장 시에는 양자의 합의를 전제로 한다.

2. 처우에 관해서는 후생 물자를 우선 배급하고, 급료는 조선인 기술자의 50% 내지 100%를 가산한다.

3. 귀환시에는 퇴직금과 여비를 지급한다. 퇴직금은 퇴직시 마지막 급료에 근무 월수의 2할을 곱하고, 여비는 남녀노소를 불구하고 모든 가족에 3,500원씩 지급한다.

그 밖에도 외국인 기술자 대우를 약속하면서 일본 라디오방송의 청취를 보장했고, 자녀 교육을 위해 평양·송림·함흥·승호리·수풍·청진·흥남·천내리 등지에 일본인 초등학교를 개설했다. 1947년 11월에는 잔류자가 줄어들자 이들 학교를 평양·청진·함흥·흥남 4곳으로 정리했으나, 대신에 전기온돌·전기목욕탕·전기스토브 등 최첨단 시설을 베풀었다.

1947년에는 3월, 7월, 11월에 잔류자의 공식 송환이 이루어졌는데, 그때마다 기술자들에 대한 대우는 더욱 좋아졌다. 예컨대 월급을 보면 최고 상한액이 3,500원이던 것이 1947년 6월에는 6,500원으로, 1948년에는 9,000원으로 올랐다. 이들이 사업장에 투입됨으로써 38이북의 생산고는 1948년에 전전 대비 약 70%까지 복구되었다.

일본인 엔지니어들은 북한에서 최고의 대우를 받고 공장 재건을 통해 보람도 느낄 수 있었으나, 늘 정치 불안 속에서 본국과의 연락 부족 등의 문제를 안고 있었다. 게다가 공장이나 광산의 조선인 책임자들은 대개 30세 미만으로서 때때로 감정적인 태도로 나오기도 했다. 이뿐만 아니라 당이 직접 조선인 기술자 인사에 개입했기 때문에 기술을 가르쳐놓으면 어느새 다른 곳으로 보내버리곤 해서 다시 새로운 사람을 교육시켜야 하는 등 제도적 문제도 있었다고 한다.

　기술자의 유용 문제는 해방 국면에서 일본인 송환정책이 한반도의 신국가 건설에 얼마나 중요한 영향을 미쳤는가를 단적으로 보여준다. 북한에서는 초기에 이 문제의 중요성을 인식하지 못하고 자생적인 '자주 관리'와 고양된 민족주의 열기 아래 모든 일본인을 사업장에서 추방했다가, 그로 인한 생산의 저하를 경험하고 나서야 이들을 붙잡고자 했다. 그러나 소련 측이 만주와 북한의 산업 시설 반출을 끝냈을 즈음인 1946년 봄부터 GHQ와 일본인 송환에 관해 협상할 의사가 있다고 밝혔기 때문에 북한은 그보다 한 발 앞서서 이들을 관리할 필요가 있었다. 그런 데다가 미소 간의 협상 시기는 북한의 일본인들이 대거 남하하기 시작한 때로, 일본인 엔지니어들의 마음은 진작 본토 귀환 쪽으로 굳어진 상황이었다. 결국 이들은 1948년 6월 원산에 집결한 뒤 7월에 공식 송환선으로 귀국했는데, 마지막에 돌아간 일본인 수는 대략 170명 내외였다.[53]

'마담 다바이' 놀이와 대탈출

　북한 일본인의 열악한 거류 환경은 아이들의 놀이마저 바꾸어놓았다. 패전 후 북한 아이들 사이에서 유행한 대표적인 놀이 중에 '마담 다바이Мадам давай'와 '야미부네곳코闇舟ごっこ'가 있다.[54] '마담 다바이'는 러시아어로 '부녀자를 내 놓아라'라는 뜻으로, 소련군이 일본인들을 협박할 때 항상 내뱉던 말인데, 이것이 어느새 아이들 놀이의 소재가 되었다. 놀이 방식을 보면 사내아이들이 나무로 깎

은 권총을 쥐고 "마담 다바이, 다바이!"라고 외치며 여자아이를 쫓아가 둘러싸는 것이다.

'야미부네곳코'는 일종의 촌극놀이로, 직역하면 '도둑배 놀이'라는 뜻이다. 일본인이 몰래 배낭을 메고 도둑배(밀선)에 올라타면, 이내 사이렌이 울리고 조선인 보안대원이 나타나 배를 둘러싸고 밀항자를 체포하는 모습을 흉내 낸 놀이였다. 이것은 1946년 봄부터 시작된 일본인의 집단 남하 탈출 경로가 육로 외에도 4월경부터 주문진·삼척·인천 등 해로로 확대되는 국면에서 아이들에게 나타난 놀이로, 일본인 밀항단을 검거하는 과정을 그린 것이다.

그 밖에 여자아이들은 암시장의 조선인 브로커에게 금지된 물건을 밀매하는 모습을 흉내 내며 소꿉놀이를 했다. 한 아이가 물건을 팔면서 "좀 비싸게 쳐주시구랴" 하면 상대방은 "안 돼요!"라며 조선인 브로커를 흉내 냈다. 이것은 일본인의 경제활동이 금지됨에 따라 마땅한 벌이가 없어진 상황에서 몰래 은닉해둔 소지금마저 바닥나자, 집 안 구석구석에 숨겨둔 물건들을 하나둘 꺼내 암시장에 내다 파는 모습을 놀이화한 것이다. 이러한 놀이들은 소련군의 폭행, 밀항, 일본인 사회의 총체적 빈곤화라는 극단적 체험을 소재로 생겨났다.

한편 어른들 사이에서는 '곳쿠리점ㅋㄱㄱㄹ(대나무점)이나 '트럼프점'이 유행했다. 원래 서양에서 들어온 곳쿠리점은 전쟁터에 나간 병사가 살아 돌아올 수 있는지를 알아보기 위해 일본에서 유행하던 것인데, 당시 북한 지역에서는 억류된 일본인들이 과연 자신이 일본으로 돌아갈 수 있는지를 알아보고자 점괘를 풀어보는 수단으로 변했다.[55] 물론 이것은 미신이지만, 일본어 신문과 라디오방송이 차단되고 이동이 금지된 상황에서 일본인들이 느꼈을 답답함과 일상의 불안을 상징적으로 보여준다. 무엇이 이들을 그토록 불안하게 만들었을까?

패전 후 북한·만주·다롄 등 소련 점령지에서 돌아온 사람들은 귀환 과정을 곧 '지옥으로부터 탈출'로 묘사한다. 대부분의 남성이 타지로 끌려가고 부녀자와 노약자가 주류를 이뤘던 북한에서 지옥에 대한 기억은 패전 초기와 남하 이동 과정에서 겪은 성폭력 사건, 동절기 피난민단의 집단 사망 사건이 양대 축으로 형성되었다. 예민한 문제이지만 앞서 아버지를 따라 고성 별장으로 피난 갔던 아카오 아키코의 일기를 통해 패전 초기에 빈발한 성폭력 문제를 먼저 짚어보기로 하자.

(A) (1945년) 9월 16일

저녁 무렵 치안부 사람이 일본인회장 야스다安田 씨에게 4명의 일본인 '위안부'를 내어달라는 난제를 부과했다. 수용된 이들 중에 '(직업)위안부'가 몇 명 있었으나, 그렇다고 그들보고 가라고 할 수가 없어 야스다 씨는 곤혹스러워 했다. (…) 남자는 21세에서 25세까지, 부인은 20세 정도, 8명씩 앞으로 (…) 잠시 후 남자들은 들여보내고 여자들만 데리고 갔다. … 1시간, 2시간 수용소 전체에 무거운 침묵이 흘렀다. 그때 갑자기 (…) "야스다 회장! 회장은 어디 있나! 어서 나와라. 대체 우리 딸을 어떻게 한 것이냐!", "빨리 우리 딸을 데려와라!" (…) 끌려간 8명 처자의 부모는 소리를 지르며 장작과 막대기를 들고 (…) 격앙된 부모들의 외침은 끝내 살기를 띠었다.

(B) 9월 17일

어제와 같은 명령이 다시 반복되었다. 아버지는 어머니에게 "이제 죽을 때가 왔나 보다"라며 한숨을 내쉬었다. 어머니는 "만일 우리 아키코가 잡혀가면 우리도 같이 죽이라며 덤비자구. 아키코도 각오해"라고 말했다. '굴욕을 당하느니 죽자' 는 것이 부동의 윤리였다.

(C) 9월 18일

어젯밤 정조를 강요당한 어느 여자가 칼로 가슴 아래를 찔러 자살을 시도했다. 상당히 깊은 상처가 났다고 한다. (…) 치안대 측에서는 부엌칼과 도검류를 전부 몰수해버렸다.

(D) 9월 19일

갑자기 사이렌이 울렸다. 새로운 소련군 부대가 입성한다는 것을 알리는 소리였다. 오후에 억류자 중 18세에서 30세까지 부인의 성명을 전부 신고하라는 명령이 내려졌다. 나는 체구가 작아서 아버지가 16세라고 보고했다.

(E) 9월 27일

할당된 집으로 분숙分宿하느라 수용소 전체가 들썩였다. 이 기회에 나는 남자로 변신하게 되었다. 분숙을 하더라도 여자아이는 눈에 띄기 쉽고 아직 어떤 불의의 재난이 닥칠지 모른다는 아버지의 걱정 때문이었다. 나는 스스로 머리를 잘랐다. 자른 머리는 몰래 교정 구석에 묻었다. (…) 그 모습이 비참하게 느껴졌는지 눈시울을 적신 것은 외려 나이 드신 어머니였다. 이름도 아키코影子에서 아키라影로 바꾸었다. (…) 짐을 정리하고 마당에 나가 아직 푸르스름한 빡빡머리를 검게 그

을리고자 빛을 쬐었다. (…) 나는 이러한 처참한 변장을 하게 된 상황에 슬픈 생각이 들었다. 안녕 '아키코'. 이제 이 세상에서 사라진 말괄량이 소녀여!⁵⁶

(A) 자료를 보면 위안부와 관련해 특정인을 징발하지 않고 인원수를 할당함으로써 공동 거주하는 일본인 사이에 미묘한 갈등이 발생했고, 어려움에 처한 일본인회장이 희생양으로 기존의 매매춘 직업여성을 떠올렸음을 확인할 수 있다. 한편 (B)와 (C) 자료는 부녀자 폭행이 단순히 한 개인의 피해로 그치지 않고 가족의 불행으로 확대되었다는 사실, 그리고 여성의 성폭력 피해를 '정조'라는 잣대를 통해 인식하고 있음을 엿볼 수 있다. (D) 자료는 체류 일본인에 대한 집단 등록을 실시함으로써 일본인의 '성性' 또한 노동력과 마찬가지로 집단관리체제 아래 두고자 했음을 알 수 있다. (E) 자료는 감수성이 예민한 한 소녀가 성폭행을 피하기 위해 머리를 자르고 남장을 하면서, 여성이자 동시에 패전 국민으로서 느낀 자괴감이 미묘하게 얽혀가는 상황을 감지할 수 있다.

패전 초기에 깊이 각인된 성폭력에 대한 공포는 1946년 봄부터 가을까지 이어진 남하 탈출 과정에서 다시 재연되었다. 이에 일본인들의 탈출을 계획하고 지원하던 탈출 공작 지도부는 새로운 남하 루트를 발굴하고, 기후, 지세, 소련군 배치 상황, 이동 예정지의 민정, 각지 일본인의 집결 상황 등을 면밀히 확인했다. 지도부는 특히 탈출을 감행하기 직전에 소규모의 사전 답사팀과 지역별 비밀 조직을 구성해 이동 루트의 안전 여부를 검토하여 부녀자들의 피해 대책에 각별히 노력했다.⁵⁷

1945~1946년 동절기에 대규모 수용 시설에서 발생한 피난민단의 집단 사망

사건은 북한 일본인의 대탈출을 초래한 중요한 계기가 되었다. 이때 사망한 사람들의 규모에 대해서는 여러 설이 있는데, 아사히신문 평양 지국장을 지낸 무라쓰네오村常男는 동절기에 식량 부족으로 인한 영양실조, 혹한, 전염병 등으로 함경도 중심의 동북 지역에서 약 12,000명, 평안도 중심의 서북 지역에서 약 7,500명가량이 대거 사망한 것으로 추산했다.[58] 이러한 악몽 같은 혹한기의 기억은 점령 초기의 집단생활, 재산의 박탈, 사회적 지위가 하락하면서 느끼게 된 상대적 박탈감과 아울러 북한 일본인의 귀환 과정을 사지死地에서의 탈출이라는 극단적인 형태로 각인시킨 직접적인 계기가 되었다.

미군 측 보고에 따르면 38이북에서 일본인의 집단 남하 현상은 1946년 3월 30일부터 포착된다. 진주 후 미군은 남한 지역 안팎의 인구 이동 상황을 거의 매일 집계했는데, 당시 보고 담당자는 남하 일본인 수가 하루에 300명을 넘어서자 "이제껏 보고한 것 중에서 24시간 안에 가장 많은 사람이 넘어왔다. 앞으로 이렇게 많은 사람이 같은 추세로 넘어올 것으로 생각되지는 않지만, 지난 몇 주일에 비해 앞으로 남하 일본인 수가 계속 증가할 것임은 분명하다"라면서 당혹감과 우려를 피력했다.[59] 이러한 우려는 곧 현실로 나타났다. 같은 해 4월 18일에는 하루에만 무려 1,536명이 남하함으로써 북한에서 탈출한 일본인 누계 인구는 96,156명을 기록했다. 이 시기에는 그동안 내륙 지방으로 남하하던 일본인들이 본격적으로 선단을 꾸려 원산을 지나 주문진·삼척에 이르는 동해안 길을 새로이 이용함으로써 미군정은 육로와 해로에 걸쳐 행정적 부담을 안게 되었다.[60] 당시 미군정이 북한에 몰래 파견한 정보원과 겸이포제철소에서 남하한 일본인들을 상대로 심문을 통해 파악한 일본인의 이동 방식은 다음과 같다.[61]

- 심문 장소   개성 수용소
- 심문 대상   겸이포제철소 보일러 관계 기술자
- 이동 과정
  - 1946년 4월 14일. 일본인 기술자들이 소련군 하사관에게 남하 이동 허가 요구, 이에 하사관은 갈아입을 옷과 신발들을 지급함.
  - 1946년 4월 16일. 600명의 일본인이 재령강을 건너 남하 개시, 2명의 조선인 보안대원이 사리원 일본인세화회로 안내, 사리원에서 남하 허가비를 가족당 50엔씩 지불.
  - 1946년 4월 17일 14:30. 600명을 다시 여러 집단으로 나눔, 승차 후 여비로 13엔 지불, 기차역 검문소에는 소련군이 있었으나 묵인함.
  - 1946년 4월 17일 19:00. 철도 경비원의 검색 후 조선인 보안대원의 안내로 민간에서 숙박료 80엔을 지불하고 숙박.
  - 1946년 4월 18일 10:00. 조선인 보안대원이 칼·면도기·핸드백 등을 검사, 해당 지역 경찰의 안내로 가요리라는 곳으로 도보 이동, 노약자와 환자를 태운 수레 탑승비 17,000엔 지불, 도중에 노숙 후 교통비로 5,500엔 지불, 6명의 보안대원이 도중에 나타나 안내를 자청, 가요리 도착 후 200엔을 제외한 모든 현금 압수. 손목시계·만년필·유제품·일본철강 관련 사진 압수.
  - 1946년 4월 19일. 가요리를 출발해 가이드의 안내로 청단 미군 수용소 도착.

일본인들의 남하 방식은 지역과 시기에 따라 규모도 달랐고, 이동 경로도 육로와 해로 등으로 점차 다변화했다. 하지만 일정한 유형을 발견할 수 있는데, 위에

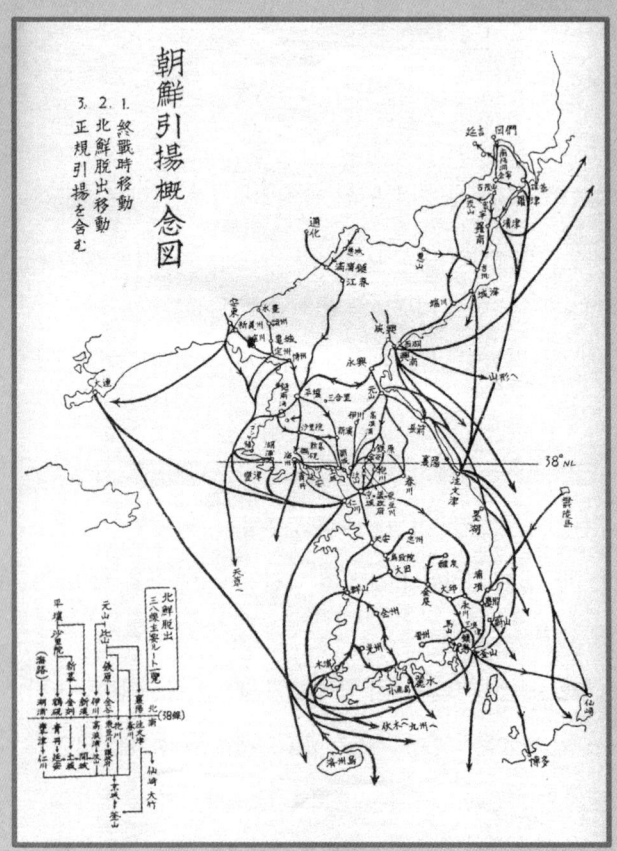

해방 후 한반도 내 일본인의 주요 이동 경로

38도선을 넘어 내려오는 조선인 귀환자·월남민과 남하 일본인을 위해 미군은 옹진·청단·토성·개성·동두천·포천·의정부·춘천·주문진 등 9곳에 임시 수용소를 설치했다. 이곳들이 곧 남한에서 월북한 사람들과 월남민·일본인들이 주로 이용하던 '탈출 루트'였다. 아울러 이 지역은 미군정이 '방역'과 '방첩'이라는 관점에서 소련 점령 지구의 정보 수집을 위해 주의를 기울이던 곳이기도 했다. 미군정은 해외 귀환자와 월남민들이 서울을 비롯한 경기 지역에 집중되어 각종 민생 문제가 심각해지자, 나중에는 이들을 이 수용소에서 곧바로 삼남 지방으로 보냈다. 일본인을 위한 수용소는 1946년 11~12월에 모두 폐쇄했고, 남은 수용소는 오로지 월남민을 위한 시설로 전환했다.

서 보듯이 우선 집단을 이루어 남하했다. 집단의 규모는 대개 수백 명으로 구성되었으며, 출발 전에 각 지역 세화회나 일본인회의 간부들이 재주 일본인과 만주 피난민 대표들과 협의해 단장·부단장·조장 등을 선정하여 출발일과 탈출 경로를 확정했다. 그러나 남하 과정에서 이동 속도를 따라가지 못하는 낙오자가 발생함에 따라 다시 작은 집단으로 나뉘었고 집단 간의 이합집산이 이루어져, 미군 수용소에 도착할 즈음에는 처음 출발 당시의 대오가 거의 유지되지 못했다. 남하 집단의 단장과 조장은 몇 안 되는 청장년 남성이 담당했고, 남성을 구할 수 없는 지역의 경우에는 인근 지역의 세화회·일본인회라든가 경성일본인세화회에서 비밀리에 파견한 직원이 대신했다.[62] 이와 같은 방식으로 북한의 일본인들은 1946년 말까지 남한을 거쳐 일본으로 돌아갔다.

이들이 1946년 봄부터 대거 남하한 데는 '여기서 또 한 번의 겨울을 지낸다면 일본인 전체가 몰살할 것'이라는 위기의식이 기본적으로 작용했지만, 그것을 가능하게 한 외적인 요인도 있었다. 무엇보다도 이들의 탈출을 묵인한 소련 점령 당국의 태도 변화가 중요한 영향을 미쳤다. 소련은 이 시기 북한과 만주 등 점령지에서 생산 설비를 반출하려는 애초의 점령 목적을 어느 정도 달성했으므로 비교적 일본인 송환에 유화적인 태도를 보였다.

또한 북한의 상황도 변하고 있었다. 1946년 겨울을 지나면서 북한 정계는 내부 권력투쟁 단계를 지나 사실상 김일성을 중심으로 안정적인 정권 기반을 마련했기 때문에 일본인들을 돌아볼 여유가 생겼다. 이러한 상황에서 조선인 일반의 여론도 점차 일본인 송환을 요구하는 쪽으로 기울고 있었다. 점령 초기 조선인들은 해방의 열기 속에서 일본인에 대한 당국의 제재 조치를 환영했다. 그러나 1945년 겨울을 지나며 서서히 당국의 방침을 비판하며 하루빨리 일본인들을 돌려보내라는 목소리가 높아졌다. 당시 이 비판론은 크게 '동정론'과 '무용론'으로 나타났다.[63] 전자는 아무리 일본인이라고 해도 정작 힘 있고 약삭빠른 자들은 이미 다 도망가고 힘없는 자들만 남아 있는 상황이므로 이들을 붙잡아두고 공연히 고생시키느니 차라리 돌려보내야 한다는 주장이었다. 후자는 점령 초기부터 제기된 비판론으로서, 핵심은 식량을 비롯한 주택·위생 등 민생 문제가 악화되니 속히 돌려보내야 한다는 주장이었다. 다시 말해 조선인들도 먹을 것이 없는 상황인데, 무엇 때문에 일본인에게 배급을 하냐는 것이었다. 이처럼 북한 일본인 내부의 위기감, 소련군의 유화정책, 조선인 사회의 송환 요구가 맞물려 일본인의 대탈출이 이루어졌다.

그런데 이 탈출의 기억은 과연 어떤 방식으로 각인되었을까? 1946년 8월 남시를 출발한 일본인들의 상황을 살펴보자.

사망자 매장을 새벽에 마치고 오전 8시 삼등역三登驛을 출발. (…) 도보로 2킬로미터를 걸어가자 허벅지까지 잠기는 큰 강이 가로막고 있는데, 강 폭이 200미터나 된다. 물살이 거세어 노유병자老幼病者는 건널 수가 없다. 성년 남자를 총동원했다. (…) 준엄한 대산맥과 산맥의 사잇길은 말만 길일 따름이지 구불구불하여 선두와 후미 사이가 400미터나 벌어졌다. 젖먹이를 앞뒤로 업고, 5명 혹은 7명이나 되는 아이들을 때로는 다그치고 얼러가며 걸어가는 엄마. 다리를 질질 끌며 가는 노파. 그 뒤에서 허공에 채찍을 휘두르며 걸어가는 정신병자. 40도가 넘는 고열에 몽환 상태로 걸어가는 환자 등등. 참으로 눈 뜨고 볼 수 없는 죽음의 난행이다.[64]

그나마 이 탈출조는 8월에 남하했기 때문에 피해가 덜 했지만, 초봄에 남하한 사람들 중에는 길을 잃어 사망한 사람도 많았다. 앞에서 보듯이 이미 출발할 때부터 환자들이 많았기 때문에 중간에 낙오자도 많이 발생했고, 본대에서 이탈한 경우에는 어쩔 수 없이 아이들 중 일부를 포기해야 하는 최악의 선택에 직면한 사람들도 있었다. 그럴 때면 예외 없이 여자아이들이 버려졌다.

돌이켜보면 이들의 사망은 패전 후 소련 점령 당국의 '남하 금지'에서 비롯되었다. 동시에 그것은 패전 후 직면한 사회적 지위의 역전, 조선인 사회의 민족주의 고조, 재산의 약탈과 인신의 구속, 집단 수용, 남성의 부재 등이 서로 맞물리며 집약된 결과였다. 그런데 따지고 보면 이 환경 자체가 구 일본제국이 조선에 남긴 유산이기도 했다. 해방 후 남겨진 부녀자와 노약자들은 단지 '일본인'이라는 이유로 이 무거운 부채를 모두 짊어져야 했다. 그러나 그곳에 '일본'이란 국가는 없었고, 남은 건 그저 참혹한 '기억'뿐이었다.

6. 모국 일본의 배신

동포에게 당한 설움

1947년 1월 어느 겨울날 오사카에 사는 22세의 한 젊은 여성이 집에서 극약을 마신 채 신음하고 있었다. 뒤늦게 그녀를 발견한 가족은 온갖 수단을 다 써봤지만 그녀는 결국 숨을 거두고 말았다.[1] 다키카와 나쓰요滝川夏代라는 이 여성은 1945년 11월 조선에서 돌아왔다. 그러나 마땅히 거처할 곳이 없어 잠시 지낼 곳을 수소문하던 끝에 마쓰이 가네松井かね라는 친척 집에서 온 가족이 신세를 지게 되었다. 원래 이 집에는 마쓰이 씨 가족 5명이 살고 있었는데, 다키카와 가족 8명이 들어오는 바람에 졸지에 13명이 생활하게 되었다. 비좁은 집에서 함께 살다 보니 알게 모르게 두 집 사이에 다툼이 잦아졌다. 갈등의 축은 마쓰이 씨의 며느리인 요시코와 어린 동생들을 돌보던 나쓰요였다.

요시코로서는 패전으로 인해 그러지 않아도 본토인들도 살기 어려운 판국에 얼굴 한 번 본 적 없는 사람들이 친척이랍시고 들어와 함께 살아야 하니 여간 불편하지 않았다. 더욱이 생각지도 못한 시댁 식구가 8명이나 늘어났으니 기뻐할 일은 아니었을 것이다. 게다가 이들은 변변한 일자리도 없어 마쓰이 가족에게 번번이 손을 벌리기 일쑤였다.

한편 나쓰요는 부산의 미지마고등여학교三島高等女学校(현재 부산 대청동 남성여고 자리에 있던 사립학교)를 나와 조선에서는 남부럽지 않은 생활을 했었다. 그랬건만 일본 귀환 뒤 8명이나 되는 가족이 2층 단칸방에서 천덕꾸러기 취급을 받아가며 얹혀살아야 하니, 그녀로서는 이러한 상황이 모두 스트레스 그 자체였을 것이다. 게다가 그녀는 장녀로서 줄줄이 딸린 어린 동생들을 챙겨야 했기 때문에 비슷한

다키카와 나쓰요의 자살을 보도한 신문 기사

일본인들이 해외에서 본토로 몰려오자 본토인은 본토인대로, 귀환자는 귀환자대로 서로 상대방에 대한 불만을 투사하는 등 일본 사회는 도처에서 총체적 '피로 현상'을 드러내고 있었다. 본토인에게 귀환자는 사회적 부담층이요, 민폐집단에 불과했다. 그 결과 아무리 언론을 통해 해외 귀환자에 대한 사회적 온정을 호소해도 본토인들은 좀처럼 마음을 열지 않았다. 오히려 귀환자들의 열악한 생활상을 보도할수록 본토인들은 그것을 당연시 여겼고, 귀환자에 대한 편견만 심화시켰다. 1946년부터 신문 사회면을 장식한 해외 귀환자의 비관 자살 소식은 이러한 전후 일본의 균열상을 압축하여 보여준다.

또래의 요시코와 자주 부딪칠 수밖에 없었다. 그날도 사소한 일로 말다툼을 벌였는데, 요시코가 화가 난 나머지 "이 집에서 나가라!"고 소리를 질렀다. 설움에 북받친 나쓰요는 결국 그날 저녁 "먼저 떠나는 불효를 용서해주십시오. 모든 이의 행복을 빕니다"라는 짤막한 유서를 남기고 일본으로 돌아온 지 1년여 만에 세상을 등졌다. 이러한 설움은 과연 나쓰요 개인만의 문제였을까?

한 해가 세밑으로 접어들면 결혼 적령기에 접어든 사람들 사이에서는 으레 혼사가 화두로 등장하기 마련이다. 그러나 패전을 맞이한 1945년 겨울, 일본은 극심한 결혼난에 시달렸다. 패전 후 해외에서 돌아온 젊은 남성들은 넘쳐났지만, 거꾸로 결혼 건수는 크게 줄어들면서 사설 결혼상담소들도 줄줄이 도산했다. 그나마 남아 있는 결혼상담소를 찾는 사람들은 대개 30~40대의 홀아비이거나 전쟁으로 남편을 잃은 과부들이었다. 초혼의 경우는 대략 25~30세 사이의 부유한 집 여성이 주 고객이었는데 정작 젊은 남성들의 모습은 찾아볼 수 없었다. 그 원인은 "결혼하고 싶지만 집이 없다, 가재도구가 없다, 당장 먹을 식량이 없다, 만일 아이가 태어나도 기저귀 한 장 살 수 없다, 식을 올리고 싶어도 준비할 돈이 없다. 그래서 결혼할 수 없다"[2]는 어느 결혼상담소장이 전해준 말처럼 극심한 생활난 때문이었다. 패전 후 일본 사회에서 결혼은 전쟁으로 득을 본 극소수의 사람들이나 비교적 전쟁 피해를 덜 입은 본토인의 특권이 되어버렸다. 앞서 본 나쓰요와 같이 패전과 동시에 빈털터리가 된 해외 귀환자, 제대하는 순간 실업에 처한 젊은 예비역 남성들, 그리고 일본 내 다른 지역에서 공습을 피해 피난 와 더부살이하거나 집단생활하던 소개민疎開民 자제들에게 결혼은 언감생심이었다.

귀환자·제대군인·소개민은 전후戰後 일본의 열등 국민으로 전락했다. 그중에서도 특히 해외 귀환자는 본토인의 뿌리 깊은 편견으로 인해 혼처를 찾기가 더욱 어려웠다. 조선에서 태어난 일본인 여성의 경우는 이미 조선에 있을 때부터 본토인과의 결혼이 쉽지 않았다. 본토인은 말할 것도 없고 심지어 조선에 살던 일본인 남성조차도 "혈통을 믿을 수 없다, 가정적이지 않다, 본토의 시부모를 모실 줄 모른다"는 이유로 조선 태생 여성을 신부로 맞아들이기를 꺼렸기 때문이다.[3] 남성들은 대개 신부감을 구하기 위해 본토로 건너오거나 신부 가족을 조선으로 불러들여 맞선을 보곤 했다. 1930년대로 접어들자 조선에서 태어난 일본인이 전체 재주 인구의 30%를 넘어섰고, 결국 이들의 결혼 문제가 일본인 사회 내부의 민감한 사회문제로까지 언급되었다. 사회 지도층 인사들은 일본인 남성이 조선 태생 일본인 여성을 싸잡아 '불량한 말괄량이(flapper娘)'라고 부르며 조신하지 못한 여성으로 바라보는 편견을 비판했다.[4]

그런데 패전 후에는 이러한 선입견 위에, 본토인에게 민폐만 끼치는 '귀환자[인양자引揚者(히키아게샤)]'라는 또 다른 차별의 이미지가 덧씌워졌다. 게다가 소련 점령지에서 돌아온 사람들의 증언을 통해 점령군의 각종 폭행 사실이 대대적으로 보도되고, 실제로 피해자들이 본토로 돌아온 후 혼혈아를 출산함으로써 해외 귀환 여성은 정조마저 잃은 집단으로 매도되었다. 귀환 여성의 혼혈아 출산이 사회문제로 대두하자 1946년 4월 일본 사회당 부인부에서는 "이 문제에 대해서는 어디까지나 '여성다운 배려'가 필요하다"며 각 정당과 사회단체 부인부가 힘을 합해 공동으로 대처할 것을 주장했다.[5]

그러나 일본 구호 당국이 취한 조치를 보면 그러한 배려라고는 조금도 찾아볼 수 없다. 이와 관련해 일본 후생노동성의 전신인 인양원호국은 원치 않은 임신을 한 여성의 경우에는 본인의 의사에 따라 자발적으로 치료를 받도록 했다고 주장해왔다. 그러나 귀환자의 증언에 따르면, 정부는 1945년 9월 귀환항 바로 옆에 있는 규슈대학 의학부의 산부인과 의사를 소집해 만주·북한 등 소련 점령지에서 돌아온 여성들을 대상으로 문진을 거쳐 강제 낙태 수술을 실시했다고 한다. 또한 정부는 임신한 여성의 치료, 즉 강제 낙태를 시행하고자 1946년 3월부터 하카타 인양원호국에 지시하여 귀환항에서 가까운 곳에 후쓰카이치二日市 보양소를 설치했다. 그곳에서 이루어진 이 '음험한' 프로젝트에는 경성·부산일본인세화회의 하부 조직인 이동의료국 관계자가 규슈대학 의사들과 함께 대거 동원되었다. 여기서 이동의료국 관계자란 경성제국대학 의과대 교수들이었다.[6]

이처럼 해외에서 돌아온 여성을 맞이하는 '조국' 일본의 첫 인사는 바로 강제 낙태를 위한 채혈 검사로 대체되었다. 환영 대신에 이들을 기다린 것은 모든 귀환 여성을 싸잡아 순혈주의와 봉건적인 정조 관념에 기반해 색안경을 끼고 바라보는 본토인들의 미묘한 시선과 수군거림이었다. 이들은 억울했지만 그렇다고 이것을 공론화할 처지도 아니었다.

사실 조선에 있던 일본인들은 공무직과 전문직에 종사한 사람이 많았고, 대부분 번화한 부府와 지정면指定面에서 지냈기 때문에 도시 생활자가 대부분이었으며, 본토인에 비해 전반적으로 학력도 높았다. 예컨대 고등여학교를 나온 고학력자만 보아도 본토인과 비교해보면 비율상 3배 이상 높았다.[7] 그럼에도 불구하고 조선에 있을 때부터 이들은 태생적으로 얌전하지 못한 여성이라는 편견을 감수해야 했고, 일본으로 돌아와서는 몸까지 버린 여성으로 치부되어 이중의 상처를 안고 살아야 했다.

조선에서 돌아온 남성의 처지도 크게 다르지 않았다. 예전에는 본토에서 신부를 구해 결혼했지만, 이제는 본토인 신부의 남편감이 될 수 없는 결격 사항투성이로 간주되었다. 과연 내가 어느 정도의 조건과 배경을 갖춘 배우자를 선택할 수 있는가의 문제와 직결된 통혼권通婚權은 한 사회의 계층·계급별 구성과 이들 사이의 관계를 적나라하게 들여다볼 수 있는 척도이다. 그렇다고 할 때 패전 후 해외에서 돌아온 사람은 본토인이 여러모로 피하고 싶은 혼처였다. 귀환자들이 해외에서 돌아온 사실을 굳이 입 밖에 내지 않으려고 한 것도 이러한 유·무형의 차별을 피하기 위해서였다.

사회적 낙인, 히키아게샤

패전 후 2년여가 지난 1947년 겨울, 도쿄의 우에노上野와 시나가와品川 등 주요 역 부근에 설치된 귀환자 임시 수용소는 본의 아니게 거의 반영구 시설이 되어버렸다. 수용된 귀환자들이 일자리를 구해 빨리 밖으로 나가야만 다음 사람을 받을 수 있는데, 수용소에 한번 들어오면 그대로 눌러앉으려 했기 때문이다.

만주 펑톈에서 도쿄로 돌아온 사쿠라이 아쓰코桜井篤子 부부는 수용소에서 잠시 지낸 후 어떻게든 밖으로 나가고자 했으나 세상은 녹록하지 않았다. 방 한 칸을 빌리려고 해도 치솟는 물가 때문에 수만 엔의 권리금을 내야 했으니, 무일푼으로 돌아온 이들 부부로서는 도저히 감당할 방법이 없었다. 남편은 처음 이 수용소에 들어올 때 바닥부터 다시 시작하는 마음으로 새롭게 각오를 다졌지만, 아무리 궁리를 해보아도 이 수용소를 나갈 방법은 없었다. 셋집이라도 얻어 새로운 그들만의 둥지를 마련하고자 했던 이들 부부는 결국 수용소에서 아이를 출산했다.[8] 이렇듯 귀환 남성은 조국으로 돌아왔지만 아무것도 할 수 없다는 무력감에 시달렸고, 귀환 여성은 색안경을 끼고 삐딱한 눈으로 자신을 바라보는 본토인의 시선에 지쳐갔다.

사실 앞서 본 나쓰요의 경우는 친척 집이라도 찾았으니, 아무런 연고도 없어 귀환자 수용소에 들어간 사람들보다는 그나마 상황이 나은 편이었다. 1947년 홋카이도 하코다테시函館市 가메다무라亀田村의 미나토료みなと寮라는 수용소는 다른 곳에 비해 사정이 나은 편이었음에도 불구하고, 시설이라고는 가건물 바닥에 깔린 거적이 전부였다. 특단의 조치가 없는 한 299세대 1,400여 명이 거적 하나로만 겨울을 나야 할 상황이었다. 게다가 귀환 아동이 수용소 울타리 밖으로 나서기라도 하면 본토의 아이들은 '외지에서 굴러 들어온 거지'라며 놀려댔다. 그때마다 원래 살던 곳으로 돌아가자며 울면서 돌아오는 자식을 바라보며 부모들은 억장이 무너졌다. 귀환자 수용소는 해당 지역사회에서 어느새 소외된 '섬'으로 자리 잡고 있었다.[9]

귀환자 수용소는 기본적으로 임시 수용 시설이므로 그곳에서 계속 생활해 나갈 수는 없었다. 그래서 비슷한 신세의 귀환자들은 허름하나마 가주택을 지어 일종의 정착촌을 만들고자 했으나, 이 또한 쉽지 않았다.[10] 나가노현 마쓰모토시松本市의 경우 마쓰모토의학전문학교 건물 일부와 인근 군부대 피복 창고에 귀환자들을 수용하고 있었다. 당시 창고에 마련된 수용소를 취재한 지역의 신문기자는 다음와 같이 이들의 생활상을 전했다.

목숨 걸고 돌아온 자들. 몸을 의탁할 연고가 없고, 시내의 빈집을 찾아도 구할 수 없는 이들이 결국 이곳에 들어왔다. 큰 방 한 개에 30평, 사방팔방 판자로 이어 붙여 살풍경한 병사 내부를 둘러보았다. 한 동에 36세대씩 수용하기로 예정되어 있었으나, 공사가 늦어지자 낡은 판자와 천조각을 두르고 지내고 있다. 해외에서부터 이미 수용소 생활에 익숙한 인양자(귀환자)들이므로 어떻게든 참고 있는 모습이지만, 빈손으로 돌아온 이들에게 또다시 이 수용소에서 생활하는 불편을 겪게 한다는 것은 상상하기 어렵다. (…) 모조리 판자로 이어 붙이고 이불도 없는 인양자들. 또 아무리 배가 고파도 배급 식량 이외에는 기댈 곳이 없다. 돈은 이미 다 바닥이 났고, 일하려고 해도 딸린 아이들이 많아 일자리를 구하기가 어렵다. 목숨을 걸고 조국으로 돌아왔건만 이들의 앞날엔 한 줄기 빛도 보이지 않는다. 한탄만 나오는 인양자들의 생활이다. "낡은 것이라도 상관없다. 잠잘 때 제발 몸에 닿는 부분만이라도 좋으니 맨바닥에 깔 다다미가 있으면 좋겠다. 그리고 잡초가 무성해도 좋으니 자투리땅이라도 우리에게 개방해주면 푸성귀라도 자급해 먹을 수 있는데, 애석하게도 좀처럼 빌려주지 않으려고 한다"라며 생명의 최후 일선에서 잘 것과 먹을 것을 절실히 외치는 이들이었다.[11]

해외에서 돌아온 사람들은 범죄자라는 오명까지 떠안기도 했다. 1945년 12월 현재, 일본 정부는 육군의 경우 본토에서 제대한 사람이 약 90만 명, 해외에서 돌아와 제대한 사람이 약 200만 명, 해군은 총 50만 명 정도로 추정했다. 해군의 경우 취업 현황을 보면 50만 명 중에서 2만 명은 귀농했고, 약 20% 정도가 운수·교통업에 취업했을 뿐 나머지는 제대와 동시에 실업에 처했다. 육군의 경우도

고구마를 사기 위해 후쿠오카 암시장에 모여든 사람들
일본제국이 붕괴하면서 일본열도와 구 식민지에는 공통적으로 암시장이 우후죽순처럼 생겨났다. 암시장은 구 일본제국 안에서 이루어진 지역 분업과 재생산, 그리고 유통·소비 질서가 마비되면서 생겨난 필요악이었다. 사람들은 암시장이 없으면 그나마 당장 먹을 것도 구할 수 없었.
그러나 동시에 이러한 상황을 이용해 사재기를 일삼거나 특정 물자를 독점해 터무니없는 가격을 요구하며 개인의 사리사욕만 챙기는 악덕 브로커 집단이 등장하여 유통 질서를 문란케 하기도 했다. 부산 신창동 일대의 국제시장도 해방 후 일본인들이 처분하고 간 물자와 각 창고에 비축된 물자가 풀리면서 형성된 암시장에서 출발해 굴지의 상설 시장으로 성장했다.

상황은 다를 바 없었다. 특별한 기술도 없이 전쟁터로 동원된 대다수의 일반 병과 출신자들은 번번이 취업 문턱에서 좌절을 맛보았고, 결국 암시장을 전전하며 밀거래 브로커를 하거나 도둑질을 일삼았다. 1946년 7월 1일 현재, 야마가타현의 범죄 통계를 보면 생활고와 취직난으로 저지른 절도죄가 약 65%를 차지했는데, 범죄자의 대부분은 갓 제대한 군인이거나 해외에서 돌아온 사람들이었다. 심지어 귀환 아동들마저 범죄자 대열에 합류하여 범죄가 급증하자 청소년 보호감호 시설인 야마가타현립양덕원山形縣立養德園에서는 정원을 초과하면서까지 아이들을 수용하기 시작했다. 한 소년은 아버지가 과거 조선에서 육군 모 부대의 부대장을 지냈지만 고향으로 돌아온 뒤에는 줄곧 귀환자 수용소로 지정된 유곽 건물에서 생활했다. 그곳에서는 15세대가 공동생활을 했는데, 대략 3평 크기의 방 한 칸에 10여 명이 생활했다. 그러다 보니 불편함은 말할 것도 없고 매일같이 도난 사건이 일어나 다툼이 끊이지 않았다. 그 소년은 도난 사건이 발생할 때마다 범인으로 지목되어 결국 보호감호 시설에 보내졌다. 열악한 정착 환경과 가난이 귀환 아동을 범죄자로 만든 것이다.[12]

해외 귀환자는 또한 더러운 전염병을 옮기는 바이러스 그 자체로 인식되었다. 1946년 봄에서 여름까지 중국 대륙, 한반도, 일본열도에서는 일본제국의 붕괴로 곳곳에서 돌아가고 돌아오는 사람들로 인해 각종 풍토병과 전염병이 기승을 부렸는데, 이 때문에 지역을 막론하고 외지에서 돌아온 사람들은 본토인들로부터 병균덩어리 취급을 당했다. 해외 귀환자가 급증하자 새롭게 귀환항으로 추가 지정된 니가타현新潟縣에서는 조선·만주에서 돌고 있는 전염병, 즉 발진티푸스, 천연두, 콜레라, 페스트, 유행성출혈열 등의 증상을 자세히 홍보하면서 귀환자들에 대해 '온정'을 베풂과 동시에 '주의'를 기울이라고 계도했다. 같은 해 8월 오사카에서는 17년 만에 콜레라 대소동이 벌어졌다. 해외 귀환자를 비롯해 노숙자들이 넘쳐 나던 오사카 역에서 시작된 콜레라는 이내 시내 전역으로 번졌다. 1929년 72명의 환자가 발생한 이래 콜레라를 완전히 퇴치했다고 믿었던 선진 위생 도시 오사카의 자긍심은 단번에 무너졌다. 본토인의 시선은 온갖 병균의 온상으로 일컬어지던 귀환선을 타고 온 사람들에게 쏠리기 시작했다.[13] 식민지에서 현지인들을 게으르고, 무능하고, 무식하고, 더럽고, 무모한 저항만 일삼는 집단으로 매도한 일본인들이 패전 후 조국에 돌아와 동포로부터 똑같은 소리를 듣게 된 것이다.

민폐 집단이라는 '사회적 낙인'과 귀환자라는 '주홍글씨'는 해외에서 돌아온 사람들 마음속에 한동안 씻을 수 없는 트라우마로 자리 잡았다. 일찍이 미요시 아키라三吉明는 1957년 해외 귀환자의 생활지원법제인 인양급부금등지급법引揚給付金等支給法이 제정될 무렵, 도쿄 미나토구港区와 가나가와현神奈川県 니노미야초二ノ宮町 일대에 거주하는 귀환자들을 상대로 빈곤 실태를 조사했다.[14] 그는 미나토구에 거주하는 1,928세대의 귀환 가족 중 조선에서 돌아온 244세대(A)와 니노미야초에 거주하는 40세대의 귀환 가족 중 구 만주에서 돌아온 21세대(B)를 대상으로 이주 동기를 비롯해 귀환 당시 본토의 구호 상황, 외지에서의 생활 실태, 외지 재산에 대한 보상 희망 여부, 현재의 생활 실태 등을 조사했다. 패전 후 10여 년이 지난 뒤에 작성된 이 논문은 이들의 빈곤 문제라든가 본토인에 대한 피해 의식 등이 여전히 현재진행형 사안이었음을 보여준다.

그중에서 주목해 볼 대목은 "본토 귀환 이래로 어떤 점이 가장 힘들었는가?"라는 질문에, "너희들은 외지에서 호사를 누릴 만큼 누렸으니 조금 힘들게 사는

남한에서 돌아온 일본인들로 붐비는 모지항門司港

일본의 대표적인 귀환항은 기타규슈의 하카타항博多港이었고, 소련에 억류되었다가 나중에 돌아온 일본군 포로를 비롯한 남성들의 지정 귀환항은 교토의 마이즈루항舞鶴港이었다. 그 밖에도 하카타에서 비교적 가까운 야마구치현 시모노세키의 모지항門司港이나 센자키항仙崎港에도 많은 귀환자가 상륙하였다. 위 사진에서 보듯이 남한에서 돌아온 여성들 중에는 파마머리를 한 여성도 꽤 있었는데, 이러한 모습이 본토인에게 '해외에서 호사를 누리던 사람들'이라는 인식을 심어주는 빌미가 되기도 했다. 반면에 북한이나 만주 등지에서 돌아온 여성들 가운데 일부는 빡빡머리를 하고 있는 경우도 있어 본토인들에게 충격을 안겨주었다.

것도 당연하다"[15]는 본토인의 따가운 시선을 꼽는 자가 압도적으로 많았다는 점이다. 식민지에서의 생활과 현재의 생활을 비교해볼 때 어느 쪽이 살기 좋았냐는 질문에는 (A) 그룹 75.8%, (B) 그룹 77.5%가 "현재가 더 나쁘다"라고 답했다. 그 밖에 "대체로 다를 바 없다"는 대답이 20% 정도였고, "지금이 더 좋다"는 대답은 양 집단 모두 거의 전무했다. 이 자료를 근거로 미요시는 귀환자들이 그렇게 인식하게 된 원인을 다음과 같이 정리했다. 즉 패전으로 인해 이들을 구호할 여력이 없었던 일본의 객관적 상황, 군인뿐만 아니라 일반 민간인(인양자)조차도 침략주의자로 오해하거나, 단지 식민지에서 상대적으로 여유로운 생활을 했다는 이유만으로 이들을 질시하던 본토인들의 정서에서 위와 같은 인식이 비롯되었다는 것이다.

해외 귀환자들은 패전 후 10여 년이 지난 시점에도 본토인에게 섭섭한 마음을 지울 수 없었고, 식민지에서 살 때가 좋았다고 여기고 있었다. 이런 결과는 귀환자들이 식민지에서 누렸던 온갖 특권과 풍요에 대한 그리움, 그리고 냉대·배척·경계·질시 등 귀환자에 대한 본토인의 정서와 태도가 복합되어 나타난 현상이었다.

총리실로 날아든 20만 통의 편지

1962년 무려 20만 통이 넘는 우편물이 총리실로 날아들었다. 그것은 다름 아닌 패전 후 해외에서 돌아온 사람들이 보낸 보상청구서와 일본 정부의 무책임한 해외 귀환자 지원 정책을 성토하는 편지였다. 1962년은 샌프란시스코 강화조약

발효 10주년을 맞이하는 해이자, 민법상 재외재산보상청구권 시효가 만료되는 해였다. 이에 같은 해 4월 해외 귀환자의 전국 조직인 인양자단체전국연합회引揚者団体全国連合会는 재외재산보상청구권에 대한 시효 중지와 더불어, 귀환자 가족 46만 세대를 대표해 일본 정부를 상대로 약 1조 888억 엔의 재외 재산 보상금을 요구했다.[16] 바로 이 일에 힘을 실어주기 위해 귀환자들이 총리대신 앞으로 일종의 항의 서한과 보상청구서를 발송한 것이다.

무엇이 이들을 그토록 분노하게 만든 것일까? 그리고 이들은 왜 일본으로 돌아온 지 거의 20년이 다 되어가는 시점에 단체 행동에 나선 것일까? 이 문제를 살피려면 먼저 패전 후 일본의 전후 보상에 관련된 제도를 돌아볼 필요가 있다.

패전 직후 해외의 일본인들이 본토로 쇄도할 무렵에 보도된 신문 기사를 보면 크게 세 가지 특징을 발견할 수 있다. 첫째, 귀환자 관련 기사에는 전쟁터에서 돌아온 제대군인 및 공습과 원폭 등의 피해를 입었거나 전란을 피해 다른 지역으로 피난한 전재민戦災民과 소개민疎開民이 늘 함께 거론되었다.[17] 둘째, 이들에 관한 기사는 대부분 주택·식량·실업 등 주로 민생 문제를 다루는 사회면에 집중되었으며, 또한 이들에 대해서 사회적 구호가 시급히 필요한 집단이라고 보도되었다.[18] 셋째, 이들 집단은 모두 패전에 따른 '전쟁 희생자' 혹은 '전쟁 피해자'로 범주화되고 있었다.[19]

이처럼 전후 일본에서는 해외에서 돌아온 제대군인, 민간인 귀환자, 본토의 전재민과 소개민은 모두 광의의 전쟁 피해자이므로 사회 전체가 나서서 이들이 최소한의 생활을 할 수 있도록 구호해야 한다는 '당위론'이 널리 유포되었다. 앞서 보았듯이 실제로 이들은 식량·주택·실업 문제 등으로 어려움을 겪었고 대부분 빈곤에 허덕였지만, 각종 민생 문제를 악화시키는 주범으로 지목되면서 사회적으로 철저히 경원시되었다. 이들은 열악한 구호행정 탓에 제도적으로도 도움을 받지 못하는 전후 일본의 '2등 국민'이었다. 하지만 이들은 각기 자신들이야말로 전쟁의 가장 큰 피해자라며 국가와 사회의 도움을 끌어내고자 했다. 그러면 이들 세 집단, 즉 해외에서 돌아온 제대군인, 민간인 귀환자, 본토의 전재민·소개민이 각기 주장한 그들만의 특수한 '전쟁 피해'란 과연 무엇이었을까?

먼저 일본 본토와 해외에서 제대한 군인들은 개인적으로 학업과 직장을 뒤로 하고 국가의 명령에 따라 목숨을 걸고 전장에 나갔음을 내세웠다. 한편 해외에서 돌아온 민간인 귀환자들은 구 일본제국을 유지하고 뒷받침한 장본인이 바로 식민지에서 생활했던 자신들이라고 강조하면서, 패전으로 인해 그곳에서 재산은 물론이고 오랫동안 공들여 일군 인적 네트워크까지 모든 생활 기반을 잃었다고 주장했다. 해외 귀환자에 비해 수적으로 월등히 많았던 본토의 전재민과 소개민들은 전쟁 기간 내내 각종 동원에 시달렸고 막바지에는 연합군의 대공습으로 재산과 가족을 잃었다고 했다. 그리고 이들 중 원래 대도시에 거주했던 자는 점령 당국의 강제적인 인구분산정책 때문에 전쟁이 끝난 마당에도 멀쩡한 자기 집을 두고 계속해서 타지에서 생활해야 하는 부당함을 호소했다.[20]

일본 정부는 연합국에 대한 배상 외에도 줄기차게 생활 지원을 호소하는 위의 세 집단으로부터 끊임없는 압박을 받았다. 사실 그들의 주장에는 어느 하나 틀린 말이 없었다. 제대군인의 경우, 국가가 이들을 동원했던 만큼 적어도 제대로 된 정부라면 이들에게 원호를 실시해야 했다. 또한 국가의 가장 큰 의무가 자국민의 생명과 재산을 보호하는 일인 만큼, 일본 본토와 식민지를 막론하고 전후방이 일원화된 총동원체제로 치른 전쟁에서 손해를 입은 사람이 있다면 마땅히 그것에 대해 보상할 의무가 있다. 따라서 안팎으로 '빚 독촉'에 시달리게 된 일본 정부는 대외적으로는 최대한 연합국에 대한 배상액을 낮추기 위해 노력하는 한편, 국내적으로는 이들 세 집단의 요구를 적절히 수용하고 동시에 무마해야 하는 어려운 과제를 떠안았다.

　이러한 상황 속에서 일본의 '국내 전후戰後 보상' 법제는 이들 세 집단에 대한 처우 문제를 중심으로 정비되어갔다. 패전 직후 일본 정부는 사회 곳곳에서 불거진 집단 간의 균열을 막고자, 모든 국민이 전쟁으로 피해를 입었다는 정치적 수사를 구사하며 광의의 '전쟁 피해자·희생자론'을 유포했다. 정부의 이런 태도는 부족한 구호재정 등을 이유로 각 집단의 요구를 교묘히 무마하기 위한 고육책이었다. 하지만 엉성한 이 논리는 곧 거센 저항에 부딪혔다. 즉 피해자를 논한다면 가해자가 누구인지를 밝혀야 할 것이고, 그 피해는 누구의 잘못에서 비롯되었으며, 피해 정도가 각기 다른 사람들에게 국가가 궁극적으로 어떻게 대처할 것인지를 밝혀야 했다. 그러나 광의의 전쟁 피해자론은 무엇보다도 국가책임을 회피하기 위한 논리였고, 맥락·내용·정도가 엄연히 각기 다른 피해를 뭉뚱그려 획일화했기 때문에, 만일 보상이 평등하게 이루어지지 않는다면 언제든지 파탄에 직면할 위험을 안고 있었다. 이러한 우려는 샌프란시스코 강화조약의 체결과 '은급법恩給法'의 부활을 계기로 현실화되었다.

　은급법은 원래 1923년부터 시행한 제도로서, 퇴직한 공직자·군인이나 그 유족의 생활 보장을 위해 근무 연한과 직급 등에 따라 일정액을 지급하던 일종의 공무원연금·군인연금제도였다. 그런데 패전 후 GHQ 점령 당국은 이 제도가 바로

군국주의의 기반이 되었다며 폐지시키고, 그 대신 '구제와 복지 계획건(SCAPIN-404, 救済並福祉計画ノ件)'이라는 법령을 발표해 군인과 그 가족, 전재민·소개민, 귀환자를 모두 동일한 원호 체계 아래 두었다. 이 법령은 국가의 도움 없이는 자력으로 생활할 수 없는 사람들을 구호한다는, 극히 일반적이고 초보적인 복지론에 기초했으며 1946년 9월 이래 '생활보호법'으로 정비되었다. 점령 당국은 이 법령에 따라 '무차별 평등 원칙'에 기반한 공적부조를 실시했다.[21]

그런데 일본 정부는 1951년 대일강화조약에 관한 논의가 진전되는 가운데, 전상병자와 전몰자 유족에 대한 원호 법안을 검토하기 시작해 이듬해인 1952년 4월 30일 정식으로 '전상병자전몰자유족등원호법'을 공포했다. 그리고 이어서 같은 해 8월 1일 은급법 개정안을 공포했다. 샌프란시스코 강화조약의 체결로 일본 정부가 주권을 회복하자마자 제일 먼저 실시한 조치가 바로 전전戰前의 원호 체계인 은급법 부활이었다는 점에서, 일본 정부가 겉으로만 평화를 외치고 과거로 돌아가려는 것이 아니냐는 비판의 목소리가 안팎에서 불거졌다. 그뿐 아니라 은급법 부활로 초래된 이들 세 집단 사이의 '차별' 문제를 어떻게 감당할 것인가 하는 현실적인 문제가 대두했다.

그러나 이것은 이미 의회에서 법안을 준비하던 단계부터 예견된 일이었다. 은급법의 부활은 1952년 6월 20일 은급법특례심의회가 설치되면서 본격적으로 추진되었다. 이 심의회는 같은 해 11월 구 군인 군속과 유족의 은급에 관한 건의를 제출했다. 그리고 은급의 본질은 국가에 고용되어 특정한 일을 수행함으로써 상실하게 된 것에 대한 손해보상이라며, 만일 옛 원호 체계를 복구하고자 한다면 전쟁 피해에 대한 단순한 보상이 아니라 공무원연금제도라는 관점에서 법제를 부활해야 한다고 주장했다. 그러자 사회보장제도심의회의의 스에타카未高信 의원은 은급법만 부활하는 것은 일반 국민과 군인 사이, 그리고 군인들 간에도 불균형을 초래한다며 반대했다.[22] 즉 비판론자들은 적어도 전쟁 피해·희생을 균분하기 위해서는 민간인과 군인을 동일한 사회보장제도로 처우해야 한다고 주장했다. 유족원호법의 대상과 관련해 좌파사회당의 한 의원은 법안 심의 과정에서, 지원 대상은 공무로 인한 사망자와 전상자를 주로 하되, 공습·원폭 피해자에 대해서도 그에 준하는 적절한 피해 보상이 필요하다고 주장했다. 또 공산당의 한 의원은 보상 대상을 해외 귀환자는 물론이고 선원, 징용공, 동원 학도, 여자 정신대 등 일반 피해자로 확대해야 한다고 주장했다.[23]

샌프란시스코 강화조약 체결 후 일본의 원호법제는 이렇듯 재군비를 통해 전전으로 회귀하려는 보수세력과 지원 대상 확대를 통한 전쟁 피해 균분을 주장하는 진보세력 간의 갈등 속에서 정비되어갔다. 결론은 군인·군속에 대한 은급 지급, 국가와 공적 동원 관계가 명확한 일부 준군속(군무원 또는 군사 업무를 수행한 민간인)에 대한 원호금 지급으로 마무리되었다. 결국 전후 일본의 원호법제 또는 전후 보상 제도는 일본의 전쟁 도발로 피해를 입은 사람들을 대상으로 했다기보다는 '침략정책과 전쟁을 수행하는 과정에서 피해를 입은 공무원·군인'을 대상으로 만들어졌다. 이것은 또한 국가와 공적인 관계가 명확히 입증된 자로 국한되었기 때문에 해외 귀환자를 포함한 여타 민간인 피해자의 경우에는 좀처럼 혜택을 받기 어려웠다.[24] 일본 국내 민법상 재외재산보상청구권 시효가 만료되는 1962년에 총리실로 보상청구서와 비난의 편지가 20만 통이나 배달된 것은 바로 이 같은 차별 때문에 벌어진 현상이었다.

'전쟁 피해자'라는 기묘한 논리

1946년 12월 해외에서 돌아온 귀환자 25명이 주요 각료와의 면담을 요구하며 의회의사당 점거 농성에 들어갔다. 농성을 주도한 자는 전국인양자대표 호조 슈이치北条秀一였다. 이들은 귀환 노동자의 우선 취직, 실업자금 증액, 선거권 부여, 월동 물자 무상 배급, 식민지에서 예치했던 우편저금의 지불, 귀환 아동의 취학 알선 등 총 17항목을 제시하며 생존과 근로의 기회를 달라고 요구했다. 이 농성은 귀환자의 독자적 정치세력화 과정에서 정점을 찍는 계기가 되었다.

어렵게 돌아왔건만 사람 취급도 받지 못하고 기본적인 생활조차 할 수 없는 조국은 귀환자들에게 의미가 없었다. 결국 이들은 정치세력화를 통해 집단의 이익을 관철하고자 했다. 이러한 움직임은 1946년 중반 무렵부터 시작되었는데, 귀환자들은 1946년 7월 도쿄 도심에서 해외인양자전국대회를 개최하고 재외 재산과 예금을 담보로 한 생계비 및 사업자금 융자, 의류·주택·직업 알선, 본토 전재민과의 평등한 대우 등을 요구했다. 또 교토에서는 귀환자정치동맹이 결성되어 적극적인 정치 활동을 표방했고, 전국적으로는 인양자단체전국연합회가 조직되어 지역 간 연대를 꾀했다. 당시 이들은 취업 알선을 위해 파업 중인 국철과 방송사를 찾아가 노조 간부들과 만난 자리에서 "현재 노동조합은 반동 타도에 전념하고 있으나, 앞문의 호랑이만 신경 쓰다가 뒷문의 이리가 될 수 있는 우리들 귀환 실업자를 잊지 마라" 하며 이미 일하고 있는 사람의 자리를 위협하기도 했다.[25]

1947년 4월에 실시된 국회의원 선거는 해외 귀환자가 의회에 진출할 수 있는 중요한 기회였다. 인양자단체전국연합회는 참의원과 중의원에 4명을 입후보 시컸고, 기타 귀환자 단체도 앞다퉈 후보자를 냈다. 당시 일본의 노동조합원이 442만 명, 농민조합원이 130만 명이었음을 고려할 때, 줄잡아 500만~600만 명에 달하는 해외 귀환자는 결코 무시할 수 없는 사회집단이자 표밭이었다.[26]

> 나는 전국 650만 인양자(귀환자)의 대표로서 그들의 입장에서 주택 문제를 다루고자 합니다. (…) 도쿄 한복판에 30만 명의 인양자와 복원자(제대군인)가 있는데, 그중 20%만이 다다미 위에서 잠을 자고, 나머지 80%에 이르는 24만 명은 폐가(あばら屋)나 학교 건물, 창고 등에서 자든가 그냥 콘크리트 위에서 잠을 청하는 상황입니다.[27]

위 발언은 한 국회의원이 본회의 석상에서 당시 주택 문제를 총괄하던 전재부흥원 총재를 다그치며 650만 귀환자의 대책을 촉구하며 주장한 내용이다. 이 국회의원이 바로 앞서 의회 점거 농성을 주도한 호조 슈이치이다.

초대 의회 선거에서 귀환자로서 당선된 의원들은 곧바로 인양자특별위원회 구성을 촉구하고 귀환자에 관한 각종 지원 입법을 주도했다. 그중 한 명이 바로 조선총독부 식산국장과 경성전기회사 사장을 거쳐 패전 직후 경성일본인세화회 회장을 지낸 호즈미 신로쿠로穗積真六郎이다. 그는 2장에서 살펴본 '김계조 사건'에 연루되었다가 석방되어 일본으로 돌아온 뒤 인양자단체전국연합회 부위원장으로서 해외 귀환자를 위해 왕성한 활동을 전개했다. 특히 1947년 참의원에 당선된 뒤로는 주로 재외재산조사회를 이끌며 귀환자들이 구 식민지에 두고 온 재산 처리와 그곳에 동결되어 있는 각종 예금 인출 문제 등을 다뤄왔다. 또한 구 조선총독부 관료와 주요 외곽 단체장들을 중심으로 한 동화협회·중앙일한협회·우방협회 등을 직간접적으로 지원하고, 모리타 요시오森田芳夫로 하여금 귀환자들을 인터뷰하도록 하여 방대한 귀환 관련 자료를 생산해냈다. 이와 같이 만철 관계자로서 만주 귀환자를 배경으로 한 호조 슈이치, 총독부 관료 출신으로서 조선 귀환자를 배경으로 한 호즈미 신로쿠로 등이 1947년 선거를 통해 의회에 진출함에 따라 해외 귀환자들은 최소한 자신의 주장을 공론화할 수 있는 창구를 확보할 수 있었다.

미약하나마 정치세력화를 통해 자신의 이익을 대변하고자 한 귀환자들에게 샌프란시스코 강화조약 발효와 동시에 일본 정부가 취한 은급법 부활 조치는 그야말로 충격 그 자체였다. 그 조치는 민간인을 지원 대상에서 제외했다는 점에서 본토의 전재민과 소개민도 간과할 수 없는 사안이었지만, 귀환자들은 훨씬 더 민감하게 반응할 수밖에 없었다. 특히 귀환자 중에서도 재외 재산의 95%가 집중된 만주와 한반도에서 돌아온 사람들은 생활 지원금 몇 푼이 문제가 아니라, 자신의 전쟁 피해를 국가로부터 공인받지 못할 경우 재외 재산을 보상 받을 방법이 없었기 때문에 더욱 신경을 곤두세웠다.[28] 만일 이들이 식민지에 두고 온 재산을 연합국 배상에 충당했다면 당연히 그에 상응하는 배상 조치가 귀환자들에게 이루어져야 했지만 일본 정부는 이에 대해 아무런 설명도 하지 않았다. 게다가 만주와 한반도 지역은 연합국과 강화조약 체결 과정에서 국교 수립이 불투명한 지역으로 분류되었기 때문에 그곳에서 돌아온 자들은 정부의 조치를 더욱 강하게 비난하고 나섰다. 그러자 일본 정부는 일종의 무마책으로 부랴부랴 1957년 '인양자 급부금제도'를 도입했다. 하지만 귀환자들은 "강화조약 체결 시 배상을 최소화하고자 구 식민지에 접수된 재산에 관한 청구권을 정부가 소유주의 동의도 없이 포기했다"며 오히려 거세게 재외재산보상요구운동을 전개했다.

일본 정부와 해외 귀환자 사이의 갈등과 입장 차이를 극명하게 보여주는 사건이 이른바 1960~1968년까지 진행된 '캐나다 재판(損失補償-平和条約による在外財産喪失と国の補償責任)'이다. 이것은 대일 강화조약이 체결되면서 구 식민지와 점령지에 두고 온 자신의 재산을 상실하게 된 사람들이 일본 정부의 국가책임을 정면으로 물은 최초의 사건이다. 일본계 캐나다인들이 일본 정부를 상대로 제기했기 때문에 속칭 '캐나다 재판'이라고 불린 이 소송은 1963년 동경지방재판소(제1심), 1965년 동경고등재판소(항소심)를 거쳐 마침내 1968년 11월 27일 동경최고재판소(대법정 판결)에서 결론이 내려졌다. 그때 재판부는 귀환자의 재외 재산 상실은 일종의 '전쟁 희생' 혹은 '전쟁 피해'로서, 본토의 국민도 모두 이것을 감내(受忍)해야 했던 당시의 정황으로 보아, "헌법이 전혀 예상하지 못했던" 바이므로 헌법 제29조 3항에 기초한 보상 청구는 불가능하다고 판결했다.[29] 결국 이 판결은, 그 정도 피해는 본토인들도 모두 감수했으니 배상할 수도 없고 국가책임도 인정할 수 없다는 것이었다.

이 재판이 일본 귀환자들을 직접적으로 자극함으로써 인양자단체전국연합회는 정부가 일종의 생활 지원책으로 인양자급부금제도를 실시했음에도 불구하고 지속적으로 소송을 제기했다. 특히 1962년 4월에는 상기 급부금의 상환 기한과 아울러 민법상의 손해배상 청구 시효가 다가오자, 강화조약 체결 10주년을 맞이해 전국적으로 보상운동을 전개했다. 앞서 본 20만여 통의 편지가 총리실로 배달된 것은 바로 이러한 분위기 속에서 나타난 현상이었다. 이에 정부는 1964년 총리실 산하 재외재산문제심의회 제3차 회의를 통해 특별교부금을 다시 지급하기로 결정했다. 그리고 1967년 법률 114호 '인양자 등에 대한 특별교부금 지급에 관한 법률'을 제정하여 총 349만 명에게 1,925억 엔을 지급하고 이 문제에 종지부를 찍었다.

하지만 정부는 이 조치가 결코 국가의 보상 의무에 근거한 것이 아니라며 끝까지 국가책임 문제를 회피했다. 그 이유는 첫째, 만일 국가책임을 인정한다면 재외 재산에 대한 보상 근거를 제공함으로써 막대한 재정이 소요될 것이기 때문이었다. 둘째, 만일 민간인 귀환자에 대해 책임을 명시한다면, 귀환자보다 훨씬 더 많은 전재민·소개민 등 본토의 전쟁 피해자들이 은급법 실시 때와 마찬가지로 '차별' 문제를 제기함으로써 심각한 정치적 위기를 맞을 수 있다고 보았기 때문이다. 일본 정부의 이러한 태도는 결국 법학계로부터도 비난을 받았다. 비판의 핵심은 일본 정부가 줄곧 '광의의 전쟁 피해자'라고 부르던 세 집단에 대한 처우가 불평등하고, 지원 금액도 객관적 기준에 부합하지 않으며, 기본적으로 정부가 보상할 의지가 없는 상황에서 강력히 이의를 제기하는 집단에 대해서만 임시방편으로 대응함으로써 법제의 틀을 더욱더 왜곡했다는 것이다.[30]

실제로 일본 정부는 이들의 지적처럼 '전쟁 피해의 균분'이라는 국민 통합의 대원칙이 무너질 경우에 감수해야 하는 정치적 부담을 안고 이들 각 집단의 불만을 그때그때 무마하는 선에서 전후 보상을 최소화하고자 했다. 일본 정부가 보상에 대한 국가책임 문제를 명기하지 않고 최대한 보상 액수를 낮추려고 한 것도 바로 여타 전쟁 피해자 집단으로부터 형평의 문제가 제기되는 것을 막고자 한 정치적 고려 때문이었다.[31] 특히 해외 귀환자들에게 특별교부금이 지급된 시기는 이들이 일본에 돌아온 지 무려 20여 년이 지난 시점이기 때문에 대상자 중 50세 이상의 65%, 35~49세의 32%가 이미 사망한 뒤였다. 일본 정부가 1980년대 말부터 한국을 비롯한 구 식민지 출신자가 제기하는 소송에 대해 이른바 '국가무답책國家無答責(1945년 이전 국가의 권력 행사로 인한 개인의 손해에 대해서는 국가가 책임질 법적 근거가 없다는 논리)'을 비롯해 '개인 청구권의 부인', '시효' 등 옹색한 이유를 들어 시간을 끌면서 전쟁 책임과 전후 책임을 회피해온 법리적 태도는 이미 30년 전부터 자국민을 상대로 무수히 활용되었던 것이다.[32]

어쨌든 해외 귀환자들은 우여곡절 끝에 일본 정부로부터 전쟁 피해자로 공인받게 되었다. 그러나 이것은 실제로 이들이 입은 객관적 피해에 대한 보상 개념이 아니라, 전후 일본 정부의 다양한 '필요와 지향'이 녹아든 담론적 성격이 강했다. 일본 정부 입장에서 보자면 당시 재정 상태로는 어차피 공적자금을 통한 구제가 어려웠던 상황이기 때문에 이들의 마음을 달래고 사회 일반의 도움을 이끌어내기 위한 명분이 필요했다. 그리고 제각기 다른 피해와 보상을 주장하는 여러 집단의 요구를 무마하면서 동시에 이들을 새로운 국민국가의 국민으로 통합하기 위해서도 무언가 공통의 화두가 필요했다. '전쟁 피해자'라는 개념은 바로 이러한 배경에서 등장하여 전 사회적으로 유포되었다. 이것이 '전쟁 피해자'라는 정치적 수사의 본질이었다.

한편 귀환자들은 피해자 집단으로서 정부의 공인을 받았지만 정부의 형식적인 지원과 본토인의 계속되는 냉대와 멸시 속에서 자신이 떠나온 식민지와 돌아온 조국에서 이중의 피해를 입었다는 생각을 품게 되었다.

체험과 기억의 틈바구니

패전 후 해외 일본인의 귀환 체험은 귀환자 수만큼이나 다양하다. 개개인의 체험은 그것이 누구의 경험이든지, 또 어떠한 내용이든지 그 나름의 절대적 의미를 지닌다. 그리고 그 원체험에 대한 당사자의 인식 또한 적어도 사적 영역에서만큼은 그 자체로 존중할 필요가 있다. 그러나 이것이 한 사회의 집단적인 인식이나 공적 기억의 장으로 여과 없이 옮겨질 경우에는 이야기가 달라진다. 특히 식민지배를 둘러싸고 현격한 기억의 '편중'과 '밀도 차'를 드러내며 전후 일본 사회와 갈등하고 있는 아시아의 여러 나라에 투영될 경우에는 현실적으로 많은 문제를 파생시킨다.

그러한 점에서 수년 전 한국 사회와 재미 한인 사회를 떠들썩하게 만든 '『요코 이야기*So Far From The Bamboo Grove*』 파동'[33]의 의미를 되새겨볼 필요가 있다. 한일 간의 역사 인식을 둘러싼 갈등이 종전 후 반세기도 넘은 시점에 현재의 국민국가 영역을 넘어 재외 교민 사회에까지 파급된 점은 그만큼 전후 처리의 중요성을 시사하기 때문이다.

당시 한국과 재미 한인 사회는, 1945년 패전 후 자신이 북한 나남에서 일본으로 귀환하는 과정에 한국인들의 수많은 성폭행 장면을 목격했다고 한 요코 가와시마 왓킨스Yoko Kawashima Watkins 개인을 상대로 그의 저작이 '픽션인가, 논픽션인가', '기술 내용 중 사실의 오류나 왜곡은 없는가', '집필 의도가 무엇인가' 하는 문제를 집중적으로 추궁했다. 굳이 저자 요코 가와시마를 옹호할 생각은 없으나, 개인의 민감한 체험을 공개적으로 언급함으로써 전후 일본 사회가 마땅히

져야 했던 책임을 그녀 혼자 떠안게 되었으니 무척이나 힘들었을 것이다. 그 때문인지는 모르겠지만 저자는 1986년 처음 출간된 이 책의 2008년 판본 첫머리에, 패전 일본인에 대한 조선인들의 '가해행위' 기술과 관련하여 재미 한인 사회로부터 2006년 가을 이후 줄기차게 제기된 여러 문제점에 대해 밝혔다. 즉 자신의 책은 저자 개인의 체험에 대한 기억에 기초하고 있으며, 전쟁의 참혹함을 알림으로써 평화의 메시지를 전달하고자 집필한 것임을 재확인했다. 아울러 이 책은 일본의 식민 지배로 피해를 입은 조선인들의 이야기를 다룬 다른 저작들과 함께 읽기를 권하며,[34] 일본의 침략 전쟁이 여러 나라와 민족에게 끼친 악영향에 대해 균형 잡힌 시각을 갖기를 바란다고 덧붙였다.

당시 한국 사회는 요코 가와시마를 상대로 역사적 사실에 대해 시시비비를 따진다든가, 집필 의도와 관련해 도덕적 비난을 퍼붓는 데 여념이 없었다. 아쉽게도 그녀의 기억 전반을 지배하고 있는 자기 체험에 대한 이해 방식에 주목한 연구나 논평은 좀처럼 찾기 어려웠다. 원래 개인의 원체험이 기억의 영역으로 정착되기까지는 사후 학습이나 타인으로부터의 추체험, 그가 속한 사회의 지배적 이데올로기라는 다양한 외적 변수가 작용한다. 요코 가와시마는 해외에서 비참한 귀환과 본토 정착 과정에서 어려움을 겪은 궁극적 책임을 일본의 전쟁 도발에서 찾았다. 그럼에도 불구하고 그녀가 구사하는 비판의 시선과 논리는 아이러니하게도 구 식민지에 대한 전쟁 책임과 전후 책임을 회피하고, 국민 통합을 위해 내걸었던 전후 일본의 전형적 내러티브 narrative,[35] 즉 '휴머니티'와 '평화 이데올로기'에 근거하고 있다. 다시 말해 그녀 역시 전후 일본 정부가 유포한 '전쟁 피해자론'의 함정에서 벗어나지 못한 것이다.

실상 『요코 이야기』가 초래한 가장 큰 문제는 저자의 의도와 무관하게 조선인과 일본인 사이의 가해와 피해의 맥락을 교란시켰다는 점, 그리고 한일 양 민족이 제각기 안고 있는 피해 의식의 다름과 내용상의 차이를 사장했다는 점이다. 양국이 가해와 피해의 기억을 넘어서기 위해서는 먼저 근원적으로 짚어야 할 문제가 있다. 즉 아시아·태평양전쟁 이전의 일제 식민 지배로 인한 구 식민지민의 피해를 어떤 구도로 설명할 것인지, 또한 전쟁으로 인해 한일 양 민족이 모두 피해를 입었다면 가해의 책임은 과연 누구에게 물어야 할지에 대해서 정합적인 설명이 필요하다. 샌프란시스코 강화조약으로 상징되는 일본의 전후 처리는 어디까지나 제국주의 열강 간의 '대차대조표'에 불과했다. 연합국 역시 자국의 해외 식민지와 점령지를 영유하고자 굳이 일본의 식민 지배에 관한 구 식민지 보상 문제를 언급하지 않았다. 구 식민지에서 보자면 아시아·태평양전쟁은 오랜 식민 지배의 한 국면에 불과했음에도, 미국을 위시한 전승국은 식민 지배 말기의 전쟁만을 문제 삼았고, 그마저도 전후 처리 과정에서 대부분의 구 식민지 피해국을 배제했다. 그 결과 일본은 전쟁 책임은 물론이고 전후 책임, 즉 식민 지배에 대한 배상·보상 문제까지 도외시할 수 있었다.[36]

바로 이러한 점이 한일 간에 어설프게 정리된 결과, 유사한 문제가 불거질 때마다 어느 민족이 '더 많은 피해를 입었는가' 하는 다른 차원의 문제로 치환되곤 했다. 이 같은 사안은 피해의 정도나 피해자 수를 통해 상쇄될 수 있는 문제가 아님에도 불구하고 이러한 갈등이 현재화된 뒤에는 항상 숫자놀이로 마무리되곤 했다. 가와시마의 주장대로 양 민족이 모두 전쟁으로 인해 피해 의식을 갖게 되었다면, 그것은 원천적으로 무엇 때문이며 그것을 피해로 인식하게 만든 요인이 무엇인가를 생각해볼 필요가 있다. 이를 위해서는 먼저 조선에서 돌아간 일본인들이 귀환 과정에서 어떠한 체험을 했고, 그러한 체험을 개인의 회고록에서 어떻게 기술하고 있는가를 살펴야 할 것이다.

한국에서는 『요코 이야기』가 처음 소개되어 적잖은 파장을 일으켰지만, 사실 일본에서는 이미 1940년대 말부터 『요코 이야기』의 원조쯤 되는 수기나 회고록이 셀 수 없이 출간되었다. 대표작으로는 후지와라 데이藤原てい의 『흐르는 별은 살아 있다(流れる星は生きている)』(日比谷出版者, 1949)를 들 수 있다(1976년에 내용을 수정·보강한 개정판이 출판되었다).

『흐르는 별은 살아 있다』는 그녀가 북한에서 겪은 억류 생활과 남하 탈출을 그린 것으로, 해외에서 돌아온 일본인들이 남긴 귀환 수기 중 가장 이른 시기에 공간公刊되어 다른 수기의 전범이 되었다. 이 수기는 가족이라는 화두를 중심으로 자신의 남편을 '흐르는 별'로 묘사하며 부디 살아 있기를 간절히 바라는 '사부가思夫歌'이자, 극한 상황에서도 세 아이를 강인하게 지켜낸 모정을 그린 작품으로, 대중의 마음을 사로잡기에 충분했다. 전장의 비장함이나 정치적 관점에서 포로 생활을 기술한 남성들의 텍스트와 달리, 섬세한 여성의 필치를 통해 북한 내 일본인들의 억류 생활과 탈출 과정을 그렸다는 점에서 사료적 가치 또한 높이 평가할 수 있다. 이 작품에 나타난 후지와라의 체험 내용과 특징은 다음과 같다.

첫째, 패전 후 해외 일본인 사회가 안게 된 총체적 균열을 다양한 예화를 통해 생생하게 보여준다. 그녀의 가족은 선천농학교에 수용되면서부터 약 1년간 집단 수용 생활을 경험하게 되는데, 특히 소련 당국이 38도선을 봉쇄하고 남성들을 타지로 압송해 간 뒤 여성들만 남은 상황에서 벌어진 다양한 갈등 양상을 세밀하게

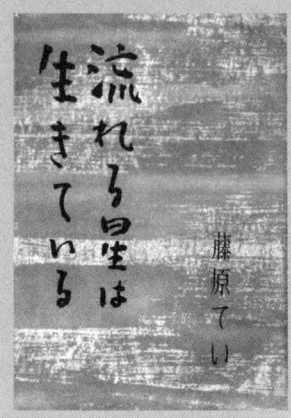  

귀환 수기의 전범으로 자리 잡은 『흐르는 별은 살아 있다流れる星は生きている』와 그 계보를 잇는 『요코 이야기 So Far From The Bamboo Grove』의 표지

왼쪽과 가운데 사진은 후지와라 데이藤原てい의 『흐르는 별은 살아 있다』의 표지로, 왼쪽은 1949년 초판본(日比谷出版者)이고, 가운데는 2002년판(中央公論新社)이다. 이 책에 담긴 휴머니티는 전후 일본의 '평화 이데올로기'와 결합하면서 모든 이들을 불행하게 만드는 전쟁을 다시는 도발하지 말아야 한다는 시대정신을 확산시키는 데 일조했다. 그러나 아쉽게도 자신의 체험 속에 갇힌 후지와라에게는 일본인이 해외에서 지배자로 생활하면서 조선인, 중국인 등 구 식민지민의 가슴에 새겨놓은 아픔과 고통을 미처 돌아볼 여유가 없었다. 즉 식민 지배에 대한 반성이 결여된 평화 타령은 그로부터 반세기가 지나, 한 일본계 미국인의 입을 통해 북미 대륙에도 전파되어 급기야 재미 한국인의 강한 반발을 초래한 '『요코 이야기』 파동'을 낳았다.

묘사하고 있다. 예컨대 단체 생활 내내 도난 사건이 빈발하여 서로를 믿지 못하고, 만주은행권을 조선은행권으로 환전한 뒤 몰래 그 현찰과 귀중품을 숨기느라 궁리하는 모습이 자세히 기술되어 있다. 피난민 집단 내부의 갈등은 1945년 10월 28일 지역 보안대가 남성들을 타지로 압송하면서 극대화된다. 즉 처음부터 남편과 헤어진 상태로 피난 온 집단과 후지와라처럼 이제 막 남편을 떠나보낸 집단 사이의 미묘한 갈등, 또 어린아이를 돌봐야 하는 그룹과 그렇지 않은 그룹 사이의 신경전으로 피난민들은 서로에게 깊은 상처를 주었다. 수용 생활이 장기화되자 집단 내에서 소지금이 바닥난 가정부터 위기에 봉착했다. 공동으로 생활비를 거출해 생활하던 상황에서 이들은 다른 가정에 폐를 끼쳤고 이 때문에 경원시되거나 고립되었다. 이렇게 위기에 처한 피난민들은 자존심을 버리고 조선인 부촌을 돌며 비누 장사를 하거나 인형을 만들어 팔기도 하고, 경우에 따라 걸식도 무릅썼다. 후지와라가 속한 피난민단은 비교적 늦은 시기인 1946년 7월부터 남하를 시작했는데, 비상금이 넉넉한 집단은 그렇지 못한 피난민단을 부담스럽게 생각해 몰래 떠나기도 했고, 같은 피난민단 내에서도 노약자가 딸린 가정과 그렇지 않은 가정 사이에 의견이 분분해 통일된 행동을 하기가 어려웠다. 요컨대 만주 피난민의 남하 탈출 과정은 비상 상황에서 인간의 원초적인 욕구가 그대로 드러나는 공간이었으며, 그것은 다양한 형태의 균열을 수반했다.

둘째, 조선인과 일본인에 관한 서술 방식에 주목할 필요가 있다. 조선인은 대개 경계와 공포의 대상으로 그려지고 있다. 그리고 그녀와 아이들이 위기에 처할 때마다 결정적 도움을 준 조선인의 선행은 아들을 구해준 조선인 의사와 탈출 과정에 도움을 준 보안대원을 제외하고는 대체로 일회적 에피소드로 처리되었다.

반면에 자신에게 몹쓸 짓을 한 일본인에 대해서는 반복적이고 지속적인 관계 속에서 전후 관계를 명확하게 기술하고 있다. 이것은 곧 그녀의 체험이 자신의 가족과 피난민단 내부로 철저히 제한되어 있음을 의미한다.

셋째, 미군을 구세주와 같은 존재로 묘사함으로써 소련군과 매우 대조적인 이미지를 만들어내고 있다. 후지와라는 1946년 8월 11일 북한에서 도보로 남하하던 끝에 체력이 고갈되어 개성 수용소를 눈앞에 두고 실신했는데, 그녀를 구해준 것이 바로 미군이었다. 미군은 남하하는 일본인들에게 DDT 소독을 실시했고, 예방주사를 놔주었으며, 핀셋으로 발바닥에 박힌 작은 돌들을 일일이 제거해주었다. 그뿐만 아니라 피난 도중에 같은 일본인 일행조차도 버리고 간 아사 직전의 그녀 아들을 구해주었으며, 그녀 일행을 안전하게 부산항까지 태워다주었다. 이러한 체험은 남하 과정에서 검문소마다 돈을 빼앗고 비상약까지 약탈한 소련군과 정반대의 이미지를 형성케 했다. 후지와라가 마지막 고개를 넘어 미군을 발견했을 때 "이제 됐다. 살았다. 살아서 여기까지 온 거야!(もういいんだ、助かった、生きてきたんだ)"라고 외친 한마디에는 이들 일본인의 모든 정서가 응축되어 있다.[37] 이것은 결국 38 이북과 이남을 각기 '지옥'과 '구원'을 상징하는 공간으로 치환함으로써 남하 이동을 '탈출'로 그리는 내러티브를 완결시킨다.

북한 지역에서 돌아간 여성들의 체험은 시기는 약간씩 다르지만 대개 소련군과의 전투 → 피난 → 소련군의 진주와 폭행·약탈 → 체류 기간 중 사건(가족과의 이산·사별, 강제 노역) → 목숨을 건 탈출 → 남한의 임시 수용소 → 귀환이라는 일정한 형태로 구성된다.[38] 나중에 간행된 그 밖의 다른 회고록 속에서 공통적으로 보이는 이렇게 시계열적으로 정형화된 체험 인식의 원형은 후지와라의 저작에서 시작되었다. 후지와라의 수기는 1949년 일본의 유명 영화사 다이에이大映에서 영화화하여 대중적으로도 큰 반향을 불러일으켰다.[39] 당시 이 책과 영화에서 나온 인세가 남편 수입의 10~20배가량 되었다고 하니, 이 수기가 일본 사회에 미친 파급력을 가히 짐작할 수 있다.[40] 이 책이 폭발적인 인기를 누린 데는 워낙 작품이 뛰어난 이유도 있지만, 귀환자로서 자신의 체험을 체계적으로 구성·이해할 능력이 없거나 다양한 연유로 발화發話할 수 없었던 비슷한 처지의 사람들이 그만큼 이 내러티브에 공감하며 담론의 적극적인 문화 소비층으로 존재했음을 의미한다.

그런데 문제는 이 수기가 저자의 의도와는 무관하게 독자로 하여금 외지에서 돌아온 일본인들을 피해의 맥락에서만 파악하게 함으로써 결과적으로 이 수기 속에 나오는 개개의 사실이 지닌 외연과 역사적 함의를 놓치게 만들었다는 점이다. 즉 이들이 식민자로서 행한 가해의 문제를 간과하게 만든 것이다. 가와시마 왓킨스 역시 이러한 해외 귀환의 전형적인 내러티브에서 자유로울 수 없었다.

7. 만남과 헤어짐, 그리고 다른 기억들

'왜노' 출몰 소동의 전말

　1948년 6월, 다시는 이 땅에서 모습을 볼 수 없을 줄만 알았던 구 조선총독부 고관들이 버젓이 거리를 활보하고 있다는 소식이 언론에 대대적으로 보도되었다.[1] 정부 수립을 앞두고 남한을 발칵 뒤집어놓은 일본인 내조설來朝說의 진원지는 부산이었다. 초기 보도의 골자는 조선통신사 부산 지부의 한 기자가 우연히 길을 걷다가 과거 조선총독부 재무국장이었던 미즈타 나오마사水田直昌를 보았는데, 미즈타는 기자가 자신을 알아보는 듯하자 당황한 기색이 역력했으며, 전 조선총독부 학무국장 시오바라 도키사부로鹽原時三郎와 전 조선은행 부총재 기미지마 이치로君島一郎도 조선에 와 있다고 말했다는 것이다.
　이 소식은 사실 관계의 진위 여부와 상관없이 한동안 잊고 있었거나 애써 묻어둔 조선 사람들의 봉인된 기억을 있는 대로 헤집어놓았다. 당시 한 신문은 이 소식을 전하며 이렇게 적고 있다.

　　서른여섯 해 동안 조선 민족의 피를 빨아먹다가 나중에는 세계 질서를 교란시키는 전쟁을 일으키고, 이를 빙자하여 젊은이들은(을) 싸움터와 군수공장으로 끌어가고, 창씨령을 나리어 성을 갈게 하고, 머리를 깎게 하고, 농촌으로부터는 곡식과 심지어는 볏짚에 이르기까지 깡그리 훑더듬어 빼앗아 가서, 조선 사람들로 하여금 오직 하늘을 우러러 가슴을 치며 침묵의 한숨을 쉬게 하던 불공대천지 원수인 일본인, 그중에도 총독 시절의 고관급들이 해방 이후 무사히 제 땅으로 돌아간 것만도 천행天幸이거늘, 건국기에 처한 오늘날 무슨 까닭인지 조선 땅에 하나

씩 둘씩 자취를 나타내어 조선 민족의 분격을 사는 동시에 항간에 불길한 유언비어를 빚어내고 있다.[2]

과거 조선총독부 고관들의 출몰 소식은 수많은 조선인으로 하여금 해방 전 그들이 자행한 수탈과 동원에 관한 기억을 되살렸다. 기사에서 이들의 본토 귀환이 '천행天幸'이었다는 표현으로도 알 수 있듯이, 대다수의 조선인은 이들의 악행을 하나하나 짚어 어떤 방식으로든 죄를 묻고자 했으나 미군정이 3년 전 아무런 처벌도 없이 이들을 스리슬쩍 돌려보낸 것을 못내 아쉬워했다. 항간에 떠돌고 있는 '유언비어'란 이들 외에도 과거 조선을 쥐락펴락하던 많은 일본인이 미군정기 내내 이 땅을 드나들었다는 소문으로서, 이 때문에 혹시 예전의 총독부 관리들과 미군정 사이에 모종의 거래가 있는 것이 아니냐는 의혹마저 제기되었다. 사람들은 과거 이 땅에서 온갖 악행을 저지른 '수괴'들이 이번에는 미군정과 결탁해 건국을 앞둔 조선에 또 다른 해악을 끼치려는 것이 아니냐는 의심 어린 눈초리로 사건의 추이를 지켜보았다.

이 사건이 보도된 후 남한 언론은 사실 확인을 위해 군정 관계자들을 상대로 사건의 진상을 묻기 시작했다. 제일 먼저 언론은 공교롭게도 내조설이 제기된 1948년 6월 8일 당일에 민정장관직을 사임한 안재홍에게 '일본인들이 조선을 다녀간 사실이 있느냐'고 물었다. 이에 안재홍은 미군정이 재무 방면의 의견을 듣고자 호출하여 기미지마 전 조선은행 부총재가 잠깐 다녀간 사실이 있다고 답했다.[3] 약 보름 전부터 세간에 나돌던 일본인의 내조설이 최고위 관료의 입을 통해 확인되자 각 신문은 앞다퉈 내조한 관료들의 죄악상을 집중 보도하기 시작했다.

시오바라에 대해서는 총동원체제를 도입해 민족말살정책을 주도한 미나미 지로南次郎 전 총독의 사위로서, 조선총독부 학무국장을 지낼 때 사실상 내선일체를 제도적으로 구현한 '정신적 침략자'라고 보도했다. 그는 재임 시절 조선어 교과서 폐지, 지원병 훈련소 창안, 신궁참배 강요, 부여신궁 건설 때 부역 동원 등을 주도했고, 특히 조선인의 성을 바꾼 창씨개명의 주창자라고 전했다. 미즈타와 기미지마에 대해서는 침략 전쟁 수행을 위해 조선인에게 저축을 강요하고, 공채 발행 등을 통해 조선인의 고혈을 짜낸 '경제 침략의 일선 주모자'라고 소개했다. 아울러 이들의 악행은 과거로 끝나지 않았음을 강조하면서 해방 후에도 화폐를 남발해 경제를 교란한 주모자라고 보도했다.[4]

잇따른 추가 보도로 여론이 들끓기 시작하자 언론에서는 내친 김에 혹시 다른 일본인도 다녀간 것이 아니냐는 세간의 의혹을 소상히 캐기 시작했다. 그 과정에서 한 신문은 정보 수집 결과 재무 관계로 일본인이 다시 출몰한 것은 1947년 봄부터인데, 당시 구 동양척식회사 간부 10여 명이 군정 당국의 경호를 받으며 이 회사의 후신인 신한공사에 들른 바 있다고 보도했다. 그리고 내조설 소동이 벌어지기 몇 달 전에는 구 식산은행 총재 아리가 미쓰토요有賀光豊가 미 헌병의 경호 속에서 조선은행에 들러 재무 관련 업무를 살폈다고 전했다. 그뿐 아니라 이 신문은 아리가가 조선은행의 어느 과장에게 "자네가 벌써 과장이 되었나?"라며 빈정거리자, 그 과장이 "자네, 말조심하게. 지금이 왜정 때인 줄 아나!"라며 쏘아붙였다는 일화까지 소개하여 보도의 신빙성을 뒷받침했다.

이 신문은 그들의 내조 이유도 분석했다. 이에 따르면 미즈타·아리가·기미지마 등은 귀속재산과 관련해 신한공사의 업무를 살피러 온 것이고, 시오바라와 세토

미치카즈瀬戸道- 구 경기도지사는 행정 일반에 관한 시찰을 위해 온 것으로 추정했다. 그러면서 이들의 내조가 어떠한 복선과 흑막 속에서 이루어진 것인지 당국이 직접 해명하라고 촉구했다.[5] 이 신문은 내조설이 기밀 정보와 관련된 것인 만큼 경찰 관계 인사의 인터뷰 내용도 실었다. 예를 들어 수도경찰청장 장택상은 이것이 모두 '정부가 없는 슬픔'이라며, 조선인의 이름까지 바꾸게 만든 시오바라와 같은 인물은 나중에라도 우리 정부가 신병 인도를 요청해 우리 법으로 처벌해야 한다고 말하고, 이 사건에 관해서는 관심을 가지고 내사를 추진하겠다고 밝혔다. 한편 경무부 관방장 조환영과 수사국장 조병계는 '경찰도 모르는 일'이라며 앞으로 조사를 통해 결과를 발표하겠다면서 즉답을 회피했고, 미군정 공보부 고문인 가너Robert L. Garner는 일본인 내조가 군정 당국과 상관없는 일로서 혹시 제24군단에서 직접 이들을 초청했는지 조회 중이라고 밝혔다.[6]

이들의 내조설이 더 이상 '설'이 아닌 '기정사실'로 인구에 회자되기 시작하자, 언론은 이들이 과연 왜 왔는지에 대해 관심을 쏟기 시작했다. 당시 한 신문은 군정 당국이 조선 금괴의 약탈과 화폐 남발 책임자로서 이들을 소환했을 가능성을 제기하기도 했다. 이 기사에 따르면 1909년부터 해방 무렵까지 우리나라에서 생산된 금은 등록된 것만 따져도 406톤인데, 그 대부분이 조선은행 등 공공기관을 통해 일본으로 반출되었다고 했다. 그리고 우리 정부가 수립되면 이것을 샅샅이 뒤져 다시 찾아와야 한다고 주장했다.[7]

남한의 각 언론이 내조한 일본인들의 죄악상을 대대적으로 보도하고, 미군정과 이들 사이에 모종의 뒷거래가 있지 않고서야 당국이 이렇게 잠자코 있을 수 없다는 식의 논조를 쏟아내며 해명을 요구하자, 군정장관 딘W. F. Dean 소장이 마지못해 나섰다. 그러나 6월 9일 그가 밝힌 내용은, 머지않아 조사 결과를 발표할 것이며 '조선 국민에게 해가 될 일본인을 지금껏 채용한 일도 없고, 앞으로도 없을 것'이라는 원론적 수준에 그쳤다.[8]

같은 날, 남한 정계에서 단독정부 수립을 반대하던 김구와 김규식이 내조설과 관련하여 정치인으로서는 가장 먼저 견해를 표명했다. 김규식이 이끄는 민족자주연맹은 6월 9일에 이들의 내조가 과거 죄상을 밝히기 위한 것이라면 모를까, 만일 우리 민족의 이익에 배치되는 재등장이라면 민족 최대의 모욕이라고 논평했다. 또한 김구는 그 이튿날에 이들의 내조를 용인하는 관행이 시정되지 않는다면 절대로 묵과하지 않을 것이며 전 민족의 역량을 결집해 왜노를 몰아낼 것이라고 경고했다.[9]

미군정과 대립각을 세우던 정계 인사들까지 가세하여 사건의 진상을 해명하라고 압박하자, 딘William F. Dean 소장은 6월 10일 내조설이 헛소문이라고 밝혔다. 즉 일본의 GHQ가 수집한 정보에 따르면 부산의 어느 기자가 만났다는 일본인 미즈타는 당시 도쿄에 있었다는 것이다. 그리고 내조설 소동은 '허보虛報와 허보의 전파로 야기된 혼란과 흥분의 일례'라며, 미군정은 결코 조선에 해가 되는 일본인을 불러올 의사가 없음을 거듭 밝혔다.[10]

그러자 최초로 미즈타를 목격했다고 보도한 조선통신사 부산 지부는 당국의 발표를 정면으로 반박하며 "취재 당시 사진까지 찍어 두었다"고 주장했다.[11] 또한 미군정의 해명에 강한 불만을 품은 신문기자회는 군정장관 딘 소장이 아니라 하지John R. Hodge 미군 총사령관이 나와서 직접 다음 문제에 대해 의견을 밝히라고 요구했다.

1. 제주도 사건을 진압함에 있어서는 그것이 점령군 소관 기구일지라도 집단 무력을 행사함은 민족 전체가 반대하는 바이거늘, 근간에 의하면 일제 당시 제주도 요새 구축 공사에 참여하였던 일본인으로 구성한 무장대 200여 명이 토벌대로 참가하였다는데, 이는 정히 묵시할 수 없는 중대 사실로서 점령군 사령관의 책임에서 그 진상을 명시 발표할 것.
2. 일제 말기 정치적 또는 경제적으로 조선 통치기구에 중요한 책임 지위에 있었던 미즈타水田(일제 총독부 재무국장), 시오바라鹽原(동 학무국장), 오카岡(동 경기도 경찰부장), 세토瀬戸(동 경기도지사), 아리가有賀(식산은행 총재), 기미지마君島(조선은행 부총재), 고바야시小林(동 소림광업사장) 등의 내조 목적 동기, 점령군과의 관계를 천명할 것.[12]

신문기자회는 구 총독부 고관의 내조설 외에도 위와 같이 제주도 4·3사건 당시 200여 명의 일본인이 토벌대로 투입되었다는 새로운 의혹을 제기했다.

사태가 심각하다고 판단한 군정 당국은 조선인 관료를 앞세워 수습에 나섰다. 미군정은 6월 15일 이철원 공보부장과 조병옥 경무부장의 공동 담화 형식으로 조사 결과를 발표했다. 이 발표의 핵심은, 남로당 조직원인 『민주중보』 기자 조병종 외 3명이 '반미 사상' 고취를 위해 촉탁 기자인 함영보를 사주하여 미즈타 등이 부산에 왔다고 허위 보도하게끔 했는데 조선통신사 부산 지부가 이에 대해 사실 확인도 하지 않고 6월 5일자로 발신함으로써 '오보'가 확산되었다는 것이다.[13]

그리고 하지는 그 다음 날 특별 성명을 발표했다. 항간에 미국이 일본을 '군국주의 국가'로 재건하고 있고, 미군정이 구 일본 관리를 활용하고 있다거나 제주도 사건 진압에 일본인을 이용했다는 설이 있지만, 이는 모두 공산주의자의 새로운 '선전술에 기초한 낭설'이라는 것이다.[14] 그 후 조병옥은 미즈타를 처음 보았다는 기자가 도주했기 때문에 그에게 오보를 게재하도록 사주한 자들을 검거하여 취조 중에 있다고 밝혔다.[15]

하지 등 군정 관계자의 성명으로 조선인 사회의 '오해'가 풀렸을지는 회의적이지만, 아무튼 이로써 1948년 6월 남한 사회를 뜨겁게 달군 내조설 소동은 좌익 진영의 '공작'으로 마무리되었다. 그런데 하지의 말대로 이것이 단순한 오보였다면 왜 그렇게 남한의 언론은 끈질기게 이 문제에 집착했을까?

이 사건의 배경에는 여러 요인이 복합적으로 작용했다. 1948년 남한의 정치 지형 속에서 보자면, 이것은 제주도 4·3사건을 비롯해 미 공군기의 독도 어민 폭격 사건 등으로 쌓인 미군정에 대한 반감,[16] 그리고 남한의 단독정부 수립과 일본의 재무장으로 나타난 미국의 동아시아 냉전질서 재편에 대한 우려 속에서 불거진 사건이었다.[17] 하지만 시간을 조금만 더 거슬러 올라가보면 이것은 식민 지배 시기의 수탈과 동원에 대한 조선인들의 기억을 되살린 사건이기도 했다. 다시 말해 식민 지배가 조선인들 머릿속에 그만큼 깊이 각인되어 있었기 때문에 이 사건이 단기간에 거국적인 쟁점으로 부각될 수 있었다.

또한 이것과 더불어 생각해볼 문제는 그러한 기억이 왜 퇴색되지 않고 반미 정서와 결합하게 되었는가 하는 점이다. 그것은 바로 해방 후 일본인 집단 송환과 재산 처리 과정에서 남한 사회의 요구를 무시한 미군정의 정책 전반에 대한 불신·불만과 깊은 관련이 있다. 일본인에 대한 기억은 이들이 해방 후까지도 이 땅에 남긴 상흔들로 인해 새록새록 되살아났다. 일본인들은 돌아갔지만 그 흔적은 일상 속에서 다양한 형태로 후유증을 남겼고, 그에 따른 고통이 진행형의 사안으로 계속되었기 때문에 사람들은 삶이 팍팍해질 때마다 과거의 체험과 기억을 다시금 되새겼던 것이다.

친일파의 계보를 잇는 모리배

1945년 11월 한 조선인이 일본인의 밀항을 돕고 금품을 제공받은 혐의로 체포되었다.[18] 사건인즉 용의자는 9월 말 건축회사 호리구미堀組와 결탁해 일본인 사원들의 재산을 본토로 반출할 수 있도록 주선하고, 그 대가로 현금 10만 원과 함께 용산구 후암동의 일본인 가옥을 받았다는 것이다. 미군정에 근무하던 이 사람은 자신의 직위를 이용해 공문서를 위조했다. 그리고 서울역 여객부 직원을 매수하여 임시 차표를 얻어낸 뒤 일본인 40여 명을 부산까지 데려가 밀항을 도왔다. 그는 이 사건 외에도 똑같은 방식으로 10월 들어 조선석유회사 일본인 직원 50명과 기타 석탄회사 직원, 유곽업자, 토목청부업자 등 무려 90명의 밀항을 돕다가 결국 덜미를 잡혔다.

그가 위조한 공문서는 일종의 귀국예정증명서, 세화회등록증, 세금납부증명서 등으로 추정된다. 왜냐하면 1945년 10월을 전후해 밀항이 빈발함에 따라 미군정이 각 지역 세화회에 모든 일본인의 신상을 등록하도록 하여 사적인 이동을 규제하고, 귀환 대상자의 경우는 밀린 세금까지 납부하도록 했기 때문이다.[19] 당시 조선인들 중에도 일본인 틈에 끼어 변장을 하고 일본으로 가려는 사람들이 있었는데, 이들도 위조 공문서를 구하느라 혈안이 되어 있었다.[20] 따라서 미군정의 일본인 송환 정보에 접근이 가능하고 송환행정 보조 기구로서 세화회 관련 공문서를 위조할 수 있는 사람은 그야말로 일확천금을 노릴 호기를 맞이한 것이다.

그런데 이 사건의 용의자는 어떤 인물일까? 그는 바로 해방 전 연희전문에서 영문법과 영문학을 가르쳤던 백남석이라는 인물로서, 1945년 12월 10일 '일본인 밀항 화물 밀수출 원조죄'로 군정재판에 회부되어 10만 원의 벌금형(집행유예 2년)을 선고받았다.[21] 백남석은 한국 교회사에서 점술가 출신의 맹인 전도사로 알려진 백사겸(1860~1940)의 큰아들로 개성에서 태어났다. 미선계 학교인 한영서원韓英書院(송도고보松都高普의 전신)과 연희전문을 거쳐 1919년 미국으로 건너가 에모리대학에서 심리학으로 문학사 학위를 취득한 뒤, 콜롬비아대학에서 다시 교육학을 공부했다. 귀국 후에는 개성 호수돈여고를 거쳐 1923년부터 연희전문에서 교편을 잡았다. 그는 한영서원의 학생 시절부터 이 학교의 설립자요 초대 교장인 윤치호의 총애를 받았다. 덕분에 윤치호와 알렌A.J. Allen으로 이어지는 인맥의 도움을 받아 미국에 유학할 수 있었다. 돌아온 뒤에는 수표교배례당과 종교교회宗橋敎會 등 주로 남감리 교회 계열에서 선교 활동을 했고, 흥업구락부에 관여하면서 윤치호와 각별한 친분을 유지했다. 이런 관계 때문인지 1923년 그의 재혼 때 윤치호가 주례를 맡았고, 일요일 예배가 끝나면 윤치호가 그의 집에 들러 극진한 대접을 받기도 했다.[22]

백남석은 미국 유학 덕분에 영어로 예배를 드릴 만큼 출중한 언어 구사 능력을 지녔고, 어문구조법에 관한 한 국내 최고의 권위자로 인정받았다.[23] 또한 조선과 미국에서 오랜 성가대 활동을 한 덕분에 음악에도 조예가 깊었다. "가을이라

가을바람 솔솔 불어오니……"로 시작하는 동요 〈가을〉을 작사한 사람이 바로 백남석이다. 이 곡은 그가 연희전문에서 음악부장을 겸임하고 있을 때 새로 부임한 후배 교수 현제명이 어린이 찬송가를 작곡하면서 그에게 작사를 부탁해 지은 것이다.

그는 미군정에서 여러모로 탐낼 만한 자질을 갖춘 몇 안 되는 인물이었기 때문에 그곳에서 일하게 되었다. 일본인들은 바로 이러한 사람을 브로커로 삼아 안전한 밀항을 시도하고자 했다. 미군정의 송환체제가 구비되어감에 따라 일본인들이 정식으로 귀환 수속을 밟으려면 성가시기도 할 뿐더러 결정적으로 재산 반출이 어려웠다. 또한 가져갈 재산이 없는 사람의 경우라고 할지라도 이미 돌아가기로 마음을 먹었다면, 여타 식민지·점령지에 있는 일본인들이 일거에 본토로 몰려드는 상황이었으므로 이왕이면 빨리 돌아가야 일자리를 비롯해 생존 경쟁에서 유리한 입지를 확보할 수 있었다. 즉 일본인들은 법망을 피해가며 안전하고 빠른 귀환을 위해 그에게 거액의 '급행료'를 치러가면서 밀항과 공문서 위조를 맡긴 것이다.

일본인들은 면직된 후에도 과거 자신의 직위나 친분을 매개로 조선인 인맥을 이용하는 경우가 많았다. 이 때문에 조선인들은 친일 잔재의 청산을 위해서라도 일본인 추방이 불가피하다고 인식했다. 한 예로, 1946년 4월 19일 경성지방법원 의정부 출장소의 직원인 전기동과 이태영이라는 조선인이 공문서 위조 혐의로 구속되었다. 이들은 전 출장소장 시라세 사다미쓰白瀨貞光라는 일본인과 결탁하여 일본인들의 토지와 건물을 구입한 사람들에게 8·15 이전에 매입한 것으로 부정 등기해주고 수수료를 챙겼다.[24] 시라세는 1933년부터 경성지방법원의 각 지방 출장소를 두루 돌면서 법원서기를 지낸 인물로, 전기동과 이태영의 옛 상관이었다.

일본인의 밀항과 재산 밀반출 과정에는 앞에서 본 것처럼 대개 어떤 방식으로든 조선인 브로커가 연루되어 있었다. 일본인들이 불법으로 재산을 처분할 수 있었던 데는 어떻게든 이들의 재산을 매수해 한몫 제대로 잡아보겠다는 조선인의 광범위한 수요가 있었다.

미군정이 법령 제2호를 통해 일본인의 재산 매매를 간접적으로 용인한 결과 각종 불법 매매 행위가 횡행했다. 이에 남한의 각 정파 및 사회단체는 한목소리로 일본인 재산의 매매를 금지하고 미군정이 엄격히 관리할 것을 요구했다. 그러나 1945년 10월 31일 하지 사령관은 여전히 '민주주의 입장'에서 일본인 재산 매매를 허가할 수밖에 없다고 밝힌 뒤, 미군정에 그러한 요구를 하기 이전에 조선인들이 똘똘 뭉쳐 그 재산을 사지 않는다면 일본인들이 결국 그대로 두고 가지 않겠느냐고 반문했다. 미군정에서는 송환 일본인들의 소지금을 1,000엔으로 제한하고 물품 반출도 금지하고 있는데, 정작 조선인들은 이들이 두고 간 재산을 사들이느라 '주머니는 비고 옷은 추레하지 않은가', '조선의 친일파들이 일본인을 쫓아다니며 그것들을 사주니까 그들이 배를 퉁기는 것이 아니냐'며 책임을 조선인들에게 돌렸다.[25] 하지의 지적은 그 사이 미군정이 보인 허술한 재산 관리 행정과 단속 실태를 보면 뻔뻔하기 그지없는 무책임한 발언이었다. 그러나 그의 말처럼 일본인의 밀항을 도와가며 재산을 매입하려는 조선인이 실제로 많았다는 점에서 뼈아픈 지적이기도 했다.

일본인 재산의 불법 매매에 따른 폐해는 사회 곳곳에 미쳤는데, 한 예를 들자면 서울·경기 지역의 경우 이용 가능한 의료 시설이 줄어들어 환자들의 불편이 이만저만이 아니었다.[26] 구 일본인 병원 건물을 차지한 투기꾼들이 더 많은 웃돈을 요구하며 건물을 팔지 않거나, 병원이 아닌 더 많은 돈을 벌 수 있는 용도로 사용하기 위해 병원 개설이나 원무 재개를 방해했기 때문이다. 이들이 이렇게 배짱을 부릴 수 있었던 이유는 이미 서울에 개인진료소를 소유한 의사들조차 시설이 좀 더 좋은 일본인 병원을 매수하고자 했기 때문이다. 서울에 일본인 병원 건물이 나왔다는 소문이라도 돌라치면 각 지방에서 의사들이 줄지어 상경했을 정도였다. 그 결과 해외에서 돌아온 사람들과 월남민이 유입되어 가뜩이나 위생상 적색경보가 발령된 서울·경기 지역의 위생·의료 서비스는 최악으로 치달았다.

일본인 재산 처리는 단순히 한 개인의 축재로 끝나는 것이 아니라 그것이 사회적으로 미치는 파장이 컸기 때문에 정부가 철저히 개입하고 통제해야만 했다.

> 최근 서울 시내 과실점에서 팔고 있는 귤(왜감)은 어떠한 경로로 가져온 것일까. (…) 자고로 조선 안에서는 생산되지 않는 물건이고 (…) 세상에서는 남조선 연안의 모리배들이 쌀을 밀항선으로 실코 가서 그 대가로 바꾸어 오는 것이라고 말한다. (…) 우리는 이 기맥히는 죄의 덩어리요 민족의 치욕을 비웃는 귤을 감히 입에다 넣을 것인가.[27]
>
> 풍년이란 조선이 도리어 식량으로 굶주리는 사람이 많은 이 현상은 일반에 큰 불안을 주고 있는데 그와 반대로 조선서 생산 안 되는 왜감이 거리마다 범람하고 상점마다 태산같이 쌓여 조선의 귀중한 식량을 좀먹는 모리배들의 암약을 자랑하는 듯 누런빛을 뽐내고 있다.[28]

앞의 기사는 굴지의 건설회사인 니시마쓰구미西松組 경성 지점의 재산관리인이던 전세영 등이 전 일본인 지점장과 결탁해 회사 돈을 횡령하고, 그 돈으로 쌀을 사서 일본으로 보낸 뒤 그 대가로 귤을 들여온 것을 성토하고 있다. 당시 쌀을 밀수출하는 행위는 '사회적 살인 행위'로 간주되었다. 잡곡의 해외 수입이 중지된 상황에서 미군정의 섣부른 미곡가 자유정책으로 인해 그나마 시중에 있던 쌀마저 투기꾼의 사재기로 자취를 감추자, 돈이 있어도 쌀을 구할 수 없는 품귀 현상이 발생했기 때문이다. 아래 기사는 만주에서 돌아온 귀환 동포의 일기 중 한 대목인데, 당시 쌀 부족으로 겪어야 했던 일상의 고단함이 짙게 묻어난다.

올 2월에 첫돌을 지낸 아기는 젖 떨어진 무렵인지라 엄마의 젖은 그리 탐탁하게 여기지 않고 '맘마, 맘마' 하며 밥에만 달려든다. (…) 쌀 소두 한 말에 사백오십 원 주면 언제든지 살 수 있던 것이 이달에 들어서는 ○○ 교류 제한 반입 금지, 모리배 발호, 배급 절무 등등 조건으로 쌀값은 껑충 칠백 원대로 올라갔다. 이러고 보니 설령 돈 있는 사람들도 돈 아니라 금덩이를 가져도 쌀 한 톨 사기는커녕 구경조차 못하는 판국에 언감생심 전재민 신세로는 꿈에도 쌀 팔 염을 해볼 수 있으랴. (…) 그리 토실토실하고 팔팔하던 놈이 쇠들쇠들하고 어리어리하더니만 며칠 전부터는 버러지가 빨아 뜯던 떡처럼 앙상하고 석잠진(쭈글쭈글한) 누에인 양 가죽이 이리 밀리고 저리 밀리었다. 끝내 아기는 배탈이 났다. 먹는 대로 죽 설사를 한다. (…) 아기가 들볶으면 선선히 젖을 빨리지만 이 아비는 백사지의 땅에서 미천도 없고, 못생기기도 해서 모리謀利도 할 수 없고, 팔아먹을 것도 없고 하니 걱정 대신에 내밀 것이라고는 빈주먹밖에 없다. 머리를 도끼로 삼고 닥치는 대로 날품을 팔지만 이것조차 신수가 터야 간신히 채려진다. 오늘은 재수가 있어 마수걸이로 상갓집 상여꾼질을 하야 한 목으로(한방에, 한 건으로) 칠십 원을 받았다. (…) 아기는 아침보다 더 고단한 듯 아양이잉 앓는 소리가 처량하다. 나는 이 돈을 가지고 약을 살 공론을 하였다. 아내는 '당신도 딱하이. 약은 무슨 약' 하며 못마땅해 한다. 결국 아내의 의견에 따라 쌀 한 되를 샀다. 막상 쌀을 사고 나니, 나는 죽을 쑤자거니 아내는 밥을 짓자거니 하고 또 말썽이었다.[29]

일본인 개인 부동산 외에도 국·공유재산 및 회사와 산업체 등 수많은 공공재산이 부정하게 처리되었다. 예컨대 당시 공장 등 생산 시설의 관리는 거의 방임 상태에 있었는데 이를 이용한 부정행위가 나타났다. 군정청 감찰부가 1945년 11월부터 경인 지역을 대상으로 3개월간 40여 명의 암행반을 가동해 110개 대규모 공장의 부정행위를 조사했더니, 그 가운데 72%의 회사가 현물의 임의 처분이나 장부 조작 혐의가 있었다.[30] 이것을 액수로 환산하면 대략 1억 4,000만 원인데, 모두 조선인 브로커와 전 일본인 중역들에 의해 처분되었다. 물론 당사자들은 대부분 일본으로 일찌감치 도망한 뒤였다.

이런 상황은 날로 지능화되는 일본인의 재산 반출 기도와 이에 호응한 조선인 브로커의 암약에 따른 것이기는 하지만, 기본적으로 미군정의 관재管財정책과 행정이 너무나도 허술한 데서 비롯된 것이기도 했다. 다음 사실은 이 같은 정황을 보여준다. 서울 소재 일본인 가옥 관리를 맡고 있는 경기도 적산관리과에서는 구 일본인 가옥에 대해 임대차계약제도를 실시하고자 조흥은행원 등으로 조사단을 구성해 구체적인 실정을 알아보도록 지시했다.[31] 당시 조사원들은 집세를 가옥

시가의 5%로 정할 경우 서울 시내 가옥에서 1년 동안 거둬들일 집세를 약 1억 원으로 추정했다.[32] 그런데 1946년 2월 조흥은행 특수업무과의 대행 실적을 보면 경성부의 대상 물건은 중구 1만 3,000호, 용산구 8,000호, 종로구 6,000호, 서대문구 7,000호, 성동구 3,000호 등 총 3만 8,000호에 10만 세대로 잠정 집계되었으나 실제 투입된 조사 인력은 조흥은행원 38명뿐이었다. 이들은 조사증명서를 갖고 다니며 매일 20건씩 조사했다고 하는데, 특단의 조치를 취하지 않는 이상 몇 년이 걸릴지 알 수 없었다.

대상 물건의 계약 체결만 진행한다 해도 이처럼 행정력이 턱없이 부족했기 때문에, 그 이전에 이루어진 부정 매매나 등기를 역추적해 검증한다는 것은 상상도 할 수 없는 일이었다. 또한 당장 벌어지고 있는 재산관리인의 부정행위나 재산관리인을 사칭하여 일을 꾸미는 사기 행위조차 막을 길이 없었다.[33] 그러자 군정 당국은 일본인 부동산을 각 도별로 분담 관리하도록 하고, 조흥은행 외에도 여러 은행으로 대행 기관을 확대 지정했다.[34] 하지만 그 후로도 일본인 재산에 대한 관리는 제대로 이루어지지 않았다. 여전히 미계약 상태의 물건이 대부분이었고, 그나마 계약이 체결되고 관리인이 임명된 경우도 그 관리인이 제멋대로 부대 시설을 떼어다가 처분하는 일이 허다했다. 상황이 이러함에도 관리 당국은 "요즈음 관리인 중에 집기와 부속물을 팔아먹는 자들이 많아서 한심할 지경이다. 계약을 했다고 하더라도 그 가옥은 자기 것이 아니라 국가가 소유하고 있는 것"이라고만 할 뿐, 그에 따른 보완 행정 조치를 취하지 못했다.[35]

해방 후 일본인 사유재산의 처리 문제는 조선 사회로서는 매우 중요한 사안이었음에도 불구하고 허술한 법망과 턱없이 부족한 행정력, 그리고 미군정의 소극적인 자세로 인해 더 이상 손쓸 수 없을 정도로 심각한 상황에 빠져들었다. 실상 이 문제는 이미 처음부터 남한의 주요 정당과 사회단체가 우려했던 바로서, 미군정이 임대차계약제도를 도입한 뒤에도 언론에서는 "집이 없는 자에게 집이 얻어지지 않고, 진정으로 운영하려는 자에게 산업기관이 제공되지 못했다"라며 무엇보다도 모리배의 준동을 봉쇄할 대책을 강구하라고 촉구했다.[36] 그러나 조선 사회의 요구는 국내외의 정치적 의제들이 산적했던 까닭에 우선순위에서 밀림으로써 졸속 처리되었고, 1947년 7월 16일 미군정은 소규모 귀속재산 불하 방침을 전격적으로 발표하고 말았다.[37] 그러면 대한민국 정부가 수립되고 한창 귀속재산 처리법이 성안 과정에 있던 1949년 8월 시점에 일본인의 재산은 어떤 상황에 놓여 있었을까?

> 수일 전 이李 국무총리는 적산 가옥의 이중매매자들을 엄중히 단속하라고 내무부장관과 법무부장관에게 시달한 바 있었는데, (…) 그러면 처벌 대상이 될 이중매매는 어느 정도의 공인된 비밀로써 성하고 있는가. (…) 이 적산 가옥은 해방되자 일인이 친한 한인에게 기증 혹은 안가로(安價: 값싸게) 판매하였던 것이다. 그 후 적산의 이중매매 불허는 법률로써 규정되었으나, 기실은 이 손 저 손 거치는 동안에 특수 계급이 독차지하고, 혜택 입은 전재민은 극소수에 이른 것이다. 그리고 이 적산은 금전으로 매매되고, 심지어 적산 소청 중에는 위조 서류까지 발견된다 싶은 실정은 이미 다 아는 바이다. (…) 그나마 이것도 작년 시세인데 금년에 들어서는 집값이 폭등하여 이의 2배 내지 5배로 올라 거래되고 있다. 여기서 흥미 있는 점은 그 부정 매매에 따르는 소위 명의변경 문제인데, 고작 힘든 이 관소

所를 돌파하는 경비가 10만여 원이란 '공정가격'이 붙는다는 것이다. 그러면 적산이 왜 이렇게 법을 뚫고서까지 매매될까. 조사 서류에 의하면 해방 후 해외와 이북으로부터 몰려드는 전재민·이재민과, 지방으로부터의 도시 집중은 직접 주택난을 초래케 하였으며, 이 틈에 민생고로 인한 매각과 정치적 불안으로 인한 조선집 매점 심리로 사회상을 반영하고 있는데, 이러한 이중매매의 수완으로 생계를 유지하고 있는 특수 계급이 엄존하고 있다.[38]

대한민국 정부 수립 후에도 위와 같이 구 일본인 부동산의 부정 매매는 명의 조작 등의 방법을 통해 계속 이루어졌으며, 이른바 뒷돈으로 으레 10만 원이라는 '공정가격'이 상식화되었을 정도로 투기 행위가 일반화되었다. 이 같은 투기는 남한의 주택 시장을 연쇄적으로 교란했다. 일본인 주택을 중심으로 시작된 투기 붐은 어느새 조선인 주택까지 번져 집값은 날로 치솟았다. 그 영향은 심지어 도시 빈민과 해외 귀환자 등 최하층에까지 파급되어 방공호 한 칸도 2,000~3,000원의 세를 내야만 가까스로 얻을 수 있는 지경에 이르렀다.[39] 또한 군정 초기에 자유 매매를 허가함으로써 더욱 악화된 식량난은 1948년 유령인구 색출에 관계 당국이 열을 올리고 있는 동안에도 쌀을 매개로한 밀수가 계속됨으로써 개선될 기미가 보이지 않았다.[40]

일본인들이 본토로 돌아가는 국면에서 조선인 브로커를 매개로 처분한 각종 공·사유재산은 극소수 사람들에게 집중됨으로써 사회적 폐해가 확산되었다.[41] 이 때문에 1946년 2월 16일 좌익 진영의 통일전선체인 민족주의민주전선은 결성대회에서, 부정 등기와 이면 계약 등을 통해 일본인 귀속재산을 개인 치부에 이용한 사람들, 또 이들의 부정을 눈감아주는 대가로 사복을 채운 비리 관료들을 싸잡아 '모리배·간상배'라고 부르며 해방 후 5대 반역자로 지목한 것이다. 우익 진영의 결집체인 과도입법의원 또한 이들을 '민족반역자, 부일협력자, 전쟁범죄자 급及 간상배에 관한 특별 조례'로써 친일파·부일협력자와 아울러 공민권을 박탈해야 할 3대 사회악으로 규정하고자 했다.[42]

비록 이들을 단죄할 처벌법은 제정되지 못했지만, 이러한 법안이 추진될 수밖에 없었을 정도로 일본인 재산에 대한 투기 현상은 사회적으로 위화감을 조성하고 사회적 부의 이동을 왜곡시켜 이제 막 박차를 가하는 신국가 건설에 악영향을 끼쳤다. 아울러 보통 서민들에게는 국내외의 정치적 이슈나 구 식민기구 소유의 토지·공장·관영기관 등 대규모 재산의 향방도 중요한 문제이기는 했지만, 일상 속에서는 바로 자신의 주변에 있던 일본인들의 가옥·점포·소공장을 차지해서 지역 유지로 둔갑한 사람들의 성공 사례가 더욱 크게 각인되었다. 그래서 특정한 정치적 신념과 무관했던 대다수의 사람은 이들의 행태를 반사회적 민족 반역 행위로 비난하는 사회 선각자들의 주장에 동조하면서도, 개인적으로는 자신도 그 대열에 뛰어들고 싶다는 질시와 부러움이 복합된 정서를 지니고 있었다. 다시 말해 모리배를 비난하면서도 기회만 된다면 자신도 그러한 모리배가 되고픈 마음을 누구나 갖고 있었다. 해방 초기부터 국내의 의식 있는 지도층 인사들이 일본인 재산 매매 금지를 강력히 요구한 것도 일본인 재산 처리 문제가 사회적 부의 분배 문제와 직결될 뿐만 아니라 사회적 체질 자체를 왜곡할 수 있다고 보았기 때문이다.

또 다른 보복의 악순환

1945년 10월 말 국내 한 신문에는 조선에 남아 있는 일본인에게 '표식을 달아 조선 사람과 구별하라!'는 꽤나 자극적인 기사가 실렸다. 도대체 왜 이런 이야기가 나왔을까?

일전에 군정청에서 발표한 38도 이남 일본인 150만 가량이 정확한 숫자라고 하면 이들을 전부 보내기까지는 앞으로도 반년은 걸릴 모양이다. 우리의 마음 같아서는 이보다도 빨리 이들을 다 보내고 싶으나 현재의 교통기관을 가지고는 아무래도 5, 6개월 동안은 같은 하늘 아래서 이들과 같이 먹고살 수밖에 없다. 그렇다고 우리는 이들에게 복수적인 행동을 한다거나 야만적인 태도로 대할 필요는 조금도 없으며 또한 그럴 까닭도 없다. 그것은 아놀드 장관의 말을 들어볼 것도 없이 우리의 태도는 일본에 가 있는 우리 동포에 즉시로 영향을 끼치어 우리가 눈 한 번 흘긴 것이 두 주먹으로 얻어맞는 결과를 가져온다는 것은 우리 자신이 누구보다도 더 잘 알고 있다. 그러나 문제는 조선에 남아 있는 일본인들 자신이 우리들에게 대한 태도에 있는 것이다. 최근 검거를 본 동대문 보안서 성북서 사건을 비롯하여 용산서 종로서 사건 등 어느 것이나 일본인이 조선 건국을 방해하고 조선 사람을 해치자는 계획 아래 행동한 사건인 것이다. 그뿐 아니라 29일 발행된 일본말 신문은 은근한 중에 연합군을 극도로 비방하는 기사를 공공연하게 싣고 있다. 그들의 이러한 파괴적 행동에 대하야 우리는 결코 폭력으로는 대하지 않으나 조선인과 일본인을 똑똑하게 구별해야 그들의 행동을 경계할 수 있으며 그리 함에는 일본인의 팔에 완장을 단다든지 가슴에 표를 질러 그들의 행동을 감시할 필요가 있다는 것이 일반의 여론이다.⁴³

위 기사는 해방 후 조선 사람들이 지니고 있던 일본인에 대한 인상과 송환 문제에 대한 인식을 여과 없이 보여준다. 즉 해방 직후 조선인들은 일본을 비롯해 해외에 체류 중인 동포들의 안전을 고려해 가급적 조선에 있는 일본인들을 고이 보내려고 하는데, 정작 이들은 살상과 폭력 등을 일삼아 사회적 해악을 끼치고 있으니 표식이라도 달아 감시하자는 것이다.

제2차 세계대전이 끝난 후 세계 곳곳에서 이루어진 전후 인구 이동은 항상 집단 보복의 위험을 수반했다. 특히 양 지역에 다른 민족이 섞여 있고, 양 민족이 상호 맞교환 형태로 오가게 될 경우 상대 지역에 놓인 이민족은 그야말로 집단 인질이나 다름없었다. 이러한 상황을 극명하게 보여주는 사건이 바로 우키시마호浮島丸號 사건이다.

해방 후 최초의 귀국선인 우키시마호는 홋카이도 바로 아래 아오모리현靑森縣에서 조선인 군속과 징용자들을 태우고 부산으로 향하던 중 교토 마이즈루만舞鶴湾에서 의문의 사고로 침몰했다. 그런데 이 배가 침몰한 원인을 두고 아직까지도 한국의 피해자들은 일본 해군이 저지른 의도적 사건이라며 '폭침설'을 주장하고 있다. 반면에 일본 정부는 제2차 세계대전 중 연합군이 주요 항로에 설치한 기뢰에 부딪힌 단순 사고였다는 '촉뢰설觸雷說'을 고집하고 있다.⁴⁴ 여기서 주목할 대목은 이 사건을 둘러싼 소문이 어떠한 파장을 불러왔는가 하는 점이다.

우키시마호 사건은 일본 아오모리현 스가와라구미菅原組 건설청부업자였던 장

종식이 1945년 8월 24일 이 사고로 가족을 잃은 뒤 9월 16일 부산에 도착하자마자 국내 언론에 제보함으로써 알려졌다. 이 사실을 처음으로 보도한 국내 신문의 기사 제목을 보면 사고 직전에 일본인들이 배에서 내렸다는 뉘앙스를 띠고 있어 모종의 음모를 떠올리기에 충분했다.[45] 이 사건은 삼남 지방을 중심으로 속속 생존자들이 돌아오면서 전국적으로 입소문을 타고 번져갔다. 이에 미군정 당국은 1945년 10월 4일 치안 유지 차원에서 이 사건을 '촉뢰'에 의한 우발적 사고라고 발표했다. 하지만 이 사건은 해방 후 한 달 만에 겨우 잦아든 조선인들의 반일 감정에 다시 불을 붙이고 말았다. 경북 지역에서 돌아간 일본인들은 하나같이 '우키시마호 사건에 관한 소식이 알려졌을 때 가장 치안이 불안했다'고 회고했다. 당시 대구·포항·감포 일대에서는 '흉악한 일본인의 원한을 갚아주자'는 목소리가 곳곳에서 들려왔다고 한다. 이러한 상황은 내륙 지역인 청주에서도 마찬가지였다. 청주에 우키시마호 사건 소식이 전해진 것은 1945년 9월 말쯤으로 당시 이 지역에서는 희생자 추도제를 지냈는데, 그 직후 일본인에게 원한을 갚으려 한다는 소문이 돌자 부랴부랴 청주세화회의 일본인들도 조선인의 시선을 의식해 향불을 지폈다고 한다.[46]

  한편 다음에는 이러한 남한의 상황이 본토로 돌아간 사람들을 통해 일본열도로 전해졌다. 일본에서는 1945년 10월에 들어서야 우키시마호 사건에 대한 첫 보도가 나왔다.[47] 그런데 사건 발생 후 40여 일 만에 나온 이 보도는 사건의 내용과 경위보다는 이 사건이 남한에서 과대 유포되어 여러 부작용을 낳고 있다는 점이 강조되었다. 예컨대 한 주요 일간지는 갓 조선에서 돌아온 대구 지역 사령관 고마쓰 지로小松二郎의 말을 빌려, 조선에서는 신문과 포스터를 동원하여 이 사건을 '의도적 학살 사건'으로 몰아 일본인들을 쫓아내려 하고 있다고 보도했다. 이 것은 체류지와 귀환지에 양 민족이 동시에 거류하고 있을 경우, 어느 한 지역에서 벌어진 동족의 피해 사건이 그 사실 여부와는 무관하게 곧바로 다른 지역의 이민족에 대한 보복으로 나타날 수 있음을 보여준다. 실제로 일본에서 1945년 12월 부산으로 돌아온 한 조선인 귀환자는, 평양에서 돌아온 총독부 관료 출신자가 소련군·중공군·조선인민군에 대해 갖은 욕설을 해대며 '조선인들은 모두 죽여야 한다!'고 온 마을을 헤집고 다니는 바람에 일가족이 예정보다 귀환을 서둘렀다고 회고했다.[48]

이와 같은 일종의 상호 인질과 보복 관계는 한반도와 일본열도에 국한된 문제가 아니었다. 한반도의 화교와 중국 대륙의 조선인 관계도 마찬가지였다. 한 예로 1946년 10월 국민당 수복 지구에서 조선인들이 공산주의자로 몰려 재산을 몰수당한 채 추방되어 돌아왔다. 그러자 서울과 인천에서는 해방 후 일본인 재산을 사들인 화교들이 집중적으로 위협을 당했다. 그런데 이들 중 일부가 중국에 가서 '조선인들이 화교를 탄압하고 있다'고 언론에 폭로했다는 소식이 국내에 또다시 전해지면서 중화상무회 총무는 이 소문이 사실이 아님을 거듭 밝히며 사태 수습에 나서느라 진땀을 뺐다. 이러한 일련의 사건으로 냉각된 한중 관계는 얼마 후 화교들이 서울시청을 찾아와 해외 귀환 조선인을 위한 성금을 전달함으로써 겨우 진정 국면에 들어갔다.[49]

이것은 모두 식민지 시기 각 민족이 전통적인 국경을 넘어 함께 살게 되면서 발생한 문제로, 이 시기 인구 이동이 양 지역의 팽팽한 긴장 관계 속에서 이루어졌음을 보여준다. 특히 식민 지배 말기 해외로 동원된 조선인들은 귀환 직후 남한에 있던 일본인들에게 외지에서 당한 부당한 처우에 대한 보상을 요구하여 체류자들을 곤혹스럽게 만들었다. 말하자면 식민 지배에 따른 '제국의 빚'을 청산하도록 요구한 것이다. 식민지 시기부터 패전과 해방에 걸쳐 복잡하게 얽힌 일본인과 조선인의 '가해와 피해', '피해에 대한 보복'이라는 악순환 고리는 양 지역 간의 인구 이동을 통해 이어지고 있었다. 해방 직후 건국준비위원회의 여운형과 안재홍이 일본인에 대한 개인적 보복이나 폭행을 자제하도록 당부한 것도 바로 이러한 상황을 염두에 두었기 때문이다.[50]

피해와 보복이 되풀이되는 악순환 양상은 해방 후 한일 양 지역 언론에 보도된 이민족의 이미지에도 그대로 반영되어 마치 정교한 데칼코마니 작품을 연상케 한다. 먼저 일본에서는 조선인을 어떻게 바라보고 있었는지 살펴보자.

- 8월 16일 임시정부가 만들어졌는데, 이것은 투옥되었던 사상범 조선인이 중심이 되어 만들어진 것이다. 이들은 일본인들이 선조의 재산을 빼앗고 30여 년간 조선인의 피를 쥐어 짜 먹고살았다는 식으로 말하는데, 일반 조선인이 이들에게 동조하는 것도 어쩔 수 없다고 생각했다. 이들은 일본인의 생명과 재산을 보호하겠다고 선언했지만, 그것은 거짓말로서 지금까지 일한 사무소에 들어온 조선인들은 일본인들을 한곳으로 몰아넣고는 연료와 식량 배급도 하지 않았다. 밤에는 소련 병사도 들어와 부녀자를 몇 번이고 농락하였다. 추위와 기아가 심해지는 9월 28일 억류소를 도망쳐 나와 조선인과 소련 병사의 눈을 피해 아내는 계곡에 몸을 숨기고 밤이 되기를 기다려 고생한 끝에 10월 7일 겨우 경성에 도착하였다.[51]

● 29일 오후 6시경 조선인 빈도단貧盜團이 농업회 창고를 털었다. 유리창을 깨고 3명의 조선인이 침입하여 쌀 2가마니를 들고 도주하려 했으나, 지나가던 행인이 발견해 곧바로 부근 촌민의 협력을 얻어 (…) 이 빈도단은 17세 2명과 18세 1명으로서 竹原清一, 仁川成三, 玉山菅夫라는 일본 이름을 지녔다. 이들은 29일 오후 2시경 나고야에서 구두·의류 등의 물품을 휴대하고 시바타新發田 부근에서 쌀과 교환하려 했으나 실패해, 이 농업회 창고를 털었다고 진술하였다. 이 경찰서에서는 여죄가 있을 것으로 보고 엄중히 조사 중이다.[52]

두 개의 기사 중 위의 내용은 패전 후 북한에서 탈출한 일본인이 조선인과 소련군에게 당한 온갖 고초를 묘사한 것이고, 아래 내용은 도난 사건에 연루된 니가타의 조선인에 관한 것이다. 이들 기사는 전후 일본 사회의 전형적인 조선인에 대한 이미지를 반영한다. 즉 한반도의 조선인은 보복이나 일삼고 일본인을 모질게 추방한 집단으로, 일본의 조선인은 물건이나 훔치고 암시장을 전전하며 사회 질서를 어지럽히는 집단으로 정형화되어 있다.

그렇다면 재일 조선인에 대한 일본 사회의 인식을 한국에서는 어떻게 평가했을까? 1948년 4월 국내 한 일간지의 재일 동포 관련 사설을 중심으로 살펴보자.[53]

지나간 36년 동안 일인들의 갖은 학대는 생각만 해도 몸서리가 처진다. 물심양면으로 착취와 폭압을 마음대로 하던 그들이 패전으로 물러가던 그날도 우리는 조용히 떠나보내지 않았던가? 이것은 일본 땅에 살고 있는 수십만 동포들을 위한 마음이 아니었던가? 그런데 그들은 안전하게 귀국한 감사를 무엇으로 갚고 있는가?

- **일본 대의원의 폭언** 1946년 4월 일본 선거 때 龜田이라는 대의원은 깜짝하게도 조선과 만주는 당연히 일본이 위임통치를 해야 할 것이다라는 폭언을 토하여 그들의 야욕과 痴夢의 일단을 보여 우리를 놀라게 하는 동시에 세계의 물의를 샀다.
- **중의원의 발악** 동년 8월 17일 중의원 회의 때 推態三郞이라는 자가 말하기를 일본에 있는 조선 놈들은 모두 도적놈들이다. 그러니 이들을 모조리 조선으로 추방시켜야 한다는 발악을 하여 위원 전부로부터 일대 갈채를 받았다는 것이다.
- **악질 靜永(世策)의 악행** 경성지방검사국 경제과장이라면 모르는 사람이 없던 靜永이란 놈은 귀국 후 대판大阪(오사카)에서 여전히 검사의 직을 가지고 동포 학대가 어찌 심한지 맥아더 사령부에서 조선에 있을 때의 그놈 행적을 조사하겠다고까지 한다.
- **도적놈 취급** 1947년 1월경 전쟁 후 도적이 성행하여 골머리를 앓고 있던 나머지 방범 주간을 설치했는데, 그 포스타에다 도적놈을 그리고 태극기를 머리에 그려 붙여 도적놈은 전부 조선 놈이니 잡아 죽이라고 떠들어댔다는 것이다.

이 신문은 일본 사회가 도둑 방지 주간을 홍보하는 포스터에 '도적놈'과 '태극기'를 도안에 함께 그려 넣는 등 조선인에 대한 악의적 이미지를 유포함으로써 추방의 명분을 쌓아갔다며, 이것은 패전 후 일본인을 안전하게 귀국하도록 배려한 조선인의 은혜를 원수로 갚는 행태라고 비판했다. 이처럼 패전을 경험한 일본인의 화풀이 대상은 식민지 출신자인 60만 재일 동포였다. 길고 긴 한일 양 민족의 악연은 이렇듯 시대와 장소를 옮겨 가며 끈질기게 이어지고 있었다.

일본인의 마지막 모습

　미군의 인천 입항에 즈음하여 하지 사령관의 지령에 따라 경성부와 인천부 일대에는 1945년 9월 8일부터 통행금지령이 내려졌다. 그런데 9월 8일 미군환영대회에 참석한 조선인이 일본 경찰의 발포로 즉사했다. 미군이 서울에 들어온 9일에도 일본 경찰의 총격으로 성북 지구에서 연희전문 학생 두 명과 조선인 경관 한 명, 10일에는 용산 지구 삼각지에서 동양의전 학생 한 명이 사망했다.[54]

　살상 사건은 서울뿐만 아니라 전국 도처에서 발생했고, 경찰 외에 현역 군부대원이나 제대군인이 개입하여 사건의 파장이 확대되기 일쑤였다. 충북의 한 마을에서는 미군 진주 이전인 1945년 8월 27일 소집 해제된 헌병이 권총으로 조선인을 사살하는 바람에 부근의 일본인들이 인근 극장에 집단 감금되는 사건이 발생했다. 또 경남 통영에서는 같은 해 10월 특설경비대원이 경찰서에 있는 조선인 보안대원을 사살하는 일이 벌어져 일본인 경찰을 포함해 부근에 사는 일본인 민간인까지 함께 감금되었다.[55]

　이 사건들은 미군 진주를 전후해 서울 지역의 치안권 장악을 둘러싼 양 민족 간의 치열한 주도권 싸움의 결과였다. 조선인과 일본인 사이의 갈등은 1945년 9월 16일 일본인 경찰관의 면직 조치가 발표되면서 잦아드는 기미를 보였으나, 갈등의 불씨는 꺼지지 않고 그 후로도 상당 기간 다시 타올랐다. 서울의 경우 남대문이나 용산구 일대와 같은 일본인 집중 거주 지역에는 예외적으로 일본인 경관의 근무를 인정했을 뿐만 아니라 5,000~6,000명이나 충원해야 하는 조선인 경관 채용에도 일정한 시간이 필요했기 때문이다. 그 결과 군중집회가 한창이던 8

월 17일 만취 상태에서 조선인을 단도로 찔러 중상을 입힌 일본인 헌병 7명을 종로경찰서에서 검거하기까지 무려 한 달이나 걸렸다.[56] 이러한 상황은 같은 해 11월 12일 경기도 경찰부장 조병옥이 도경찰부·본정서·용산서 세 곳에 남아 있던 일본인 경찰을 파면할 때까지 지속되었다.[57] 그 탓에 용산경찰서의 일본인 경찰관이 황목사라는 조선인을 미군의 스파이였다며 가족들을 폭행하고 심지어 그를 살해하려다 직전에 검거되기도 했으며,[58] 충남 아산에서는 오목초등학교 교장이 인근 군부대원들을 동원해 해방 전부터 일본인배격운동을 벌인 박치갑이라는 교사를 보복과 예방 차원에서 살해한 일도 발생했다.[59]

패전 초기에는 일본인들이 그 충격을 미처 내적으로 소화하지 못하고 개인적인 울분·적개심·허탈감 등을 애꿎은 조선인에게 투사함으로써 발생한 살상 사건이 많았다. 이런 사건은 주로 제국의 팽창과 유지에 직접 관여한, 즉 민간인에 비해 군국주의적 감성이 많이 남아 있던 현역병과 제대군인, 그리고 평소 조선인과 접촉 빈도가 높으며 해방 후 치안권 장악을 둘러싸고 남한의 정치세력과 갈등을 빚은 경찰 출신자에 의해 자주 일어났다.

조선인 상해 사건이 빈발하자, 이들의 무장해제와 우선 송환을 요구하는 목소리가 높아졌다. 심지어는 이미 본토로 돌아간 이들도 색출해서 응징해야 한다는 주장까지 대두되었다. 좌익 진영은 미군정이 행정과 치안 조직에 기존의 일본인 관료를 그대로 둔 채, 구 군인·경찰의 무장해제와 강제 송환을 지연함으로써 결과적으로 조선인 살상 사건을 방관했다며 그 책임을 완곡하게 추궁했다. 그리고 미군정의 그러한 태도는 근본적으로 조선인의 정치 역량에 대한 불신에서 비롯되었고, 행정 편의주의에 치우친 나머지 조선인의 민족 감정을 헤아리지 못한 결

과라고 비판했다.[60]

 조선을 떠나가는 일본인에 대한 마지막 인상은 살상 사건과 함께 다양한 형태의 물자 폐기와 파괴 행위로 인해 날로 악화되었다.

> 8·15 이후 패잔 왜적의 단말마적 최후 발악은 우리의 건국을 방해하기 위해 갖은 모략을 써서 경제 교란과 치안 방해에 암약하여왔는데, 특히 악착스런 수단으로 무고한 인명까지 살상하야 우리 국민의 왜적에 대한 악감정은 절정에 달하고 있어, 군정 당국에 대하여 시급하게 이러한 악종 왜적의 철저적 응징을 요망하는 소리가 물 끓듯하고 있다. (…) 그중에도 못된 행패로는 다이나마이트나 까소린 탕크 같은 폭발물을 광산·공장·학교 심지어 주택(에)까지 장치하야 재산을 파괴하고, 무고한 인민과 천진한 어린이를 살육하여 36년 동안의 죄악사보다도 더 큰 죄악을 지었다. 즉 8·15 이후 군산·진해 등 남선 각지에서는 많은 물자를 불사르고 엄청난 양식을 바다 속에 던지는 한편, 소학교 후원에다가 다이나마이트를 장치하여 어린이 살육을 도모하였고 (…) 서울 강기정岡崎町(현재 갈월동) 주택 부엌에 까소린 탕크를 묻어두었다가 폭발시키고, 최근에는 인천유지회사仁川油脂會社 창고 문에다가 지뢰를 장치하야 창고 조사 갔던 조선건국산업협회 부회장 최두선 씨 이하 기수 등 17명을 폭살하야 일반 민중을 전율케 하였다. (…) 일반은 군정청이 맥아더 장군의 포고위반죄로서 일본에까지라도 손을 뻗쳐 그들을 철저히 수색하여 엄벌에 처하여달라고 요망의 소리가 높다.[61]

 위 기사를 보면 일본인의 불특정 다수를 겨냥한 살상 행위와 물자 폐기, 경제 교란 등을 건국 방해 행위로 규정하고 있다.

당시 물자 폐기와 생산 시설 파괴는 크게 두 가지 국면에서 이루어졌다. 첫째는 군의 퇴각이나 무장해제 단계에 집중적으로 벌어졌다. 제주의 사례를 보면 한반도에 진주하기 직전 오키나와 미군 제24군단 사령관 하지는 연락장교를 통해 제17방면군 사령관 고즈키에게 미군이 도착하기 전에 무기는 모아두되 탄약류는 모두 파괴하거나 바다에 버리도록 지시했다. 그런데 일본군은 무기를 폐기하는 과정에서 식량과 일용품까지 불사르거나 바다에 던져버려 다른 사람들까지 사용하지 못하게 했다. 이것은 북한을 비롯해 한반도에서 퇴각하던 일본군의 전형적인 행태였다.[62]

두 번째는 기업가들의 자본 철수 과정에서 나타났다. 해방 후 일본인 자본가들의 최대 관심사는 자신의 자금·재고품·원료를 어떻게 빼돌릴 것인가에 있었다. 예를 들어 부산의 조선방직 전무는 광목을, 삼화고무 사장은 고무신을 팔아 벌어들인 돈 수십 가마니를 밀항선에 실어 일본으로 돌아갔다. 자본가뿐 아니라 일반인도 재산을 방매하기는 마찬가지였다. 부산에서는 그들이 방매한 물건이 기반이 되어 국제시장의 원류인 '도떼기시장'이 형성될 정도였다. 그런데 이러한 물자 방매는 곧 시설의 파괴를 뜻했다. 예컨대 금천알미늄공업소라는 사업장에서는 원료가 있었음에도 불구하고 생산 기계를 파괴해 솥을 만들어 팔았다. 현금 확보를 위한 물자 방매가 시설의 파괴와 제품의 망실로 직결된 것이다. 그 결과 귀속사업체는 이래저래 자금난과 원료난에 직면할 수밖에 없었고 공장 가동에 많은 어려움이 따랐다.[63]

특히 후자의 경우는 대개 미군정이 임명한 조선인 재산관리인이나 밀항 브로커와 손잡고 치밀한 계획하에 파괴가 이루어졌다. 이 때문에 조선인 사회는 미군정에 나날이 지능화·조직화하는 일본인 범죄에 대한 대책을 마련하라고 촉구했다. 주요 산업 시설을 살펴보면 귀속사업체의 경우 동산류는 대부분 일찌감치 처분되었고, 부동산의 경우도 문서위조·방매·전매·기부 등 각종 형태로 접수되기 이전에 이미 사라진 경우가 많았다. 생산 시설도 낱낱이 분해하여 하나씩 따로 처분한 경우가 비일비재했는데, 광주의 사례를 보면 접수해야 할 생산 시설 중 57%만 접수망에 포착되었을 뿐이다. 목포에서는 지역 건국준비위원회의 활동에 힘입어 귀속사업체의 탈루율이 광주보다 낮았으나, 경영난으로 인해 1949년도까지 약 39%가 사실상 유실되었다고 한다.[64]

이러한 상황은 당시 언론에 횡령·반출 등으로 보도된 사건을 둘러싼 한일 간의 뿌리 깊은 역사 인식의 차이와 밀접한 관련이 있다. 조선총독부 총무과장 야마나 미키오山名酒喜男는 "(조선의 일본인은) 일본에서 자본을 들여와 자신의 공장과 설비를 완성하고, 일본인의 기술력으로 고심과 노력을 거듭하며 공장과 사업장을 운영해왔다. (…) 일본에는 '패자의 등 뒤에 칼을 꽂는 것은 사내의 수치(落目の者をいじめるのは男の恥)'라는 말이 있다"라면서 구 일본인 사업체를 접수하려는 조선인 노동자의 행위를 비판했다.[65] 그의 논리에서 보자면 일본인들이 공장 시설을 분해하여 처분하거나 원료 등을 일본으로 가져가는 것은 기업가의 '자본 철수' 또는 '물품 회수'에 불과하며, 미군정이 처음에 사유재산 존중을 표방한 이상 자신들의 행위는 불법이 될 수 없다는 뜻이다. 이것이 결국 나중에 일본으로 돌아간 사람들의 재외재산청구권 논의라든가 일본 정부의 역청구권 주장의 뿌리가 된 논리이다. 그렇다면 조선 사회 일반의 논리는 어떠했을까?

일본인 재산에 관련한 결의문

일본인의 공·사유재산은 그 과도적 절차의 여하를 물론하고 구경究竟 이를 국가에 회수하야 신성新成 광복국가 건설의 경제적 기초로 함을 절대 부동의 철칙으로 함.

[이유] 일본인의 공·사유재산은 과거 41년간의 조선에 대한 그들의 봉건적 자본주의적 침략 착취의 결과일 뿐더러, 1931년 만주사변 이래 더구나 1937년부터의 중일전쟁, 1941년부터의 태평양전쟁을 통하여 일본 제국주의의 폭압과 강제의 밑에 조선 및 조선 인민으로부터 약탈적인 징발을 한 자본과 물자의 대상代償 정액에도 차지 못하는 바이니, 이는 조선 건국에 필수 불가결한 경제적 기본으로서 국가가 당연히 그를 회수·소유할 권리가 있는 바이다.[66]

위 결의문은 비교적 온건한 노선을 표방한 안재홍의 조선국민당이 미군정의 일본인 사유재산 매매 허가 조치에 대해 발표한 논평 가운데 일부이다. 조선국민당은 일본인 공·사유재산을 국가가 일괄적으로 소유하고 관리해야 한다고 보았다. 그 재산은 오랜 기간 조선인을 착취한 결과이므로 그동안 약탈당한 대가로서 응당 회수해야 한다고 인식했기 때문이다. 그럼에도 불구하고 이들 재산의 매매를 허가해야만 한다면 반드시 단서를 붙여 그 규모를 최소화해야 한다고 보았다. 즉 이들 재산을 구매할 때에는 "① 조영물의 경우 시민적 생활상의 요구에 입각할 것. ② 산업 시설은 실업·실직을 방지하고, 생필품의 응급 생산에 충실할 것. ③ (미군정은) 정부 수립까지 관련 재산을 선의에 입각해 보관 관리할 것" 등 세 가지 전제 조건을 달도록 권고했다. 아울러 허술한 법망을 비웃으며 암약하는 모리배나 외국인의 구매를 차단하도록 요구함으로써 매매 허가 조치로 발생할 수 있는 일련의 부작용에 대해 우려의 뜻을 표했다.

일본인 재산을 바라보는 사회 지도층의 기본 시각은, 이것이 향후 건국의 경제적 기초로서 매우 중요한 의미를 지니며, 또한 사회 전체가 공유해야 할 재산이라는 것이었다. 비록 정치적 스펙트럼에 따라 '국유', '인민적 소유', '국가 관리' 등 사용하는 개념에 미묘한 차이를 내포하기는 했지만, 해방 직후 남한의 주요 정당은 적어도 이 재산을 특정 계층이 독점해서는 안 된다는 점에서 같은 인식을 공유하고 있었다. 심지어는 한민당조차 1945년 10월 시점에서 일본인 재산 구매가 공연히 민심을 혼란케 하고 물가만 뛰게 한다며 "적산을 사지 마라"고 했다. 주지하다시피 한민당은 1947년 7월 귀속재산 불하 논의가 시작되자 대부분의 정당과 사회단체가 이에 반대하는 상황이었음에도, 조선상공회의소와 함께 재산의 파손·유실 방지를 명분으로 이를 환영했었다.[67]

현실적 차원에서 보자면 산업 시설의 해체·산매·반출 등은 결국 공업 생산의 저하와 그에 따른 노동자의 대량 실업, 그리고 임금 하락으로 이어지는 악순환을 낳고 있었다. 여기에 더해 해외 귀환자의 대량 유입으로 실업률이 급상승했으므로 노동자의 생활은 더욱더 악화될 수밖에 없었다. 노동자들은 공장관리위원회를 조직하고 회사나 공장을 집단 관리·운영함으로써 사태가 더 이상 악화되지 않도록 노력했다. 해방 후 조선인 노동자들이 자주관리운동에 나선 것도 궁극적으로는 생산 시설의 조업 재개를 통해 일자리를 확보하기 위해서였다.[68] 일본인의 산업 시설 해체·파괴는 곧 노동자들의 생활 기반을 파괴하는 것이었다. 그래서 한편에서는 일본인들의 재산 처분과 밀항을 도와 한몫 챙긴 조선인이 있었는가 하면, 각 지역 인민위원회는 미군정의 만류에도 불구하고 주요 항구를 돌며 밀항하는 일본인을 직접 단속하고자 했다.

일본인들의 공공재산 파괴·횡령·반출 등의 행위는 국·공유재산의 경우에도 예외가 없었다. 그 가운데 '이왕직李王職 사건'은 1910년 이래 전통왕조 격하의 대미를 장식한 사례였다.[69] 이왕직 사건은 이왕직 차관 고지마 다카노부児嶋高信의 명령에 따라 회계과장 사이토 지로齊藤治郎가 1945년 8월 17일 재산목록 20책을 소각한 뒤, 8월 21일 보유 재정 670만여 원 중 550만 원을 도쿄의 이왕저 사무관 야마시타 헤이이치山下平一에게 송금하고 도망하려다 체포된 사건이다.[70] 당시 사이토가 횡령하려던 돈은 조선 왕실 소유의 삼림을 벌채한 대금이었으며, 미군정에 의해 전국 50여 곳의 능·원·묘와 삼림 및 1,000석 소출 규모의 전답이 관재처로 이관된 상황이었기 대문에 당연히 당국에 신고해야 할 재산이었다.[71]

이 사건의 주범 사이토는 1908년 조선으로 건너와 처음부터 대한제국 궁내부에서 30여 년간 회계를 맡아본 까닭에 왕실 재산을 속속들이 꿰고 있었다. 또한 그에게 송금을 지령하고 도망 간 고지마 다카노부는 조선총독부에서 회계·재무직을 거쳐 1940년 이왕직 차관으로 발탁된 관료로서 이왕직제 개편과 운용에 깊이 관여한 인물이었다.[72] 당시 사이토에 의해 폐기된 목록은 이왕직 재산의 규모와 소재 등을 적은 재산목록 5권, 사무인계목록 4권, 특별친용금수불부特別親用金受拂簿 등이다.[73] 이 사건으로 말미암아 1950년 구 왕궁재산처분법에 따라 관련 재산이 국유화되기까지 재산의 성격 논쟁을 비롯해 이 문제를 둘러싸고 무수한 재판이 벌어졌다.[74] 비록 횡령한 자금은 회수되었다지만, 금전 이상의 중요한 왕실 기록이 훼손된 것이다.

그뿐만이 아니다. 천황의 항복 방송 이후 기상 장비와 함께 장기간에 걸친 한반도의 기상 데이터라는 무형의 지적 재산이자 정보가 파괴되기도 했다.[75] 경성측후소는 기상통계표와 암호전보 등 주요 서류를 보관하던 강철 금고를 통째로 폐기했다. 게다가 소장은 조선인들이 기관을 인계하기 전에 각종 계측 기구를 자기 집에 숨겨두고 물품대장에서 누락시킨 채 측후소를 넘길 요량이었다. 이 사실을 처음 알아낸 사람은 정부 수립 후 초대 국립중앙관상대장을 지낸 천문기상학의 대부 이원철이다.[76] 그는 1945년 9월 22일 군정 당국자를 대동하고 경성측후소를 조사한 뒤 사태의 심각성을 깨닫고, 인천측후소를 비롯해 한반도에 산재한 25곳의 기상대 중 남한 지역의 14곳을 서둘러 접수하여 추가 피해를 막았다. 만일 그가 한발만 늦었더라면 1900년 3월부터 일본 문부성의 지시로 수집하기 시작한 이 땅의 기상 데이터는 상당 부분 사라질 뻔했다.[77]

해방 후 송환 국면에서 나타난 일본인들의 불법행위는 산업 시설의 파괴와 물자의 폐기 외에도 조선인 네트워크를 활용한 공·사유재산의 횡령과 밀반출로 나타났다. 이 불법행위는 일본인에 대한 각종 규제가 강화됨에 따라 더욱 의도적이고 지능화되며 조직적인 양상을 띠었다. 이는 남한 사회의 물자 부족을 초래할 뿐만 아니라, 투기를 부추기는 등 사회적 병리 현상을 확산시킨다는 점에서 비난의 대상이 되었으며, 장기간에 걸쳐 사회 각 부문에 후유증을 남긴다는 점에서 큰 짐이 되었다.

일본인이 처분한 재산은 관재인의 지위를 요행히 얻은 극소수에게 돌아갔고, 생산 시설의 파괴 및 물자의 투매와 폐기는 인플레를 부채질했으며, 물자 부족을 초래하여 밀수업자들을 창궐케 했다. 그 결과 대다수의 서민들은 초인적 내핍을 강요당한 반면, 모리배나 간상배로 통칭되던 신흥 집단은 재력을 바탕으로 사회 각계에 손을 뻗쳐 온갖 비리를 저지름으로써 해방 당시 대다수가 지향하던 건강한 사회·국가 실현에 걸림돌이 되었다.

이러한 폐해는 결국 남아 있던 일본인들에 대한 '추방론'·'응징론'으로 확산되어갔다. 이제 조선인에게 일본인 송환 문제는, 억압과 착취의 원흉이니 마땅히 이 땅에서 추방해야 한다거나 혹은 해방이 되었으니 당연히 물러가야 한다는 식의 관념적 차원을 넘어, 그들로 인해 당장 자신의 일자리·먹거리·잠자리가 위협을 받을 수 있다는 현실의 문제로 다가왔다. 조선인에게 일본인의 마지막 모습은 그들이 처음 이 땅에 발을 디딜 때와 마찬가지로 살상과 파괴로 점철되었다.

회한과 그리움의 장소, 조선

요시오카 마리코吉岡万里子는 1925년 경성의 적십자 병원에서 태어났다. 이 병원은 관사촌 부근에 자리하고 있었기 때문에 아버지가 총독부에서 근무하던 사람은 대개 그곳에서 태어났다. 그녀의 조부는 러일전쟁이 터지면서 물가와 세금이 올라 생활이 어려워지자 1908년 무렵 조선으로 건너와 지금의 을지로 3가에 정착했다. 일본에서 황족들이 다니던 학교가 가쿠슈인學習院인데, 그녀의 아버지는 당시 '조선의 가쿠슈인'으로 불리던 히노데심상소학교, 종로고등소학교, 선린상업고등학교를 졸업하고, 25세 때인 1922년 보통문관시험에 합격해 식민 지배 관료군의 맨 말석에서 일하게 되었다.

마리코는 태어나서 줄곧 순화동의 조선총독부 관사와 철도 관사 지구에서 유소년 시절을 보냈다. 따라서 1930년 자연스럽게 조선철도 부설 유치원에 입학했으며, 그 후 남대문공립심상소학교와 경성제일공립고등여학교를 거쳐 1944년 황민화정책을 선도하던 녹기연맹의 쓰다 세쓰코津田節子[78]가 운영하는 청화여숙을 졸업했다. 그리고 아버지의 도움으로 패전 즈음인 1945년 5월부터 총독부 서무과에 들어가 서무계에서 직원의 급료 계산과 징병 소집 연기 업무를 담당하다가 만 20세에 패전을 맞이했다.

마리코는 노년에 딸 사와이와 함께 그녀가 태어난 서울을 다시 찾았다. 사와이는 그때 어머니의 모습을 다음과 같이 적고 있다.

> 엄마는 시간이 나는 대로 나를 앞세워 남대문시장과 남대문 주변, 옛날 관사가 있었던 서소문동, 당시 '혼부라'(도쿄의 긴자에 버금가는 경성의 번화가)로 유명했던 충무로·소공동(구 하세가와초, 長谷川町)을 돌아다녔다. (…) 당시에 자주 다녔던 거리나 뒷골목, 작은 골목까지 엄마의 몸에 익어 있었던지 내가 바쁘게 따라가야 할 정도로 엄마는 나보다 앞서서 걸어갔다. 그러나 종로·청계천·인사동 주위에 오니 금방 '낯선 여행자'와 같은 얼굴이 되어 두리번두리번하며 내 뒤를 따라다녔다.[79]

마리코는 어릴 적 자신이 자주 다니던 길을 다시 걷고 싶었다. 그곳은 바로 당대의 '모던 보이'와 '모던 걸'이 모여들던 일본인촌의 중심가였다. 그러나 사와이의 묘사대로 그녀는 청계천을 건너 조선인들이 살던 구역으로 접어들자 그토록 그리워한 서울이건만 매우 낯설어했다. 그도 그럴 것이 그녀가 조선에 살았던 20

일본식 건물과 일본어 간판으로 빼곡한 1920년대 서울 충무로 거리
현재 서울시 지하철 4호선 회현-명동-충무로역을 중심으로 한 지역에는 식민지 조선의 대표적 일본인촌이 자리 잡았다. 원래 조선시대 이래로 이 일대는 물이 잘 빠지지 않아 우기가 되면 땅이 질퍽거리는 통에 걷기조차 힘들다고 하여 '진고개'라 불렸으나, 청일전쟁과 러일전쟁 후 남산 기슭으로 모여든 일본인은 이곳을 조선 최고의 번화가로 만들어놓았다. 경성의 일본인들은 이곳이 일본열도에서도 최고의 멋쟁이들이 모여든다는 긴자銀座에 견주어도 절대 뒤지지 않는다는 자긍심을 보이기도 했다. 당시 이 일대의 번화가를 '혼부라本ブラ'라고 불렀는데, 이 말은 당대의 '모던 보이'와 '모던 걸'들이 번화가였던 혼마치本町 일대를 거닐며 근대의 향취를 만끽하면서 한껏 멋을 부리던 데서 유래한 속어였다.

년 동안 그녀의 동선은 집과 학교가 있는 태평로와 서대문 일대, 그리고 일본인촌의 중심가였던 명동에서 충무로 일대가 전부였다.

이 같은 그녀의 공간 체험은 곧 역사 인식에도 영향을 미쳤다. 그녀는 딸과 함께 파고다공원을 방문했는데, 거기에서 1944년 홋카이도·사할린 방면으로 징용된 바 있다고 하는 유씨라는 자원봉사자로부터 공원의 연혁과 그곳에서 전개된 3·1운동에 관해 처음으로 들었다고 한다. 사와이는 "유씨의 이야기를 열심히 듣고 있던 엄마는 긴장과 추위, 그리고 충격적인 이야기 내용 때문에 얼굴이 점점 굳어져갔다"고 당시 상황을 적었다.

마리코는 조선에서 살았음에도 조선의 문화나 역사를 접할 기회가 없었다. 줄곧 관사 지구에서 일본인 틈에 살았기 때문이다. 1939년 조선인과 일본인이 섞여 살던 지역인 청운동의 단독주택으로 이사 간 뒤에도 사정은 다르지 않았다.

> '호우상'은 함경북도 양반 가문인데 그 아들이 나중에 일본예비사관학교의 생도가 되어 내지로 갔다고 하더구나. (…) (우리) 집에 아직 전화가 없었을 때 호우상 집으로 자주 전화를 걸러 간 적이 있었지. (…) 근처에 일본여자대학을 졸업했다는 조선인 부인이 있었어. 정식 부인은 아니고 양반의 첩이라는 이야기를 엄마가 이웃집 사람에게 들었다고 하더라. (…) 우리 집 바로 앞에 있던 큰 집도 양반 집이었어. 그 집에는 피아노가 있고 성악을 공부하는 아들이 있었지. (…) 우리 집에서 맹아학교 쪽으로 붙어 있는 또 하나의 큰 집이 있었는데, 그곳도 양반의 집이었지. 그 집 딸을 길에서 만나면 "우리 집에 피아노 치러 오세요"라고 자주 말하곤 했어. 예쁜 딸이었어. 귀환할 때는 그 집 사람이 일부러 우리 화장대를 사주었어.[80]

그녀가 언급한 청운동의 조선인은 그녀와 생활수준이 비슷하거나 더 부유했던 양반 혹은 그 주변 사람들이었다. 그녀에게 조선인이라는 존재는 '일본적·근대적 요소'를 구비했을 때만 비로소 의미가 있고, 자신과 소통할 자격이나 기억할 만한 가치를 획득했다. 청운동의 조선인 이웃이 그나마 그녀의 기억 한 구석을 차지하게 된 것은 그녀가 이들을 다른 속성을 지닌 존재로 인식하지 않았거나 혹은 그러한 측면에는 전혀 관심을 두지 않았기 때문에 가능했을 수도 있다. 그렇다면 그러한 자격을 구비하지 못한 대부분의 조선인은 그녀에게 어떻게 기억되었을까?

어느 날 마리코는 한 전차 운전수가 자신이 일본인인지 조선인인지를 맞추어 보라고 하자 곧바로 '조선인'이라고 답했다. 그에게서 마늘 냄새가 났기 때문이다.[81] 경성에서 태어나 줄곧 그곳에서 생활한 그녀였지만, 그녀의 집에서는 음식에 고춧가루와 마늘을 사용한 적이 없으며 조선 음식을 전혀 입에 대지 않았기 때문에 냄새에 민감했던 것이다. 그녀에게 조선인이 북적대는 곳은 어디나 골치 아프고, 지독한 마늘 냄새로 가득 찬 불결하고 불쾌한 공간일 뿐이었다. 조선인을 향한 마리코의 시선은 민족적·계급적 차별이 복합되었고, 여기에 '근대'라는 필터가 덧씌워 있었다. 즉 가난한 조선인으로서 근대적 교양마저 갖추지 못했다면 더 이상 그녀에게는 관심의 대상이 될 수 없었다.

그녀는 기회가 있을 때마다 딸에게 경성의 하늘은 더 높고 파랬다는 둥, 경성 사람(일본인)들은 일본 본토 사람처럼 섬나라 근성에 사로잡혀 좀스럽거나 봉건적이지 않았다는 둥 자신이 태어난 조선을 그리워했다. 그러나 같은 시공간 속에서 조선인과 다른 체험을 쌓아갔던 그녀가 반세기가 넘도록 그리워하던 '서울'은 어

디까지나 '일본인의 게이조(경성부)'일 따름이었다. 즉 경복궁의 경회루와 창경궁 연못은 그녀에게 스케이트장이었고, 조선신궁이 자리 잡았던 남산 자락은 스모 경기장이었다. 또 부민관은 가부키 극장 혹은 중일전쟁의 부상병을 위로하던 학생들의 합창대회 장소였고, 소공동 일대는 일가 친척이 모여 중화요리를 먹던 가조엔雅敍園과 프랑스 풀코스 요리를 즐기던 반도호텔 레스토랑이 있어 생각만 해도 즐거운 곳이었다. 충무로 일대는 매년 10월 화려한 마쓰리祭り(축제)가 열리는 곳, 미나카이와 미쓰코시 백화점 자리는 슈크림·애플파이·카레라이스를 맛보던 곳이었다. 이처럼 그녀에게 경성이라는 장소성은 일본과 근대라는 필터를 통해 극히 사적인 맥락에서만 파악될 뿐이었다.

이런 인식은 비단 마리코에게만 나타나지 않는다. 이른바 조선에서 태어난 일본인을 지칭하는 '조센코朝鮮子'들은 대개 그녀와 비슷한 생각을 지니고 있었다. 마리코와 비슷한 나이에 경성에서 돌아온 이시다 스에코石田寿惠子(귀환 당시 21세)는 다음과 같이 고백했다.

> 어머니와 우리는 모두 경성 태생이다. 내지(본토)를 모르고 자랐기 때문에 거리에서 종전으로 인해 인양(귀환)을 한다는 말을 들어도 나는 그것이 무엇인지 당최 감이 오지 않았다.[82]

이시다의 아버지(1869년 생)는 1897년에 조선에 건너와 경성 태생의 어머니와 결혼해 약 반세기 동안 조선에서 생활했다. 따라서 그는 일본인들이 패전을 맞이해 본토로 돌아가야만 하는 상황을 이해할 수 있었으나, 이시다 모녀는 모두 본토로 돌아간다는 '귀환(引揚)'이 무엇을 의미하는지조차 이해하지 못했다. 마리코보다 2년 먼저 태어난 이오누에 스미코井上寿美子 역시 "내지(본토)는 모국이라고는 해도 현실적으로 미지의 나라이다. 본래 돌아올 곳으로 왔다는 생각보다 원래 있어야 할 곳에서 쫓겨나 어쩔 수 없이 도착한 피난 장소와 같았다"고 회고했다. 그리고 그녀가 정작 고생으로 기억하는 것은 일본 본토에서 '이방인'으로 취급당하며 빈손으로 재출발해야 했던 정착 과정이었다고 회고했다.[83] 결국 조선에서 태어난 2세들에게 조선이란 자신이 누렸던 풍요로운 기억의 보고였고, 집단 송환과 본토인의 차별이라는 연쇄적인 삶의 낙차를 체험하면서 품게 된 본토에 대한 불만을 투사할 수 있는 경험적 근거를 제공한 공간이었다. 그러나 아쉽게도 그 안에는 자신이 어떻게 조선에서 태어날 수 있었는지, 그리고 왜 1945년 8월 이후 그곳을 떠나야 했는지에 대해 자신의 체험을 역사적 맥락에서 상대화하려는 인식은 희박했다.

반면에 1945~1946년 소련 점령군 및 북한 인민위원회와 일본인 사이에서 가교 역할을 하며 북한 일본인의 남하 탈출을 주도한 이소가야 스에지磯谷季次는 보통의 일본인과는 사뭇 다른 역사 인식을 보인다. 그것은 그의 특이한 조선 체험에서 비롯되었다.

1907년 일본 시즈오카靜岡에서 태어난 이소가야는 1928년 함경남도 나남의 한 보병연대에 보충병으로 입대하면서 조선과 처음으로 인연을 맺었다. 그는 1930년 제대 후 조선의 노동운동가들을 만나게 되면서 함흥 공장 지역을 무대로 혁명적 노동조합 건설 운동에 투신했다. 그가 제대할 무렵 북한 지역에서는 한창 전력 개발 공사와 공업화가 진행되고 있었으며, 그에 따라 공장들도 많이 가동되고 있었다. 제대 후 일자리를 찾던 그는 조선질소비료주식회사 흥남공장(제3유산공장)에 취직했는데, 그곳은 '살인 공장'이라 불릴 정도로 흥남 지구에서도 매우 열악한 노동환경으로 악명을 떨쳤다.[84] 그는 이 공장에서 붕괴된 노조를 재건하려다가 제 2차 태평양노동조합 사건(약칭 '태로 사건')에 연루되어 오랜 감옥 생활을 했다.[85]

1945년 10월 초 그는 해방 후 함경도 검찰부장이 된 감방 동료이자 오랜 친구인 주인규로부터 함흥으로 나오라는 전갈을 받았다. 그곳에서 그는 처음으로 일본인 임시 피난민 수용소에 있는 '패전 국민'의 처참한 모습을 보고 일본인 문제에 적극 나서게 되었다.

> 나는 건물에 첫발을 내딛는 순간 내 혼이 얼어붙는 듯한 느낌을 받았다 (…) 복도에는 10구 정도의 시체가 거적에 쌓인 채 포개져 있었고, (…) 부근에는 아직 거적도 두르지 않은 시체 2, 3구 정도가 나뒹굴고 있었다.[86]

그는 이러한 사태의 근본적 원인이 일본 정부의 무모한 침략 전쟁과 가혹한 식민 지배에서 비롯되었다고 보았다. 즉 그곳에서 죽음에 직면한 일본인들은 전쟁의 희생자임과 동시에, 그들이 처한 상황은 전쟁과 식민 지배의 본질을 간파하지 못하고 그것에 직간접으로 일조해온 업보라고 인식했다.

한편 그는 북한 정치세력은 사회주의국가 건설이라는 당면 과제를 수행하느라 일본인 문제를 해결할 여력이 없다고 보았다. 또한 일부 불미스러운 폭행과 강탈이 있었지만 그것은 당 중앙의 방침이 아니며, 정치적 훈련의 미숙에서 비롯된 '과도기적 현상'이라고 이해했다. 그래서 북한 인민위원회의 주요 보직에 오른 과거 조선인 동료들에게 도움을 요청하는 한편, 소련 점령군과 교섭을 거듭해 1946년 봄부터 일본인들의 조직적인 남하 이동을 암묵적으로 승인받았다.

그는 일본으로 돌아간 뒤에도 18년 7개월 동안 생활했던 조선(북한)의 해방 후 동향과 옛 동료들의 근황에 깊은 관심을 보였다. 그가 84세의 고령에도 불구하고 한반도의 동향에 관한 책을 집필한 데는 결코 떨쳐버릴 수 없는 조선을 향한 애정이 크게 자리 잡고 있었다.[87] 그는 조선에서 "조선의 60만 일본인 중 유일한 비국민"이라는 비난을 받아가며 '국체 변혁'을 기도했다는 죄로 10년간 수형 생활을 했으나, 결과적으로 그 덕분에 패전과 해방 국면에서 북한 당국은 물론이고 소련 점령군과 재류 일본인 사이의 가교 역할을 수행할 수 있었다고 회고했다. 말하자면 종전을 기점으로 그의 인생 전반부는 일본의 식민 지배로 고통받고 있는 조선인 노동자의 해방을 위한 삶이었다고 할 수 있으며, 반면 짧은 기간이었지만 해방 후 1년여의 시간은 일본제국이 자행한 식민 지배와 전쟁의 업보를 오롯이 뒤집어 쓴 채 고통을 겪고 있는 일본인 동포를 위해 바친 삶이었다. 그러한 점에서 그는 일본제국의 '죄'와 '벌'을 일선에서 지켜본 극히 보기 드문 일본인이라고 할 수 있다. 제국의 역사를 온 몸으로 체현한 그는 과거를 되돌아보며 다음과 같은 문제점을 지적했다.

> 북한의 역사적 비극(한국전쟁)을 지켜보면서 대다수의 일본인은 자신들이 입은 고난을 군국주의 일본의 무모한 전쟁 행위에 따른 결과로 간주했을 것이다. 그러나 그 전에 조선 민족에 대한 일본의 반세기에 걸친 박해의 역사가 있었다는 것을 일본인은 얼마나 반성했을까. 그저 자신들이 조우했던 고난에만 매몰되거나, 혹

은 조선 민족을 가해자로 생각하고 이들을 미워하며 조선을 떠나지는 않았는 지……[88]

그는 일본이 제국을 유지 확대하고자 또 다른 전쟁을 준비하고 도발하는 과정에서 조선인들이 일상적으로 감내해야 했던 다양한 피해에 눈을 감아버린 것, 그리고 이를 간과한 전후 일본 사회의 평화 이데올로기가 지닌 역사 인식의 오류와 허상을 날카롭게 짚어냈다. 북한에서 돌아간 사람들의 체험과 기억은 대개 소련군의 폭행과 약탈, 조선인과 자신들의 사회적 지위가 역전되면서 느꼈던 자괴감, 또 자신들을 위해 무엇 하나 해준 것 없는 구 식민기구와 본국 정부에 대한 원망 등이 대종을 이룬다. 그러나 이소가야는 패전 후 일본인들이 왜 그러한 상황에 처하게 되었는가를 끊임없이 반추하며 북한의 일본인 문제를 풀어가고자 했다.

그는 귀국한 뒤에도 지속적으로 북한 사회에 애정을 보였다. 특히 일본인들의 남하 탈출을 도와준 함경남도 검찰부장 주인규가 나중에 국립영화촬영소장이 된 사실이라든가, 고려극단의 배우 심영이라든가, 한설야를 비롯해 이태준·김남천·임화·홍순철 등 문화예술인들의 근황에도 깊은 관심을 가졌다. 그리고 정계 내부의 권력투쟁뿐만 아니라 재일 조선인의 '북송(귀국운동)'과 '북송 일본인 처', 1990년대의 식량 위기에 이르기까지 주요 사안에 관심을 기울이며 북한 사회가 부디 건강한 국가로 거듭나기를 바랐다. 그가 16세 때 우연히 우에노 공원 근처에서 일본인 자경단에 의해 무참히 살해된 조선인의 시신(관동대지진 당시의 조선인 학살)을 목격하며 시작된 조선과의 인연은 조선에서의 험난했던 생활과 귀환 과정을 거쳐 이렇게 평생 지속되었다.

마치며

가해와 피해의 기억을 넘어서

1975년 3월 6일 주한 일본대사관의 한 직원이 서울 금호동 달동네를 찾았다. 이날은 일본으로 강제 동원되었다가 1945년 8월 6일 히로시마에서 원폭 피해를 입은 이종수라는 사람의 영결식이 있었다. 그는 해방 후 고향인 정읍으로 돌아왔으나, 피폭의 후유증을 치료하느라 가산을 탕진하고 결국 생계를 위해 상경하여 금호동 판자촌에 자리를 잡았다. 그러나 병세가 악화되는 바람에 평생 병치레와 생활고에 시달리다가 상경한 지 6년만에 숨을 거두고 말았다. 당시 가족들의 전언에 따르면 그의 마지막 유언은 "일본 정부로부터 보상 약속을 받아낼 때까지 내 시체를 일본대사관에 놔두라"는 것이었다고 한다. 이에 일본대사관에서는 이례적으로 참사관이 영결식에 직접 참석해 한국말로 "이씨의 죽음은 우리 일본 사람으로서 큰 충격이 아닐 수 없다. 이씨의 죽음과 많은 원폭 피해자의 뜻을 본국 정부에 보고하여 최선을 다하겠다"고 조의를 표했다.[1]

당시 영결식에 참석한 사람은 다름 아닌, 한반도에 거주했던 일본인의 귀환 과정을 총 집대성한 『조선 종전의 기록(朝鮮終戰の記錄)』(1964)의 저자 모리타 요시오 森田芳夫였다. 1910년 히로시마 태생으로, 조선에 건너와 군산에서 자란 그는 경성제국대학 법문학부에서 역사학을 전공했다. 그가 일생을 일본인 귀환 문제에 매달리며 이 방대한 저작을 완성할 수 있었던 바탕에는 그의 특이한 개인 이력과 그를 뒷받침하던 인적 네트워크 덕분이었다.

그는 1946년 3월 일본으로 돌아갈 때까지 경성일본인세화회의 일을 맡아보다가 귀환 직후에는 재외동포원호회 규슈 지부와 조선인양동포세화회에서 활동했다. 그리고 1947년에는 조선총독부의 축소판인 동화협회, 1949년에는 후생성 하부기관인 인양원호청 총무과, 1950년에는 외무성 조사과에서 귀환 일본인 조사를 담당했다. 노년에는 주로 한국에서 활동했는데, 주한 일본대사관 참사관으로 공직 생활을 마감한 뒤에는 성신여자대학교 일문과에서 교편을 잡았다(1975~1985).

그가 평생에 걸쳐 일본인의 본토 귀환 과정에 관한 기록을 생산하게 된 직접적인 계기는, 조선총독부 식산정책의 대부로서 해방 직후 경성일본인세화회장을 지낸 호즈미 신로쿠로穗積真六郞의 비서로 발탁된 것이었다. 호즈미는 일본으로 돌아간 뒤 동화협회 부회장과 재외재산조사회 위원 등을 지내면서 1947년부터 약 3년간 조선에서 돌아온 일본인들의 구술 채록을 지시했는데, 이 실무의 핵심 멤버 중 한 사람이 바로 모리타 요시오였다. 이 책에서 원용한 이른바 '모리타 자료(森田 자료)'는 대개 그가 이 시기에 수집한 것이다.

모리타는 일본인 귀환 원호 조직의 실무자였고, 귀환과 관련해 고급 정보와 핵심 사료를 접할 수 있는 인양원호청·법무성·외무성을 두루 경험한 관료였으며, 이를 통사로 엮어낼 수 있는 역사가이기도 했다. 이러한 이력과 경험 덕에 그의 저작 속에는 부산이나 하카타항에서 한일 귀환자 간에 벌어지는 은행권의 사적 교환 행위나 암시장의 환율 변화, 귀환자들이 몰래 감추어 반입한 귀중품 항목 등의 소소한 정보를 비롯해 GHQ, 일본 정부, 점령군, 조선총독부, 세화회 등 각 층위에 걸친 다양한 정책 사료, 메모, 수기, 통계들이 총망라되어 있다. 이것은 이렇듯 특별한 이력을 지닌 모리타가 아니고서는 수집은커녕 접근 자체가 불가능한 자료들이었다. 그는 외무성을 퇴직하고 한국에 온 뒤 성신여자대학교로 자리를 옮겨 수집한 기록을 바탕으로 『조선 종전의 기록』 자료편 3권을 1979년에 완간했다.

그의 저작은 한국현대사 연구에서도 빼놓을 수 없는 기록물로서 높은 사료적 가치를 지닌 것으로 평가된다. 그러나 동시에 위와 같은 그의 이력으로 인해 지닐 수밖에 없는 한계 또한 명확히 존재한다. 그가 몸담은 단체들은 모두 1950~1960년대 한일조약 교섭 과정에서 영향력을 행사하고자 조선에서 귀환한 구 조선총독부 관료 등이 중심이 되어 조직한 일본인 네트워크였다. 이들이 수집한 기록은 대부분 조선에 있던 일본인의 '치적'을 과시함으로써 결과적으로 식민 지배를 합리화하기 위한 자료였다. 또한 자신의 '피해' 사실을 자료로 입증해 일본 정부로 하여금 귀환자에 대한 지원을 더 많이 이끌어내기 위한 자료였다. 따라서 조선에서 자란 일본인 귀환자로서 모리타는 비록 노골적인 식민관을 드러내지 않았고, 한국인 원폭 피해자의 영결식에 참석했던 일에서 보듯이 이따금 조선·조선인에 대한 이해나 동정을 피력하는 등 경계인(marginal man)으로서의 복합적인 조선관을 내비쳤지만, 근본적으로 그가 지닌 한계에서 벗어날 수는 없었다. 그 결과 그의 연구와 자료는 철저히 조선인의 시각을 배제했고, 일본인의 귀환을 '피해'라는 맥락에서만 일면적으로 자리매김하고 말았다. 요컨대 그의 저작은 '조선에 살던 일본인'이 종전 후 겪은 온갖 참상의 기록을 집대성했지만, 왜 그런 참상이 벌어졌는지에 대한 역사적 성찰은 미흡했다.

만일 조선에서 돌아간 일본인들이 일본 정부를 상대로 자신의 전쟁 피해를 논한다면 그것은 그 나름의 의미가 있을 것이다. 이들을 비롯한 해외 거주자들은 종전 후 중앙정부로부터 어떠한 외교적 보호도 받지 못한 채 거주지 선택권도 인정받지 못했고 재산마저 상실했다. 그뿐만 아니라 일본으로 돌아가 정착하는 과정에서도 충분한 지원을 받지 못했다. 이들의 재외 재산을 대외 배상 차원에서 국가가 처분했음에도 불구하고 그에 따른 보상을 제대로 해주지 않았기 때문이다.

그러나 일본이 도발한 전쟁에서 패함으로써 해외 일본인들이 입은 피해를 한국인들의 피해와 같은 층위에서 논할 수는 없을 듯하다. 피해의 내용과 맥락이 다르기 때문이다. 한국인들의 피해는 이미 오래 전 일본의 조선 침략에서 비롯되었고, 오랜 식민 지배로 인해 구조화되었으며, 일본제국의 확장을 위해 도발한 연이은 전쟁으로 더욱 증폭되었기 때문이다.

전후 일본 사회가 해외에서 돌아온 일본인을 광의의 '전쟁 피해자'로 자리매김한 것은 이들의 궁상과 피해를 연합국에 호소해 전후 배상을 최소화하고, 은급법의 부활 등 차별적 원호행정에서 비롯된 사회집단 사이의 분열을 봉합하기 위해서였다. 그러나 그들이 내세운 논리는 아시아·태평양전쟁 이전 그들이 자행한 식민 지배로 말미암은 구 식민지 사람들의 피해를 어떤 구도로 설명할 것인지, 그리고 전쟁으로 인해 한일 양 민족이 모두 피해를 입었다면 가해의 책임은 과연 누구에게 물어야 할지에 대해 어떠한 대답도 할 수 없다. 궁극적으로 한일 양국이 가해와 피해의 기억을 넘어서기 위해서는 먼저 이에 대한 해답을 양 국민이 납득하고 공유해야만 할 것이다. 부족하나마 이 책에서 다룬 다양한 에피소드가 조선에서 돌아간 일본인들이 오랜 한일관계사 속에서 어떠한 집단이었는지, 그리고 그들이 한반도를 떠나가는 과정에서 남긴 흔적이 향후 한일 양국에 어떠한 영향을 미쳤는지를 두루 살필 수 있는 계기가 되었으면 좋겠다.[2]

미주

미주

1. 뜻하지 않은 재앙, 패전

01　田邊多聞, 「終戰直後の釜山の地方交通局」, 森田芳夫·長田かな子 編, 『朝鮮終戰の記錄(資料編)』 2권, 1979, 284~285쪽(이하 이 자료집은 '森田 자료'로 약칭). 참고로 부산지방교통국 자료는 鮮交会, 『朝鮮交通回顧錄 ― 別冊 終戰記錄編』, 1976에 재수록.

02　藤原千鶴子, 「引揚げ体驗記」, 平和記念事業特別基金, 『平和の礎』 7, 1997, 322쪽.

03　天城 勳, 「全羅北道」(森田 자료-1, 415~416쪽).

04　「日本鉱業株式会社鎭南浦製鍊所」(森田 자료-3, 496쪽).

05　岡信俠助, 「江原道」(森田 자료-1, 440~443쪽).

06　관동군 비판론에 대해서는 稻葉千晴, 「関東軍總司令部の終焉と居留民·抑留者問題」, 『軍事史学』 124, 1995. 12와 斎藤六郎, 「関東軍文書始末記 ― さらば, 瀬島龍三参謀」, 『月刊アサヒ』, 1994. 2 참조.

07　磯谷季次, 『わが靑春の朝鮮』, 影書房, 1984, 236~241쪽.

08　호즈미는 동경제국대학 법과대학장 및 추밀원 의장을 지낸 호즈미 노부시게(穗積陳重)와 실업계의 대부였던 시부사와 에이이치(渋沢栄一)의 장녀 우타코(歌子) 사이에서 3남으로 태어났다. 근대 일본의 손꼽히는 명문가에서 자란 그는 1913년 동경제국대학 법과대학 정치학과를 졸업하고 1914년 고등문관 시험에 합격해 조선총독부 탁지부에서 관료 생활을 시작했다. 1932년부터 약 10년간 식산국장을 지낸 뒤 1941년 공직을 그만두고 조선상공회의소 회두와 경성전기주식회사 사장으로 취임했다. 호즈미의 가계와 조선 생활에 대해서는 穗積真六郎, 『我が生涯を朝鮮に』,

財団法人友邦協会, 1974; 미야타 세쓰코, 「호즈미 신로쿠로 선생의 녹음기록」, 미야타 세쓰코 해설·감수, 정재정 번역, 『식민통치의 허상과 실상』, 혜안, 2002 참조.

09 穂積真六郎, 「京城日本人世話会長として」, 1946. 11(森田 자료-3, 310~312쪽).

10 山名酒喜男, 「終戦前後における朝鮮事情概要」, 中央日韓協会·友邦協会, 『朝鮮総督府終政の記錄(1)』, 1956(森田 자료-1, 11~13쪽).

11 당시 총독부 중앙에 보고된 사건 수만 놓고 보자면, 1917년에 이미 전국적으로 면의 수가 2,500개를 넘어섰고 1930년을 전후해 14개 부와 41개 지정면을 중심으로 일본인 집주지가 형성되었던 점을 고려할 때 많은 수치로 보기는 어렵다. 염인호, 「일제하 지방통치에 관한 연구 — '조선면제'의 형성과 운영을 중심으로」, 연세대 사학과 석사학위논문, 1983. 12; 손정목, 『일제강점기 도시화과정연구』, 일지사, 1996, 264~265쪽.

12 「조선신사지엔 국립공원, 호국·경성신사 자리는 학원으로, 왜족 우상의 복마전 잔재 일소」, 『자유신문』 1945. 12. 10.

13 石井治助 구술, 1947. 11. 26(森田 자료-1, 386쪽); 岡信俠助, 앞의 글(森田 자료-1, 437~438쪽); 天城 勳, 앞의 글(森田 자료-1, 411쪽).

14 조선에서 일본인과 조선인의 일상적인 만남의 방식과 관계에 관해서는, 다바타 가야, 「식민지 조선에서 살았던 일본 여성들의 삶과 식민주의 경험에 관한 연구」, 이화여자대학교 여성학과 석사학위논문, 1996. 6의 구술자료; 최혜주, 「잡지 『조선』(1908~1911)에 나타난 일본 지식인의 조선 인식」, 한국근현대사학회, 『한국근현대사연구』 45, 2008. 6, 87쪽; 권숙인, 「식민지 조선의 일본인 — 피식민 조선인과의 만남과 식민의식의 형성」, 한국사회사학회, 『사회와 역사』 80, 2008, 119~120쪽.

15 笠井久義, 『元山の想い出』, 1981, 17쪽.

16 松永育男, 「北朝鮮からの「引揚者」といわれる体験─今日的課題「植民者」とは」, 夢文庫, 1998. 12, 21쪽.

17 中村貴美, 「音をなくし第二の人生へ」, 創価学会青年部反戦出版委員会, 『死の淵からの出帆─中国·朝鮮引揚者の記錄』(福岡編), 第三文明社, 1979, 193~202쪽.

18 岡信俠助, 앞의 글(森田 자료-1, 431~433쪽).

19 井上寿美子, 「遥かな追憶」, 平和記念事業特別基金, 『平和の礎』 5, 1995, 368쪽.

20 水田直昌 구술, 1953~1954, 友邦協会·朝鮮史料編纂会, 「財政·金融政策から見た朝鮮統治とその終極」, 1962의 초고(森田 자료-1, 126쪽).

21 「流言に自制心を失ふな, 岡京畿道警察部長談」, 『京城日報』 1945. 8. 19; 「慌てるな焦るな,

内鮮共に政府を信頼(情報課長談)」,『京城日報』 1945. 8. 21.

22 「現金携帯は危険, 星野鮮銀總裁,一般に警告」,『京城日報』 1945. 8. 19;「早くも受入超過, 各金融機関の窓口状態」,『京城日報』 1945. 8. 25.

23 USAFIK,『G-2 Periodic Report』(이하 '『G-2 보고서』'로 약칭), 1945. 10. 6; 1945. 12. 4; 1945. 12. 19.

24 『G-2 보고서』 1945. 12. 27.

25 『G-2 보고서』 1946. 2. 6; 1946. 2. 18.

26 「상아탑에서 가두로, 학계 총력 조선학술원을 창설」,『매일신보』 1945. 9. 14;「화폐, 금융, 물가의 긴급대책, 조선학술원위원회에서 보고서 발표」,『매일신보』 1945. 10. 9.

27 『京城日本人世話会々報』 제62호, 1945. 11. 16.

28 井上寿美子, 앞의 글, 368쪽.

29 日々谷茂一,「鎭南浦から博多まで」, 引揚体験集編集委員会,『死の三八度線』, 国書刊行会, 1981, 333~334쪽.

30 「乱売するな物品, 当局売買斡旋研究中」,『京城日報』 1945. 8. 22;「保管・買上げ実地, 内地引揚者の動産・不動産・走らな放売は禁物」,『京城日報』 1945. 8. 24;「家財類買入れ・町会毎に係員が出張評価」,『京城日報』 1945. 8. 28.

31 若槻泰雄,『戰後引揚の記録』, 時事通信社, 1995, 233쪽.

32 石井治助 구술, 1947. 11. 26(森田 자료-1, 387쪽).

33 「사리와 사욕에 끌리어 일인재산 사지 말라, 유지의 발기로 불매동맹을 결성」,『매일신보』 1945. 10. 18;「신탁관리제 반대·일본인 재산 불매, 청년단체대표자회 결의 표명」,『자유신문』 1945. 11. 2;「일인자산은 전부몰수, 조선인민당서 결의, 군정청에 요청」,『중앙신문』 1945. 11. 6.

34 森田秀男,『朝鮮渡港と引揚の記録』, 1980, 秀巧社印刷株式会社(非売品), 95쪽.

35 小谷益次郎,『仁川引揚誌』, 1952. 5, 67~68쪽.

36 松永育男, 앞의 책, 28~32쪽.

37 鈴木嘉平・井広 元,「沙里院 ─ 終戦から引揚まで」, 1949. 10(森田 자료-3, 40쪽).

38 伊藤喜代,「亀城日本人世話会の結成およびその後の経過」, 1948. 4(森田 자료-3, 259쪽).

39 咸興日本人委員会・北鮮戦災者委員会,「北鮮戦災現地報告書」, 1946. 12(森田 자료-3, 308쪽).

40 山口県長門市,『歷史の証言 ─ 海外引揚50周年記念手記集』, 1995, 117쪽.

41 田中正四,『痩骨先生紙屑帖』, 金剛社, 1961. 8. 중 일기 발췌본(森田 자료-2, 147~164쪽).

42 田中正四, 위의 일기, 1945. 8. 21.

43 田中正四, 위의 일기, 1945. 8. 24.
44 田中正四, 위의 일기, 1945. 9. 17; 1945. 9. 28.
45 田中正四, 위의 일기, 1945. 10. 11; 1945. 11. 28.
46 「아직도 긴상 복상인가! 주살하라, 우리 주변의 일본색을」, 『중앙신문』 1945. 12. 10.
47 「読者に捧ぐ, 朝鮮への言葉 ― 京城日報社同人有志」, 『京城日報』 1945. 11. 1; 「謹告: 京城日報社 朝鮮人従業員一同」, 『京城日報』 1945. 11. 2.
48 박순애, 「조선총독부의 라디오 정책」, 한중인문학회, 『한중인문학연구』 15, 2005.
49 村常男, 「ソ軍の入壤の七日間」, 1949. 1(森田 자료-3, 50~53쪽).
50 『毎日新報』 1920. 4. 1.
51 田中正四, 앞의 일기, 1945. 10. 7; 10. 27; 1945. 12. 7.
52 田中正四, 앞의 일기, 1945. 12. 7.
53 引揚げ港・博多を考える集い, 『戦後50年引揚げを憶う―証言・二日市保養所』, プリント英版社, 1995, 13쪽.

2. 사면초가에 처한 조선총독부

01 厚生省社会援護局援護50年史編纂委員会, 『援護50年史』, 1997, 28쪽.
02 内務省監理局, 「戦争終結ニ伴フ朝鮮台湾及樺太在住内地人ニ関する前後措置要領(案)」, 일본외무성 16차 공개문서 마이크로필름 Reel No. K'0003, 「太平洋戦争終結による在外邦人保護引揚関係雑件: 国内受入体制の整備関係 輸送関係」에 수록.
03 若槻泰雄, 『(新版) 戦後引揚の記録』, 時事通信社, 1995, 258쪽.
04 東郷外務大臣発在瑞典岡本公使宛電報, 「日ソ間利益保護事務に関する件」, 1945. 8. 14; 在瑞典岡本公使発重光外務大臣宛電報, 「在ソ邦人安否調査並に日ソ間利益保護事務に関する件」, 1946. 9. 8; 重光外務大臣発在瑞典岡本公使宛電報, 1945. 9. 10(森田 자료-1, 355~365쪽).
05 連合国総司令部発帝国政府宛覚書, AGO91-4号, 1945. 9. 17(森田 자료-1, 371쪽).
06 나가사와 유코, 『일본의 '조선주권보유론'과 미국의 대한정책 ― 한반도 분단에 미친 영향을 중심으로(1942~1951)』, 고려대 정치외교학과 박사학위논문, 2007. 7, 115~128쪽; 정병준, 「패전 후 조선총독부의 전후 공작과 김계조사건」, 『이화사학』 제36집, 2008. 8.
07 山名酒喜男, 「終戦後における朝鮮事情概要」(森田 자료-1, 18쪽과 23쪽).

08 「互譲を堅持, 摩擦を戒む, 安在鴻氏, 半島民衆によびかく」,『京城日報』1945. 8. 19;「호애의 정신으로 결합, 우리 광명의 날 맞자, 삼천만에 건국위원회 제1성, 안재홍씨 방송」,『매일신보』1945. 8. 17.

09 穗積真六郎,「京城日本人世話会長として」, 1946. 11(森田 자료-2, 312~314쪽).

10 坪井幸生,『ある朝鮮総督府警察官僚の回想』, 草思社.

11 쓰보이는 몇 년 전에 자신의 조선 체험을 정리한 개인 회고록을 발간했다.『ある朝鮮総督府警察官僚の回想』, 草思社, 2003.

12 「現金携帯は危険, 星野鮮銀總裁, 一般に警告」,『京城日報』1945. 8. 22.

13 朝鮮銀行史編纂委員会,『朝鮮銀行略史』, 1960(森田 자료-1, 201~202쪽).

14 정병욱,「해방 직후 일본인 잔류자들 — 식민지배의 연속과 단절」,『역사비평』64, 2003 가을호.

15 정병준,「패전 후 조선총독부의 전후 공작과 김계조사건」,『이화사학』제36집, 2008. 8.

16 穗積真六郎, 앞의 글(森田 자료-2, 325~329쪽); 塩田正洪,「終戦後の鉱工局関係の事情」,『同和』1960. 5~6, 149~150쪽(森田 자료-1, 143~144쪽).

17 「水田直昌과 塩田正洪, 취조 정지 중에 일본으로 탈주」,『자유신문』1945. 12. 26.

18 위의 기사.

19 「森浦와 小林 석방에 불만, 小林은 畢竟 도주하야 지장 다대」,『자유신문』1945. 12. 29.

20 「38이남 수감 일인 시일 천연(遷延)은 무의미, 거괴 놓치고 졸병만 붙잡은 격」,『자유신문』1946. 6. 24.

21 小谷益次郎,「仁川世話会誌」, 1948. 3(森田 자료-2, 215~216쪽).

22 原田大六,「終戦に伴う引揚事務処理」(森田 자료-1, 146~147쪽).

23 최영호,「한반도 거주 일본인의 귀환 과정에서 나타난 식민지 지배에 관한 인식」,『동북아역사논총』21, 2008. 9, 282~283쪽.

24 김경남,「재조선 일본인들의 귀환과 전후의 한국 인식」,『동북아역사논총』21, 2008. 9, 282~283쪽과 312~313쪽.

25 穗積真六郎,「京城日本人世話会長として」, 1946. 11(森田 자료-2, 285쪽).

26 八木信雄,「全羅南道」,『同和』161~162号, 1961. 5~6(森田 자료-1, 399~400쪽).

27 「帰鮮応徴士等の援護に釜山へ職員派遣, 下飯坂理事長も上京打合せ」,『京城日報』1945. 9. 9.

28 「朝鮮人集団移入労務者の緊急措置に関する件」(1945. 9. 1), 福留範昭・亘明志,『戦後補償問題における運動と記憶 I — 壱岐芦辺町朝鮮人海難事故をめぐって』, 長崎ウエスレヤン大学 地域総研紀要 3巻1号, 2005, 33~34쪽.

3. 잔류와 귀환의 갈림길에 선 일본인들

01 『京城日本人世話会々報』(이하 『會報』로 약칭) 제11호(1945. 9. 13).
02 浦橋勝信, 「朝鮮植民地下の京城·皇城YMCAに関する研究」, 九州大学修士論文, 教育システム専攻, 2008.
03 『會報』 제3호(1945. 9. 4); 제15호(1945. 9. 17).
04 미우라 노부타카 외, 『언어제국주의란 무엇인가』, 돌베개, 2005, 373~378쪽 그람시의 언어 헤게모니론 참조.
05 森田秀男, 『朝鮮渡港と引揚の記録』, 秀巧社印刷株式会社(非売品), 1980.
06 이규수, 「개항장 인천(1883~1910) — 재조일본인과 도시의 식민지화」, 『인천학연구』 6, 2007; 염복규, 「일제하 인천의 행락지로서 위상의 형성과 변화 — 월미도와 송도 유원지를 중심으로」, 『인천학연구』 14, 2011.
07 小谷益次郎, 『仁川引揚誌』, 1952.
08 위의 책, 24~25쪽.
09 위의 책, 56~57쪽.
10 위의 책, 97~99쪽.
11 「海面二十万三千坪の埋立, とてつもない計画, 釜山財界の四巨頭が出願」, 『경성일보』 1933. 7. 8; 「삼십여 만 원 밀수 발각, 杉村逸樓·香椎源太郎·秋場孝平 등 패전 일인의 가련한 심정」, 『민주중보』 1945. 12. 8.
12 박철규, 「부산 지역 일본인 사회단체의 조직과 활동 — 1910년대를 중심으로」, 『역사와 경계』 56, 2005, 174~175쪽; 김동철, 「식민지 도시 부산의 대자본가 香椎源太郎의 경제활동」, 『역사문화학회학술대회 발표자료집』, 2004. 11, 111~117쪽; 김경남, 「한말·일제 초기 조선 본점 기업 자본가 네트워크의 형성」, 『지역과 역사』 12, 부경역사연구소, 2003. 6, 173~178쪽.
13 『동아일보』 1920. 9. 11; 『중외일보』 1930. 5. 4.
14 『부산박물관』 제3권 11호, 1934.
15 최인택, 「일제 시기 부산 지역 일본인사회의 생활사」, 『역사와 경계』 52, 2004, 114쪽.
16 信原 聖, 「慶尙南道」, 1948. 4. 7. 인터뷰 자료, 『同和』 165号, 1961. 9(森田 자료-1, 424쪽).
17 『G-2 보고서』 1945. 11. 3.
18 厚生省社会援護局援護50年史編集委員会, 『援護50年史』, 1997, 730쪽의 표-2.
19 『G-2 보고서』 1946. 3. 7.

20 『G-2 보고서』 1946. 12. 4.
21 『United States Army Military Government Activities in Korea: Summation No. II』, 1946. 8, 11쪽.
22 일본의 선박 부족 상황과 수송난에 대해서는 「引揚邦人の安全を図れ」, 『毎日新聞』(大阪) 1945. 9. 11; 「艦艇乗組員再招集」, 같은 신문 1945. 9. 22; 「24時間制実現へ, 船造, 修理に対策万全」, 같은 신문 1945. 10. 3; 「下関·帰鮮者洪水に悩む」, 『読売報知』 1945. 9. 14; 加藤陽子, 「敗者の帰還 — 中国からの復員·引揚問題の展開」, 『国際政治』 109号, 1995. 5.
23 「다 가자면 앞으로 반년, 늦어지는 일본인 송환」, 『자유신문』 1945. 10. 31.
24 若槻泰雄, 『戦後引揚げの記録』, 時事通信社, 1995, 264쪽; 山根昌子, 『'朝鮮人·琉球人'帰国関係資料集 1946~1948 長野県』, 新幹社, 1992, 280~283쪽.
25 「특별열차 운전, 일본인을 수송코저」, 『매일신보』 1945. 10. 25.
26 「日本進駐一年の足跡」, 『毎日新聞』(東京) 1946. 8. 31.
27 「군정청, 군정포고 준수 엄명」, 『매일신보』 1945. 10. 27.
28 「아직도 긴상 복상인가! 주살하라, 우리 주변의 일본색을」, 『중앙신문』 1945. 12. 10.
29 「군정청에서 지시한 일인 철퇴 기한은 3월 14일까지」, 『조선일보』 1946. 4. 28.
30 「種族別人口表」, 『朝鮮年鑑』, 京城日報社, 1935, 83쪽; 같은 자료, 1944, 59쪽; 같은 자료, 1945, 280쪽; 손정목, 『일제강점기 도시사회상 연구』, 일지사, 1996, 표-2 일제하 서울의 주택사정.
31 서대숙 외, 『한국현대사의 재조명』, 돌베개, 1982, 311쪽, 표-1.
32 『동아일보』 1946. 12. 10.
33 「일인과 매국한이 결탁, 거액의 금품 편취, 강(岡) 전 경찰부장 등 취조」, 『매일신보』 1945. 10. 5; 「강(岡) 전 경찰부장 등 일당 7명을 송국」, 같은 신문, 1945. 10. 16; 「종방 일본인 간부들 비행, 조사로 속속 탄로, 일부는 도주」, 『자유신문』 1945. 11. 19.
34 「상승일로의 물가지수, 대중생활에 협위 심각」, 『중앙신문』 1945. 12. 18.
35 「경제란: 방직공업에 적신호, 전력부족으로 생산 반감」, 『서울신문』 1948. 9. 25.
36 「1천만 원을 일본에 밀송, 마포서 서송조(西松組) 악질 간부를 검거」, 『동아일보』 1946. 2. 19; 「쌀 1천 석과 현금 1천만 원 일인 가족과 밀송, 악질 서송조(西松組) 간부 사건의 전모 폭로」, 같은 신문, 1946. 2. 22; 「이천만 원을 횡령, 일인 첩 두고 호사」, 『자유신문』 1946. 2. 21; 「왜감(倭柑)은 어떻게 오나, 쌀 밀수출하는 모리배의 탓」, 『해방일보』 1946. 2. 15.
37 「노임 불불(不拂)로 노동자 타격, 장진(長津)서 서송조(西松組) 허사(虛事) 비난」, 『동아일보』

1937. 7. 15; 「장진 갔던 인부 속속 탈주 귀향, 과도한 노동에 남은 것 없어」, 『조선중앙일보』 1934. 10. 2; 「공사는 완료코도 노임은 지불치 안어, 20여 노동자 사무실에 쇄도, 함흥 서성조(西松組)의 괴허사(怪虛事)」, 같은 신문, 1935. 7. 4; 朝鮮人強制連行調査団, 『朝鮮人強制連行強制労働の記録』, 現代出版社, 1974, 42~53쪽.

38 「왜감(倭柑)을 꼭 먹어야 하나! 매국노의 배를 채워주지 말자」, 『중앙신문』 1946. 1. 6.
39 William J. Gane, "Repatriation from 25 September 1945 to 31 December"(森田 자료-2, 3~11쪽).
40 八木信夫, 「全羅南道」, 1948. 4, 『同和』 161~162号, 1961. 5~6에 재수록(森田 자료-1, 400쪽).
41 「歸休軍人は16日に出頭, 除隊者は15日まで届け出よ」, 『京城日報』 1945. 10. 12.
42 山名酒喜男, 「終戦後における朝鮮事情概要」, 1945년 12월 탈고, 1956년 간행, 中央日韓協会·友邦協会, 『朝鮮総督府終政の記録(1)』(森田 자료-1, 45쪽).
43 「조선인 경찰관 훈련, 일인은 오늘로 전부 면직」, 『매일신보』 1945. 9. 16.
44 「일본인 초등교 개방, 조선인 자제를 수용, 학무국장 각 지사에 통첩」, 『매일신보』 1945. 9. 20.
45 『會報』 제8호(1945. 9. 10).
46 『미군정청 관보』 Vol. 1, 원주문화사, 1993, 98쪽과 102쪽의 "Disarming of Civilians" 항목.
47 「구휼품 실은 배 입항, 미군이 전재동포에 보내는 선물」, 『매일신보』 1945. 10. 3; 『미군정청 관보』 Vol. 1, 원주문화사, 1993, 93쪽과 114쪽. "Registration of Japanese Nationals."
48 「일인에 총 철퇴의 명령, 건국에 필요불가결한 자는 제외」, 『서울신문』 1946. 1. 23.

4. 억류·압송·탈출의 극한 체험

01 八嶋茂, 「終戦と江界在住日本人」, 1949. 9(森田 자료-3, 179~181쪽).
02 都甲芳正, 「敗戦の旅 ― 郭山日本人の終戦後の記録」, 1949. 8(森田 자료-3, 276~277쪽).
03 岡信俠助, 『同和』 151~154号, 1960. 7~8(森田 자료-1, 431쪽).
04 위의 글, 440~441쪽.
05 위의 글, 445~446쪽.
06 丸山兵一, 「釜山日本人世話会の活動」, 1946(森田 자료-2, 394쪽).
07 「日本語で独立万歳·混乱続く北鮮の惨状」, 『山形新聞』 1945. 10. 13.

08 「日本人狩りに賞金」, 『朝日』(東京) 1945. 11. 10.
09 『G-2 보고서』 1946. 1. 7.
10 정성임, 『소련의 대북한 점령 정책에 대한 연구(1945. 8~1948)』, 이화여자대학교 정치외교학과 박사학위논문, 1999, 38쪽.
11 강원식, 「해방 직후 소련의 한반도 정책구상」, 한림대아시아문화연구소, 『아시아문화』 8, 1992. 12, 158~163쪽.
12 大沼保昭, 『サハリン棄民』, 中央公論社, 1992(번역본: 이종원 역, 『사할린에 버려진 사람들』, 청계연구소, 1993, 26쪽).
13 정성임, 앞의 논문, 1999, 32~38쪽.
14 김광운, 『북한 권력구조의 형성과 간부 충원(1945. 8~1947. 3)』, 한양대학교 사학과 박사학위논문, 2000, 34쪽; 정성임, 위의 논문, 35~37쪽.
15 정성임, 위의 논문, 25쪽.
16 若槻泰雄, 앞의 책, 125쪽.
17 木村留吉, 「軍の横暴」(森田 자료-1, 341~347쪽).
18 古川兼秀, 「平安南道」(森田 자료-1, 308쪽); 北朝鮮戰災者委員會本部, 「北朝鮮戰災現地報告書」(森田 자료-3, 311쪽).
19 金勝 登, 「北鮮潜入記」, 1946. 9(森田 자료-2, 590~593쪽).
20 「滿州近況」, 『每日新聞』(北海道), 1945. 12. 7.
21 海州日本人会, 「終戦後の黄海道」, 1946. 5(森田 자료-3, 19쪽).
22 牛田静雄, 「南市の引揚」, 1948. 3(森田 자료-3, 244~248쪽).
23 咸興日本人委員会·北鮮戰災者委員会, 「北鮮戰災現地報告書」, 1946. 12(森田 자료-3, 311~312쪽).
24 谷村幸彦, 「北鮮脱出記」, 『秘録大東亜戦史: 朝鮮編』, 富士書苑, 166~167쪽.
25 「고등경찰의 원흉, 제하(斎賀)를 사살, 작석(昨夕) 원남정에서」, 『중앙신문』 1945. 11. 3; 「군관학교 사건과 안재홍씨 피보」, 『한민』 1936. 7. 30; 유병은, 「일제 말 단파 도청 사건의 전모」, 『신동아』, 1988; 국사편찬위원회, 『한국독립운동사자료집 45권. 중국 지역 독립운동 재판기록 3』, 2001.
26 「사상경찰 흉괴의 최후, 齊賀七郎을 대로상에서 사살」, 『자유신문』 1945. 11. 4.
27 若槻泰雄, 『戦後引揚の記録』, 時事通信社, 1991(新版 1995), 370쪽.
28 平野高年, 「親子苦難の引揚記」, 平和記念事業特別基金, 『平和の礎』 5, 大成出版社, 1996,

379~393쪽.
29 高橋英夫,「抑留槪況報告書」, 1947. 4(森田 자료-3, 142쪽).
30 高橋英夫, 위의 보고서(森田 자료-3, 153쪽).
31 「三八度線突破記」,『山形新聞』, 1946. 4. 19.
32 厚生省社会援護局援護50年史編集委員会,『援護50年史』, 1997, 730쪽.
33 鎭南浦会 編,『よみがえる鎭南浦 — 鎭南浦終戦の記録』, 中央精版印刷, 1984, 53~55쪽.
34 日々谷茂一,「鎭南浦から博多まで」, 引揚体験集編集委員会,『死の三八度線』, 国書刊行会, 1981, 332쪽.
35 鎭南浦会 編, 앞의 책, 55~56쪽.
36 森本あや,「富坪で餓死した我が子」, 引揚体験集編集委員会,『死の三八度線』, 国書刊行会, 1981, 238~240쪽.
37 栗山勉,「北朝鮮·定州からの長い道のり」, 竹島茂 編,『満州·朝鮮で敗戦を迎えたわたしたちの戦後』, (株)STEP, 1995, 68~71쪽.
38 「社説: 大詔を拝して」,『京城日報』1945. 8. 15.
39 최혜주,「잡지『조선』(1908~1911)에 나타난 일본 지식인의 조선인식」, 한국근현대사학회,『한국근현대사연구』 45, 2008. 6, 87쪽; 윤소영,「일본어 잡지『朝鮮及満州』에 나타난 1910년대 경성」, 역사문화학회,『지방사와 지방문화』9권 1호, 2006, 164쪽; 권숙인,「식민지 조선의 일본인 — 피식민 조선인과의 만남과 식민의식의 형성」, 한국사회사학회,『사회와 역사』 80, 2008, 119~120쪽.

5. 뒤집어진 세상을 원망하며

01 都甲芳正,「敗戦の旅 — 郭山日本人の終戦後の記録」, 1949. 8(森田 자료-3, 274쪽).
02 「문제되는 욕장 차별, 일본인 목욕탕에서 조선인 또 차별, 조선인 전체의 자각할 문제」,『동아일보』1922. 10. 22;「전주에서 대편전, 전주이리목욕탕에서 조선인을 모욕했다고」,『동아일보』, 1925. 6. 11.
03 「인천 조탕 개장」,『동아일보』1925. 4. 14.
04 「파리잡이 선전서 이만장을 돌리어」,『동아일보』1922. 3. 5;「파리잡이 칠천삼백여원」,『동아일보』1924. 11. 6;「파리상 찾아가오」,『동아일보』1933. 8. 20.

05 「파리잡이 개시」, 『동아일보』 1924. 5. 29.
06 손정목, 『일제강점기 도시사회상 연구』, 일지사, 1996, 188~189쪽.
07 최혜주, 「잡지『조선』(1908~1911)에 나타난 일본 지식인의 조선인식」, 한국근현대사학회, 『한국근현대사연구』 45, 2008. 6; 권숙인, 「식민지 조선의 일본인 — 피식민 조선인과의 만남과 식민의식의 형성」, 한국사회사학회, 『사회와 역사』 80, 2008, 119~120쪽.
08 岩岡きみこ, 「再び繰り返すまい」, 平和記念事業特別基金, 『平和の礎』 7, 1997, 302~316쪽.
09 북조선임시인민위원회의 일본인 재산 관리에 관한 결정사항은「적산 건물 관리에 관한 결정」(제24호, 1946. 6. 18), 국사편찬위원회, 『북한관계사료집』 제25권 법제편, 1996 참조.
10 海州日本人会, 「終戦後の黄海道」, 1946. 5(森田 자료-3, 12~13쪽, 19~20쪽).
11 新義州日本人世話会, 「新義州日本人世話会記録」, 1947. 2(森田 자료-3, 157~159쪽).
12 小林貞紀, 「平壌における満州避難民団 (3)」(森田 자료-3, 70~76쪽).
13 磯谷季次, 「北朝鮮にありて」, 1946. 6(森田 자료-3, 376~378쪽).
14 松本五郎, 「元山 — 終戦から引揚まで」, 1949. 3(森田 자료-3, 417~418쪽).
15 「집 없이도 사는 京城人!」, 『동아일보』 1939. 4. 21. 석간.
16 「三年前보다 貰金이 十倍暴騰, 平壤의 借家難激甚」, 『조선중앙일보』 1936. 6. 25.
17 「嚴冬을 앞둔 淸津에 住宅地獄依然深刻, 最近移住者는 露宿하는 狀態」, 『동아일보』 1939. 10. 28.
18 木村英亮, 「ソ連軍政下大連の日本人社会改革と引揚の記録」, 『横浜国立大学人文紀要』 第1類(哲学・社会科学) 第42輯, 1996. 10, 25~33쪽; 柳沢遊, 『日本人の植民地経験 — 大連日本人商工業者の歴史』, 青木書店, 1999, 306~311쪽의 '주택조정(住宅調整)' 운동의 과정과 '평준화(平準化)'에 대한 평가 참조.
19 「인공 중앙인민위원회 조선 내 일본인 재산에 대한 규정 발표」, 『매일신보』 1945. 10. 10;「서울시 인민위원회, 시정 접수 후 시행할 제반 시책 발표」, 『매일신보』 1945. 10. 14;「일인 건물 매매 반대, 전재민에게 우선 임차」, 『조선인보』, 1945. 12. 21.
20 이연식, 「해방 직후 해외동포의 귀환과 미군정의 정책」, 서울시립대학교 석사학위논문, 1998의 제2장 제2절 '주택 문제' 참조.
21 『조선일보』 1946. 11. 19, 『동아일보』 1946. 12. 4, 『서울신문』 1947. 1. 29의 주택 문제 특별 보도.
22 富田寛, 「平壌郊外秋乙日本人会の記録」(森田 자료-3, 111~112쪽).
23 『삼천리』 제6권 9호, 1934. 9.

24 이경훈, 「식민지 근대의 '트라데 말크' ― 잡종과 브랜드」, 『역사비평』 62호, 2003, 365~367쪽.
25 「아지노모도 데이(日)」, 『동아일보』 1929. 10. 1.
26 宋今璇, 「녀름과 朝鮮人의 食物」, 『별건곤』 제30호, 1930. 7, 100~101쪽.
27 「손쉬운 청량음료 '라무네' 맨드는 법」, 『동아일보』 1930. 6. 7.
28 「함남 조질(조선질소)회사서 25만 평 또 매수」, 『동아일보』 1935. 1. 30; 「함남 수성평야에 대공장 신설치설」, 『조선중앙일보』 1935. 9. 5.
29 山口県長門市, 『歴史の証言 ― 海外引揚50周年記念手記集』, 1995, 117쪽.
30 鈴木嘉平·井広元, 「沙里院 ― 終戦から引揚まで」, 1949. 10(森田 자료-3, 40쪽).
31 伊藤喜代, 「亀城日本人世話会の結成およびその後の経過」, 1948. 4(森田 자료-3, 259쪽).
32 咸興日本人委員会·北鮮戦災者委員会, 「北鮮戦災現地報告書」, 1946. 12(森田 자료-3, 308쪽).
33 松本五郎, 앞의 글(森田 자료-3, 406~408쪽).
34 小西秋雄, 「日本高周波城津工場の終戦と引揚」, 『親和』 제73호 재수록, 1959. 11(森田 자료-3, 545~546쪽).
35 赤尾章子, 「純潔をまもって」, 『極秘大東亜戦史 ― 朝鮮編』, 富士書苑, 1953, 222~223쪽.
36 김성보, 「해방 초기 북한에서의 양곡 유통 정책과 농민」, 『동방학지』 통권 77~79, 1993, 866~869쪽.
37 「북조선임시인민위원회의 식량 대책에 대한 결정서」(북조선임시인민위원회 결정 제2호, 1946. 2. 27)와 「북조선임시인민원회의 식량대책에 대한 결정서시행규칙」(1946. 3. 6), 『북한사자료-5, 법제편』, 315~317쪽 참조.
38 荒木道俊, 「終戦後の平壌地方運輸局」, 1946. 8, 財団法人鮮交会 編, 『朝鮮交通回顧録』 별책에 재수록(森田 자료-3, 100~101쪽).
39 新義州日本人世話会, 「新義州日本人世話会記録」, 1947. 2(森田 자료-3, 160~161쪽).
40 八嶋茂, 「終戦と江界在住日本人」, 1949. 9(森田 자료-3, 183~188쪽).
41 都甲芳正, 앞의 글(森田 자료-3, 274~275쪽).
42 다바타 가야, 「식민지 조선에서 살았던 일본 여성들의 삶과 식민주의 경험에 관한 연구」, 1996, 이화여자대학교 여성학과 석사학위논문, 75~80쪽; 권숙인, 「식민지 조선의 일본인 ― 피식민 조선인과의 만남과 식민의식의 형성」, 『사회와 역사』 80, 2008, 121~124쪽.
43 村常男, 「平壌哀詩」, 『秘録大東亜戦史 - 朝鮮編』, 富士書院, 1953, 209~212쪽.
44 新義州日本人世話会, 앞의 글(森田 자료-3, 161~162쪽); 松本五郎, 앞의 글(森田 자료-3, 407쪽).
45 古市進, 「京城日本人世話会情報」, 『同和』 172~186号, 1962~1963에 재수록(森田 자료-2,

413쪽); 磯谷季次, 「北朝鮮にありて」, 1946. 4. 20. 일기(森田 자료-3, 384~388쪽).
46 서문석, 「일제하 대규모 면방직 공장의 고급 기술자 연구」, 한국경영사학회, 『경영사학』 32, 2003, 8~10쪽.
47 정재정, 『일제 침략과 한국철도(1982~1945)』, 서울대학교출판부, 1999, 538~559쪽; 咸興日本人委員會·北鮮戦災者委員會, 「北鮮戦災現地報告書」, 1946. 12(森田 자료-3, 322쪽).
48 加藤五十造, 「終戦後平壌に残留して」, 『同和』 189号 재수록(森田 자료-3, 473쪽).
49 今井大宗, 「終戦後の兼二浦 ─ 日本製鉄を中心に」, 1945. 8. 17~1946. 4. 일기(森田 자료-3, 463쪽); 咸興日本人委員會·北鮮戦災者委員會, 앞의 글(森田 자료-3, 322쪽).
50 서동만, 『북조선 사회주의체제 성립사 1945~1961』, 선인, 2005, 296~299쪽.
51 今井瀬次郎, 「北朝鮮に残留して」, 『同和』 188号, 1963에 재수록(森田 자료-3, 468~471쪽).
52 「기술자 확보에 관한 결정서 시행에 관한 건」(1946. 8. 7), 국사편찬위원회, 『북한관계사료집』 제25권 법제편, 1996, 176~179쪽.
53 日本工業株式会社真南浦製錬所, 「終戦後の日工真南浦製錬所および真南浦一般状況」, 1946. 12(森田 자료-3, 494쪽); 島村忠男, 「北朝鮮における日本人技術者」, 1947. 7. 27(森田 자료-3, 568쪽); 常塚秀次, 「北朝鮮工業技術総連盟日本人部について」, 1957. 3(森田 자료-3, 563~566쪽).
54 八嶋茂, 「終戦と江界在住日本人」, 1949. 9(森田 자료-3, 188~189쪽); 小西秋雄, 「日本高周波城津工場の終戦と引揚」, 『親和』 제73호, 1959. 11(森田 자료-3, 547쪽).
55 小林貞紀, 「平壌における満州避難民団 (3)」, 中央日韓協会, 『終戦後平壌における死亡者龍山墓地』, 1958. 5(森田 자료-3, 80~81쪽); 廣岡洋子, 『時の風 ─ 母と娘の引揚げ体験記』, 明石書店, 2003, 90~91쪽.
56 赤尾彰子, 앞의 글, 216~223쪽.
57 牛田静雄, 「南市の引揚」, 1948. 3(森田 자료-3, 253쪽); 松村義士男, 「東北鮮脱出工作」, 1947. 11(森田 자료-3, 362~363쪽).
58 村常男, 「平壌哀詩」, 『秘史大東亜戦史 ─ 朝鮮編』, 1953, 富士書院, 203쪽과 207쪽.
59 『G-2 보고서』, 1945. 3. 30.
60 『G-2 보고서』, 1946. 4. 18.
61 『G-2 보고서』, 1946. 5. 1.
62 中本信子, 「北朝鮮から姉と弟との引揚げ体験」, 平和記念事業特別基金, 『平和の礎』 6권, 大成出版社, 1996, 314~319쪽; 「북조선 제2차 사법책임자회의 강원도사업 보고서」(1946. 4. 22),

국사편찬위원회, 『북한관계사료집』 제9권, 11쪽.
63 広田種雄, 「水豊引揚の記」, 1948. 3(森田 자료-3권, 523~524쪽); 増田卓治, 「終戦時の元山」, 舞鶴引揚記念館, 『私の引き揚げ── 引揚手記』, オバワ印刷, 1994, 247~249쪽.
64 牛田静雄, 「南市の引揚」, 1948. 3(森田 자료-3, 254쪽).

6. 모국 일본의 배신

01 「引揚娘が腹毒」, 『毎日』(大阪) 1947. 1. 20.
02 「出雲の神様, 大あくび, 復員者に結婚難時代」, 『読売報知』, 1945. 12. 23.
03 「お嫁さん探しはまづ鮮內で選べ」, 『毎日』(大阪) 朝鮮版 1936. 7. 9.
04 박광현, 「재조선 일본인 지식 사회 연구」, 『일본학연구』 19, 2006. 10, 132~133쪽.
05 「混血児へも一肌」, 『朝日』(大阪) 1946. 4. 24.
06 引揚げ港・博多を考える集い, 『戦後50年引揚げを憶う─証言・二日市保養所』, プリント英版社, 1995; 若槻泰雄, 『戦後引揚の記録』, 時事通信社, 1991, 262~263쪽.
07 若槻泰雄, 위의 책, 274쪽.
08 「冬に泣く引揚者」, 『毎日』(東京) 1947. 11. 19.
09 「ゴザに寝る引揚者」, 『毎日』(東京) 1947. 10. 12.
10 「農業や漁業で自活, 引揚民だけの村」, 『朝日』(東京) 1946. 1. 8.
11 「収容所生活をみる」, 『信濃毎日新聞』 1946. 6. 20.
12 「引揚完了40万人, 失業予想30万, 陸海軍解体の総決算」, 『朝日』(大阪) 1945. 12. 31; 「復員者に職を, 生活苦が罪をつくる」, 『山形新聞』 1946. 7. 10; 「転落する引揚児童」, 『山形新聞』 1946. 4. 26.
13 「温情と十分の注意」, 『新潟日報』 1946. 4. 5; 「引揚船のコレラ」, 『朝日』(東京) 1946. 4. 7; 「コレラ, 大阪で17年ぶりの騒変」, 『毎日』(大阪) 1946. 8. 14.
14 三吉明, 「貧困階層としての引揚者の援護について」, 『明治学院論叢』, 1959.
15 三吉明, 위의 글, 16쪽.
16 小林英夫外, 『戦後アジアにおける日本人団体』, ゆまに書房, 2008, 161쪽.
17 「半分は生活苦にあへぐ」, 『山形新聞』 1946. 4. 4; 「出雲の神様, 大あくび, 復員者に結婚難時代」, 『読売報知』 1945. 12. 23.

18 「復興住宅」, 『読売新聞』, 1946. 9. 17; 「引揚, 戦災者 優先, 返還軍需衣料配分決まる」, 『毎日』(大阪) 1945. 10. 27.

19 「生まれ故郷が冷淡」, 『秋田魁日報』 1945. 10. 18.

20 「疎開者の都市復帰」, 『毎日』(大阪) 1945. 9. 22; 「疎開家族呼戻も抑制」, 같은 신문, 1946. 1. 26.

21 村上貴美子, 『占領期の福祉政策』, 勁草書房, 1987, 58~59쪽; 이혜원 외, 「한국과 일본의 미군정기 사회복지 정책 비교연구 — 빈곤 정책을 중심으로」, 『한국사회복지학』 36호, 1998, 321~326쪽.

22 日本衆議員厚生委員会公聴会 速記録 1号(昭和27年 03月 25日).

23 남상구, 「전후 일본의 전쟁 희생자 '보상'에 관한 고찰 — 전상병자 전몰자유족 등 원호법과 은급법을 중심으로」, 『일본역사연구』 22, 2005, 131~133쪽.

24 정인섭, 「일본의 과거사책임 이행상의 문제점」, 『국제법학회논총』 제40권 1호, 1995. 06, 360쪽.

25 「引揚同胞の援護を急げ」, 『朝日』(東京) 1946. 7. 23; 「引揚者で政党」, 『京都新聞』 1946. 11. 8; 「引揚戦災の失業者」, 『読売新聞』 1946. 11. 19.

26 「内地の現状に不満色濃い革新待望」, 『朝日』(東京) 1947. 3. 19.

27 衆議院 第1回国会 速記録, 本会議 第23号(1947. 8. 18) 중 호조 슈이치(北條秀一) 발언.

28 内閣総理大臣官房管理室, 『在外財産問題の処理記録—引揚者特別交付金の支給』 資料編, 1973, 13쪽.

29 若槻泰雄, 『戦後引揚の記録』, 時事通信社, 1991(新版 1995), 289쪽. 원문은 『行政百選』 II, No. 253, 「最高裁判所民事判例集」 22巻 12号, 2080쪽, 『訟務月報』 14巻 12号, 1359쪽, 『判例タイムズ』 229号, 100쪽 참조.

30 穴戸伴久, 「戦後処理の残された課題—日本と欧米における一般市民の戦争被害の補償」, 社会労働調査室, 『レファレンス』(平成20年 12月号, 2008. 12), 119쪽.

31 「戦争犠牲の均分化叫ぶ」, 『京都新聞』 1946. 9. 9.

32 일제강점하 강제동원피해 진상규명위원회, 『우키시마호 사건 소송 자료집 1』, 68~69쪽; 홍성필, 「일본에서의 전후배상 소송에 대한 국제인권적 고찰」, 『한일 간 역사 현안의 국제법적 재조명』, 동북아역사재단, 2009, 569~574쪽.

33 Yoko Kawashima Watkins, *So Far From The Bamboo Grove*, Harper Trophy(USA, 1986). 이 책을 둘러싼 사회적 파장에 관해서는 ソウル 黒田勝弘, 「気に入らない話は「歪曲」」, 『産経新聞』, 2007. 2. 3; 송호근, 「요코 이야기와 민족주의」, 『중앙일보』, 2007. 2. 12; 요코 가와시마

왓킨스, 「Dear Korean Readers of Daily News」, 같은 신문, 2007. 2. 3 등 참조.

34 Linda, Sue Park, *When My Name Was Keoko*, Yearling, 2003; Sook Nyul Choi, *Year of Impossible Goodbyes*, Yearling, 1993.

35 지명관 편, 김영필 역, 『전후보상과 한일의 상호이해』, 한양대출판부, 2003, 315~316쪽; 山口定, 「二つの現代史─歴史の新たな転換点に立って」, 『戦争責任·戦後責任』, 朝日新聞社, 1994, 238~240쪽; 김준섭, 「전후 일본의 평화주의에 관한 고찰」, 『국제정치논총』 제40집 4호, 2000, 163~168쪽; 김상준, 「기억의 정치학 — 야스쿠니 vs 히로시마」, 『한국정치학회보』 39집 5호, 2005, 228~231쪽 참조.

36 대한민국 외무부 정무국, 『대일배상요구조서』 서문, 1949, 1~3쪽; 김명섭, 「동아시아 냉전질서의 탄생 — 극동의 부정과 대동아의 온존」, 백영서 외, 『동아시아의 지역질서 — 제국을 넘어 공동체로』, 창비, 2005, 280쪽.

37 藤原てい, 『流れる星は生きている』, 日比谷出版社, 1949, 252쪽.

38 創価学会青年部反戦出版委員会, 『死の淵からの出帆─中国·朝鮮引揚者の記録』(福岡編), 第三文明社, 1979, 152쪽; 柿沼政子, 「朝鮮からの引き揚げ」, 千葉県広報協会, 『戦後50年記念誌·平和への祈り─県民の戦争体験手記集』, 1995, 53~55쪽.

39 成田龍一, 「引揚に関する序章」, 『思想』, 2003. 11, 156쪽; 노영희, 「『흐르는 별은 살아 있다』와 여자의 전쟁 체험」, 『일본학보』 제72집, 2007.

40 그녀의 남편은 귀환 후 소설가로 활동했다. 그는 닛타 지로(新田次郎)라는 필명으로 수많은 소설 작품을 발표하여 나오키상(直木賞)과 요시카와 에이지(吉川英治) 문학상 등을 수상했다. 또한 그의 작품이 묶인 『新田次郎全集』도 간행되었다. 포로 생활과 귀환 과정을 그린 작품으로는 『望郷』, 『豆満江』, 『七人の逃亡兵』 등이 알려져 있다. 김지영, 「일본적 오리엔탈리즘의 소설적 책략과 의미」, 부산외국어대 석사학위논문, 2003, 19~20쪽 참조.

7. 만남과 헤어짐, 그리고 다른 기억들

01 「수전(水田), 염원(鹽原) 등 총독부 고관, 남조선 거리에 속속 출현」, 『서울신문』 1948. 6. 8; 「내조 이유엔 함구, 공사 막론코 그들 동정 극(極) 주목」, 『조선일보』 1948. 6. 8; 「민주중보 필화사건 제1회 공판」, 『부산신문』 1948. 8. 19.

02 「전범자 전 총독부고관들, 해방된 이 땅에 다시 출몰, 천도(天道)도 무심하다! 정의의 승리는 무

엇」, 『경향신문』 1948. 6. 8.
03 「총독시대 일인고관 속속 출현, 적개심에 전민족 분격」, 『조선일보』 1948. 6. 8.
04 「고혈착취의 일선 수괴들, 국어철폐, 창씨개명, 화폐남발 등… 상기되는 鹽原, 水田의 죄악사!」, 『조선일보』 1948. 6. 8.
05 「동척간부와 有賀 등에 접종(接踵)하는 일인 내조의 흑막은?」, 『조선일보』 1948. 6. 9.
06 「정부 없는 슬픔을 통감, 민족의 큰 원한 일인 전고관 내조에 장총장담」 등, 『조선일보』 1948. 6. 9.
07 「민족의 분노 여기서 재연, 금괴약탈의 죄상추궁에 水田・鹽原 내조는 군정당국 소환?」, 『경향신문』 1948. 6. 9.
08 「일인채용 않는다, 불원간 진상을 발표할 터」, 『경향신문』 1948. 6. 10; 「일인내조 철저 조사 중, 불일간 전모발표를 딘 장관 언명」, 『조선일보』 1948. 6. 10; 「일인내국문제 근일 전모 발표, 된 장관담」, 『서울신문』 1948. 6. 10; 「구 상전(上典)은 누가 모셔왔나. 군정당국도 '모른 다'고」, 『자유신문』 1948. 6. 10
09 「조선착취 원흉 누가 초청, 민련(民聯) 민족적 모욕이라고 발표」, 『서울신문』 1948. 6. 10; 「是可忍이면 孰不可忍」, 같은 신문, 1948. 6. 11; 「묵과할 수 없다, 김구씨 경고」, 『조선일보』 1948. 6. 11.
10 「알 수 없는 일이다, 딘 장관 일인 내국 부인」, 『서울신문』 1948. 6. 11; 「내조설은 허보(虛報), 딘 장관 단정코 발표」, 『조선일보』 1948. 6. 11; 「일인 온 사실 없다. 된 군정장관실 발표」, 『경향신문』 1948. 6. 11.
11 「朝通本社談, 온 것은 확실! 만나서 사진까지 촬영」, 『조선일보』 1948. 6. 11.
12 「제주사건 일인 참가와 왜정시 고관 내조 진상 밝혀라」, 『조선일보』 1948. 6. 15.
13 「일인 내국(來國) 허설, 공보・경무 양 부장담」, 『서울신문』 1948. 6. 16; 「일인 내조는 허설, 경무・공보 양 부장 공동발표」, 『동아일보』 1948. 6. 16.
14 「일인 내조는 허설, 공산당 선전에 속지 말라, 하지중장 특별성명」 『경향신문』 1948. 6. 17; 「일인 이용 않는다, 하지 중장, 반일문제로 성명」, 『조선일보』 1948. 6. 18.
15 「일인 내조 진상에 대해, 조 경무부장 제2회 발표」, 『서울신문』 1948. 6. 19.
16 「정체 모를 비행기 울릉도 어선 폭격」, 『경향신문』 1948. 6. 12; 「딘 군정장관 기자회견담, 독도사건 배상 지불」, 같은 신문, 1948. 7. 9; 「9기 편대로 어선을 맹폭 무행(無辜)한 죽엄의 책임 추궁 요망」, 『조선일보』 1948. 6. 12; 「독도는 공군 연습구역, 어선 폭격은 미확(未確), 미국극동항공대사령부서 발표」, 같은 신문, 1948. 6. 16; 「500만 원 피해에 68만원 배상, 기대와는

상반, 독도사건배상의 편모(片貌)」, 같은 신문, 1948. 7. 16; 「생지옥화한 독도현지 보고, 무슨 원한 있기에 그들을 죽였는가, 몸서리치는 시체들」, 『서울신문』 1948. 6. 16.

17 「일제의 재침위협 분쇄, 통일독립을 전취, 10정당 반일투위 구성코 성명」, 『조선일보』 1948. 6. 17; 「일 재무장 방지, 대협(對協) 금일 발족」, 같은 신문, 1948. 6. 23; 「일제침략 방지에 투쟁, 대협 확대주비회 발족」, 같은 신문, 1948. 6. 25; 「일제 재기 분쇄하자, 반일제투위를 결성」, 『서울신문』 1948. 6. 17.

18 「금품휴대 도항 주선, 일인과 결탁한 전 모 전문학교 교수의 비행」, 『중앙신문』 1945. 11. 18.

19 「구휼품 실은 배 입항, 미군이 전재동포에 보내는 선물」, 『매일신보』 1945. 10. 3; 「세금 안 내면 귀국 불능, 도 재무부서 일본인들에 경고」, 『자유신문』 1945. 11. 14.

20 「아직도 못 버리는 나쁜 버릇, 왜지엔 뭣 하러 가? 일인 변장한 6명 검속」, 『한성일보』 1946. 4. 3.

21 「밀항원조코 벌금」, 『동아일보』 1945. 12. 11

22 「신랑신부 : 연희전문학교 교수 백남석 윤정옥양 결혼」, 『동아일보』 1923. 10. 29; 「Seoul home. Worshipped at 宗橋 Church as usual」, 『윤치호일기』 제9권 16, 1925. 4. 12(일), 국사편찬위원회; 漢陽學人, 「新進學者 總評 一, 延禧專門學校 教授層」, 『삼천리』 제10호, 1930. 11, 42~44쪽; 「三千里機密室」, 『삼천리』 제6권 5호, 1934. 5.

23 「日曜講話 : 水標橋拜禮堂 英語拜禮 白南奭 氏」, 『동아일보』 1931. 2. 8; 「영어 위주의 연전 교육, 명예교수 조의설 회고담」, 『경향신문』 1974. 1. 10.

24 「패주의 일인과 결탁, 부정 등기로 악덕모리 감행, 법망에 걸린 부동산매매의 간계」, 『한성일보』 1946. 4. 22.

25 「송진우, 하지를 방문 요담」, 『자유신문』 1945. 11. 5.

26 「일인병원 사매(私賣)를 금지」, 『자유신문』 1945. 10. 27.

27 「왜감(倭柑)을 꼭 먹어야 하나! 매국노의 배를 채워주지 말자」, 『중앙신문』 1946. 1. 6.

28 「왜감(倭柑)은 어떻게 오나, 쌀 밀수출하는 모리배의 탓」, 『해방일보』 1946. 2. 15.

29 「아버지의 일지」, 『한성일보』 1946. 12. 15.

30 「사복에 걸린 국재(國財) 일억 사천만 원, 조국재건을 좀먹는 반역자 그 누구?」, 『동아일보』 1946. 3. 20.

31 「일인가옥 일제 수세(收貰), 관사·사택도 우선권 불인」, 『중앙신문』 1946. 1. 10.

32 「시내 일인집 35000호, 현시가 5푼의 세금 일률로 징수」, 『자유신문』 1946. 1. 9.

33 「대행기관은 조흥은행 뿐, 일인재산 관리의 가칭자 체포명령」, 『조선일보』 1946. 1. 24.

34 「일인재산관리, 조흥 외 각 은행 분담」, 『조선일보』 1946. 2. 7.
35 「일인가옥의 모리 부절(不絶), 삼분지이는 아직 미계약」, 『동아일보』 1946. 9. 2.
36 「사설 : 일인재산 처분문제를 재론함」, 『동아일보』 1946. 3. 10.
37 「적산 소규모 불하방침, 공보부서 속속 발표」, 『동아일보』 1947. 7. 16; 「시가기준, 일시불, 적당하다고 인정하면 신용매매」, 『서울신문』 1947. 7. 16.
38 「법을 뚫는 적산, 명의변경과 암거래는 10만 원. A급·B급은 특수계급이 독점」, 『경향신문』 1949. 8. 27.
39 「주택난 해결코자, 시 건설청 성안 완성」, 『동아일보』 1948. 6. 4.
40 「식량과 물자 배급에 부정 없이 도의심 발휘를, 유령인구는 자진하여 일소하라」, 『경향신문』 1948. 3. 6.
41 「문제의 임청, 18일 기소」, 『동아일보』 1947. 4. 19; 「임청사건 또 확대, 현금·백미·유흥비 등 뇌물 받은 군정고관들 취조실에」, 같은 신문; 「임청사건진상 공개, 6백만 원의 행방은?, 전 특무과장 이만종씨 발표」, 『조선일보』 1947. 6. 29; 「전 경무부 특무과장 이만종, 안민정장관에게 탐관오리의 숙청에 대한 특별대책수립을 건의하다」, 『경향신문』 1947. 7. 10.
42 김남식, 『남로당연구Ⅲ - 자료편』, 돌베개, 1988, 281쪽; 「부일자 등 수정안」, 『동아일보』 1947. 4. 24; 「민족반역자 등 처단법안 수정초안 57차 입위(立義)에 상정」, 『조선일보』 1947. 4. 25.
43 「다 가자면 앞으로 반년, 늦어지는 일본인 송환」, 『자유신문』 1945. 10. 31.
44 일제강점하강제동원피해진상규명위원회, 『우키시마호사건소송자료집』 1, 2007.
45 「음모이냐? 과실이냐? 귀국동포선 폭발, 일본인은 사전에 하선 상륙」, 『부산일보』 1945. 9. 18; 「浮島丸事件後聞, 동포 7천명 희생설은 오보다, 군정청서 진상발표」, 『매일신보』 1945. 10. 4.
46 青山信介 외, 『同和』 164号, 1961. 8(森田 자료-1, 428쪽); 斎藤多計夫, 『同和』 156号, 1960. 12(森田 자료-2, 274쪽).
47 「浮島丸事件の真相発表」, 『朝日新聞』 1945. 10. 8; 「留ってほしい日本人, 朝鮮からの復員第二船舞鶴入港」, 『毎日新聞』 1945. 10. 11.
48 이연식, 「해방 직후에 귀환한 어느 재일조선인 3세의 경계체험」, 『한일민족문제연구』 7, 2004. 12, 19~20쪽.
49 「재중동포강제귀국문제」, 『獨立新報』 1946. 10. 30; 「더욱 구든 협조만이, 한중 제 문제 해결의 요체」, 「중화상회, 정추분씨담」, 「차별대우 받고 있다, 귀환한 중국인들이 호소」, 『조선일보』 1946. 11. 6; 「일인재산 사는 화교, 조선 건국에 유해, 중국영사관에 항의」, 『매일신보』 1945. 10. 5; 「협조로 매즌 한중친선」, 『한성일보』 1947. 2. 23.

50 「互讓を堅持, 摩擦を戒む, 安在弘氏, 半島民衆によびかく」, 『京城日報』 1945. 8. 19; 「호애의 정신으로 결합, 우리 광명의 날 맞자, 삼천만에 건국위원회 제1성, 안재홍씨 방송」, 『매일신보』 1945. 8. 17.
51 「晩秋の扶名駅に哀れ, 死の脱出語る北鮮引揚民」, 『伊勢新聞』 1945. 11. 14.
52 「鮮人窮盗団」, 『新潟日報』 1946. 2. 1.
53 「사설 : 재일동포 학대상」, 『서울신문』, 1948. 4. 15.
54 「통행금지령, 경성, 인천지구에 포고」, 『매일신보』 1945. 9. 8; 「무도한 일본경관대, 학도대원들을 살해, 야간통행증명서 있는데도 발포」, 『매일신보』 1945. 9. 12.
55 坪井幸生, 앞의 글(森田 자료-1, 396쪽); 信原 聖, 「慶尙南道」, 1948. 4. 7. 인터뷰 자료, 『同和』 165호, 1961. 9(森田 자료-1, 424쪽).
56 「일본헌병의 폭행」, 『매일신보』 1945. 9. 24.
57 「조선인 경관 모집」, 「조선인 경찰관 훈련, 일인은 오늘로 전부 면직」, 『매일신보』 1945. 9. 16; 「불성실로 건국에 장해, 삼백여 일본인 경관을 전부 파직, 조 경찰부장담」, 『자유신문』 1945. 11. 14.
58 「일인경관의 발악, 발도(拔刀)로 월담 침입코 폭행」, 『매일신보』 1945. 10. 19.
59 「청년투사를 학살, 아산서도 일 헌병 만행」, 『매일신보』 1945. 10. 11.
60 「사설 : 하로 속히 구축하라, 일본군국주의자 및 주구배를」, 『해방일보』 1945. 10. 12.
61 「발악 일인 철저 처단, 빈번한 모략과 살육행패에 일반의 분격점고」, 『중앙신문』 1945. 12. 10.
62 허호준, 「태평양전쟁과 제주도 — 미군의 제주도 주둔 일본군 무장해제 과정을 중심으로」, 한국사회사학회, 『사회와 역사』 72, 2006. 12, 54~58쪽.
63 차철욱, 「해방 직후 부산·경남지역 사업체관리위원회의 운영과 성격」, 부경역사연구소, 『지역과 역사』 1호, 1996. 6, 112~114쪽.
64 김대래·배석만, 「귀속사업체의 탈루 및 유실(1945~1949) — 광주와 목포 지역의 사례를 중심으로」, 한국국민경제학회, 『경제학논집』 11권 2호, 2002, 51~53쪽.
65 朝鮮總督府 前總務課長 山名酒喜男, 1945. 11. 4, 「朝鮮の産業界の現状に就いて」, 民政長官 プレスコット大佐·法務局長 ウッドオール 宛(森田 자료-1, 66~67쪽).
66 「일인공사유재산은 신국가경제기초 될 것, 국민당에서 결의문을 발표」, 『매일신보』 1945. 10. 15.
67 「이적행위를 경고, 일본인 사재 사지 말라」, 『매일신보』, 1945. 10. 5; 「적산불하 만부당, 각계각층의 여론 비등」, 『조선일보』, 1947. 7. 17.

68 김무용,「해방직후 노동자 공장관리위원회의 조직과 성격」, 역사학연구소,『역사연구』3, 1994. 7, 85~88쪽.
69 이윤상,「일제하 '조선왕실'의 지위와 이왕직의 기능」,『한국문화』40, 2007. 12, 325~327쪽; 미군정법령 제26호(1945. 11. 8. 공포).
70「오백만원 송일한 장본인 제등 전 이왕직 회계과장을 기소」,『자유신문』1945. 12. 23;「리왕직사건 조사를 종료, 법무국 경유로 불원 공판에 회부」, 같은 신문, 1946. 1. 6.
71「이왕직재산은 적산관리처서 보관」,『서울신문』1947. 5. 28.
72『조선총독부관보』1940. 3. 15.
73「이왕 돈 600만원 횡령한, 현금 몰수· 범인 공판에」,『동아일보』1945. 12. 13.
74「조선 왕족 후예들, 화신재벌과 홍한재단에 궁궐을 매각」,『한성일보』1948. 8. 19;「의친왕궁의 소유권 분규」,『대한일보』1948. 9. 14;「국회 재정경제위원회, 구 왕실 재산처리법안을 대폭 수정하여 산업위원회에 회부」,『자유신문』1949. 11. 20;「법률 제119호, 구 왕궁재산처분법」,『관보』1950. 4. 8.
75「기상대 정식 접수와 전직 일인들 죄악, 귀중한 기계 은닉파괴」,『자유신문』1945. 10. 8.
76「연희전문학교 교사 이원철씨 미국 유학」,『동아일보』1922. 1. 8;「대연희(大延禧) 건설의 일보, 이원철 박사 수물과장(數物科長)에」, 같은 신문 1938. 3. 20;「민간 역서(歷書)에 현혹되지 말라, 추 국립중앙관상대장이 경고」,『서울신문』1949. 10. 23; 조경철,「또 한분의 명물교수, 이원철 박사」,『과학자 조경철 : 별과 살아온 인생』, 서해문집, 2007, 104~106쪽.
77 경성부,『경성부사』제2권, 1936, 688쪽.
78 안태윤「식민지에 온 제국의 여성 — 재조선 일본여성 쯔다 세츠코를 통해서 본 식민주의와 젠더」,『한국여성학』제24권 4호, 2008, 17~18쪽.
79 사와이 리에 저, 김행원 역,『엄마의 게이죠, 나의 서울』, 신서원, 2000, 209쪽.(원작은 沢井利恵,『母の'京城'·私のソウル』草風館, 1996)
80 사와이 리에, 위의 책, 102~103쪽.
81 사와이 리에, 위의 책, 72~73쪽.
82 山口県長門市,『歴史の証言 — 海外引揚50周年記念手記集』, 1995, 77~78쪽.
83 平和記念事業特別基金,『平和の礎』第5권, 1995, 366쪽과 373쪽.
84 磯谷季次,『わが青春の朝鮮』, 影書房, 1984, 64쪽.
85「미결 2개년 반 만에 제2차태로 공판 개정」,『동아일보』1934. 9. 4;「제2차 태로사건 피고 33명 중형판결, 최고로 2명에게는 10년 징역, 전부에게 구형대로 언도함」, 같은 신문, 1934.

10. 3; 「태평양노조사건 장회건 등 심리, 공소한지 3년 만에 개정」, 같은 신문, 1936. 7. 21.
86 磯谷季次, 앞의 책, 275~276쪽.
87 磯谷季次, 『良き日よ、来たれ ― 北朝鮮民主化への私の遺書』, 1991, 花伝社.
88 磯谷季次, 위의 책, 6쪽.

마치며: 가해와 피해의 기억을 넘어서

01 「모리타 참사관, 원폭피해자 영결식에 일정부 대표 속죄 분향」, 『동아일보』 1975. 3. 6; 「무관심과 천대에 서러운 원폭피해자」, 같은 신문, 1975. 3. 7.
02 참고로 이 책을 집필하는 과정에서 인용한 에피소드는 필자가 그동안 발표한 아래 글들을 근간으로 추출했다. 이연식, 「해방 후 한반도 거주 일본인 귀환에 관한 연구 ― 점령군·조선인·일본인 3자간의 상호작용을 중심으로」, 2009. 8. 서울시립대학교 박사학위논문; 「해방직후 서울지역의 주택부족문제 연구 ― 유입인구의 증가와 관련하여」, 『서울학연구』 16, 2001. 2; 「해방직후에 귀환한 어느 재일조선인 3세의 경계체험」, 『한일민족문제연구』 7, 2004. 12; 「해방직후 38 이북 일본인의 거류환경 변화 ― '전쟁피해자론'의 비판적 고찰」, 『한일민족문제연구』 14, 2008. 6; 「해방 후 일본인 송환문제를 둘러싼 남한사회와 미군정의 갈등 ― 구 조선총독부관료의 '내조설소동'을 중심으로」, 『한일민족문제연구』 15, 2008. 12; 「해방 후 한반도에서 돌아간 일본인 여성의 귀환체험」, 『한일민족문제연구』 17, 2009. 12; 「해방 후 남한 거주 일본인 송환문제를 둘러싼 갈등 ― 조선총독부와 남한사회의 인식 및 대응과정을 중심으로」, 『한국민족운동사연구』 63, 2010. 6; 「전후 해외 귀환자에 대한 한일 양국의 지원법 비교 연구」, 동북아역사재단, 『근현대 한일관계의 제 문제』, 2010; 「朝鮮における日本人引揚のダイナミズム」, 『帝國崩壊と人の再移動』, 勉誠出版, 2011.

이 책에 사용한 사진의 출처

- 30쪽 : 笠井久義, 『元山の想い出』, 1981.
- 42쪽 : 『戦後50年引揚げを憶う-アジアの友好と平和をもとめて-』, プリント英版社, 1995.
- 56쪽, 127쪽, 132쪽, 199쪽 : 毎日新聞社, 『1億人の昭和史』, 1975.
- 92쪽 : 『戦後50年引揚げを憶う―アジアの友好と平和をもとめて』, プリント英版社, 1995.
- 103쪽, 196쪽 : 福岡市, 『ふるさと100年』, 1989.
- 149쪽 : 鎭南浦会 編, 『よみがえる鎭南浦―鎭南浦終戦の記録』, 中央精版印刷, 1984.
- 182쪽 : 引揚援護庁, 『引揚援護の記録』, 1950.
- 189쪽 : 『毎日』(大阪) 1947. 1. 20.